U0724927

美国国家体能协会
爆发力训练指南

[美] 美国国家体能协会（National Strength and Conditioning Association） 主编
迈克·麦奎根（Mike McGuigan）

曹洁 曹兴龙 译

人民邮电出版社
北京

图书在版编目（CIP）数据

美国国家体能协会爆发力训练指南 / 美国国家体能
协会，（美）迈克·麦奎根主编；曹洁，曹兴龙译. ——
北京 : 人民邮电出版社，2022.3
（NSCA运动表现提升训练丛书）
ISBN 978-7-115-55009-5

Ⅰ. ①美… Ⅱ. ①美… ②迈… ③曹… ④曹… Ⅲ.
①爆发力－运动训练－指南 Ⅳ. ①G808.14-62

中国版本图书馆CIP数据核字(2020)第268364号

免责声明

本书内容旨在为大众提供有用的信息。所有材料（包括文本、图形和图像）仅供参考，不能用于对特定疾病或症状的医疗诊断、建议或治疗。所有读者在针对任何一般性或特定的健康问题开始某项锻炼之前，均应向专业的医疗保健机构或医生进行咨询。作者和出版商都已尽可能确保本书技术上的准确性以及合理性，且并不特别推崇任何治疗方法、方案、建议或本书中的其他信息，并特别声明，不会承担由于使用本出版物中的材料而遭受的任何损伤所直接或间接产生的与个人或团体相关的一切责任、损失或风险。

内 容 提 要

　　在体育运动中，爆发力是影响运动表现的重要因素之一，因此，提高爆发力水平成为诸多练习者的基本诉求。本书由美国国家体能协会联合多位领域内专业人士合力打造，旨在为练习者提供有关爆发力训练的有效指导。书中首先介绍了发展爆发力的要素，涉及爆发力的基本概念、评估方法、周期训练方法和针对不同人群的训练方法等内容；然后以图文详解的方式介绍了发展上肢、下肢、全身爆发力的训练动作，并为高水平练习者提供了高阶的练习动作；另外，还提供了针对篮球、排球、棒球等团体运动项目，以及田径、游泳、摔跤等个人运动项目的爆发力发展方案，致力于帮助练习者更好地理解爆发力训练，并能够逐步建立起一个完善的爆发力训练体系，使其终身受益。

◆ 主　　编　[美]美国国家体能协会
　　　　　　　（National Strength and Conditioning Association）
　　　　　　　迈克·麦奎根（Mike McGuigan）

　　译　　　　曹　洁　曹兴龙
　　责任编辑　裴　倩
　　责任印制　周昇亮

◆ 人民邮电出版社出版发行　　　北京市丰台区成寿寺路 11 号
　　邮编　100164　　电子邮件　315@ptpress.com.cn
　　网址　https://www.ptpress.com.cn
　　北京捷迅佳彩印刷有限公司印刷

◆ 开本：700×1000　1/16
　　印张：16　　　　　　　　　2022 年 3 月第 1 版
　　字数：270 千字　　　　　　2025 年 8 月北京第 11 次印刷
　　　　著作权合同登记号　图字：01-2017-3134 号

定价：148.00 元
读者服务热线：(010)81055296　印装质量热线：(010)81055316
反盗版热线：(010)81055315

目录

译者序 v
绪论 vii

第一部分　发展爆发力的要素

第一章　爆发力的本质 3

第二章　爆发力的评估 15

第三章　周期训练中的爆发力训练 31

第四章　不同人群的爆发力训练 61

第二部分　爆发力发展训练

第五章　上肢爆发力训练 81

第六章 下肢爆发力训练 111

第七章 全身爆发力训练 143

第八章 高阶爆发力训练 175

第三部分 特定体育运动的爆发力发展训练

第九章 团体运动项目的爆发力训练 201

第十章 个人运动项目的爆发力训练 209

参考文献 217
关于美国国家体能协会 239
关于迈克·麦奎根 241
关于本书的编著者 243
关于译者 248

译者序

随着体能训练在国内外的迅速发展，越来越多的教练员、运动员、学者和其他人群都意识到爆发力这项能力在体能中的重要性。拿到由美国国家体能协会和迈克·麦奎根主编的这本英文著作时，我发现它是在爆发力训练中具有很强指导性和可操作性的佳作，也是我们在训练过程中急需的一本爆发力训练指南。

本书从原理出发，将爆发力的本质和力学特点进行分析和阐述。就好像我们在体能训练的过程中，不可只效仿其"招式"，更重要的是先读懂"心法"。爆发力的实质是做功的快慢，这意味着我们在训练中提高最大力量的同时需合理结合位移和速率能力的发展。那么，如何将这些不同的素质科学有效地结合起来发展，就需要我们做好评估、设计计划、把控质量并精准实施。

没有评估，就没有科学训练。虽然爆发力是人类运动表现领域中颇受关注的话题之一，但在其评估手段上可能存在一些误解。爆发力实际上是一种测量指标，以功率来体现其数值，也可以用于衡量运动表现，但不可用于衡量跳高水平。本书将爆发力的定义、计算方法、有效性等评估方法做了详细解释，特别是在评估原理和适用性上，以示例来进行说明，也让我们在测试设备和手段的选择上更加科学合理。相信在研读本书后，大家对爆发力的评估会有更深入的理解。

评估的目的是为了明确每位受试者的训练需求，也就是"发现问题"，那么训练计划的合理制订就是为了能有效地"解决问题"，这也是本书的重要主题。建立合理性和系统性的周期计划，需要综合考虑爆发力提高的规律、训练计划制订方法、训练模式和生理适应性等。本书第三章将爆发力发展的相关训练计划的制订原则和周期计划的制订方法进行了分享，展示了爆发力水平在周期训练中如何科学、有效地进阶。对于不同水平人群在爆发力发展这个问题上，本书给出了制订周期计划的工具，而在具体制订计划时还需要我们结合训练实际。

发展爆发力对于各类人群都有着积极作用，因此，除了为国争光的运动员外，青少年和中老年人如何发展爆发力也备受关注。其实，不同人群的运动训练有相通之处，只是针对不同人群，我们需要考虑到年龄、性别、行业、训练目的等因素的影响。第四章从神经、肌肉、激素水平、训练年限等因素进行分析，以示例不同人群爆发力发展的方案，可以帮助我们在实践中更好地应用。

本书第二部分在爆发力训练的具体有效手段上，从上肢、下肢、全身和高阶训练技术几个方面做了详细介绍。第五至七章对不同身体部位爆发力训练方法的级别、动作要领、变化方式、强度设定等，都做了详细的描述；配上示例图片，让读者更容易学习和掌握，为训练计划的制订和训练质量把控提供了很好的指导依据。而高阶爆发力训练对于有一定训练基础的运动员来说，在体能提升和向高水平冲击上会给他们带来惊喜。这也对训练计划的制订和实施者提出了更高的专业能力要求。

本书第三部分则是按照不同项目来进行范例分析，包括了团体项目中的 6 种球类和个人项目中比较有代表性的 6 个项目。每种项目都结合了专项特点，介绍了爆发力评估方法，通过有效评估来设计训练计划，也再次体现出科学训练中评估的重要性。同时，我们需要认识到，爆发力不是独立存在的，在训练计划中也不是唯一目标，而是整体训练计划中有侧重目标的一项提升的能力。

这本书可以说是一本非常实用的爆发力训练指南。在概念、原理、规则、模式、方法、示例上，对爆发力做了非常细致的讲解。对于一个体育人来说，能将好的英文书籍翻译给国人，让更多人受益，可谓一件幸事。虽然自己有一定的英文基础，但为了尽可能遵循原著，准确地表达原著的思想精髓，终稿的得来还是颇费了一番周折。在此，特别感谢人民邮电出版社对本书的大力支持，感谢湖北省体育科学研究所和湖北省水上运动管理中心领导们的支持和同事们的帮助。

最后，希望本书能够帮助大家梳理爆发力训练的思路，激发训练灵感，让我们的训练更加科学，更加高效！

绪论

在运动表现中，肌肉产生最大爆发力的能力是非常重要的。我们只需要观察比赛中一名篮球运动员扣篮，或者一名橄榄球运动员变向时的表现，就可以认识到爆发力对于最佳运动表现的重要性。肌肉最大爆发力是指肌肉收缩时能够达到的最高水平的爆发力。在竞技体育活动中，我们可以将最大爆发力理解为在启动、释放或者撞击时，为了产生最大速度而在单个动作中做出的产生最大瞬时爆发力的能力，这些单个动作包括冲刺、跳跃、投掷、变向以及击打。因此，爆发力在许多运动中都至关重要。

本书运用了与爆发力评估和发展相关的多个领域的实例研究，向从业者提供了爆发力评估的最新信息。最重要的是，本书还对如何使用上述信息来设计爆发力训练进行论述并举例。

第一章通过介绍肌肉爆发力的关键概念，以及内涵的科学机制，引出了本书的主题；另外，还介绍了描述爆发力各要素的正确术语；同时，探讨了影响爆发力的生物学和力学基础方面的因素，包括形态因素、神经因素以及肌肉力学。力量和爆发力之间的联系是第一章同时也是贯穿全书的另一个关键主题。

对于从业者来说，可以选择多种测试方法来评估运动员的肌肉爆发力。测试与训练一样，也必须具有针对性。只有这样，从业者才可以了解他们正在评估的素质对于某项运动的重要性。因此，从业者不能只是为了单纯的测试目的而进行力量以及爆发力测试。从业者还需要对拟选择的测试进行检验，避免单纯因为之前使用过该测试，或者具备开展该测试的设备和专业技术条件而选择该测试。除了选择可靠、有效并且相关性高的测试之外，至关重要的是，测试的实施者还需要理解并且认识到选择每一项测试的原因及其适用性。以上这些均为本书第二章所涵盖的内容，目的是让读者对爆发力评估有更深入的理解。

评估和训练计划之间的联系，对于设计训练计划以发展运动员的爆发力至关重要。换言之，如何使用测试结果来制订训练计划？评估的一个重要目的是明确每位运动员的训练需求。这是本书的一个重要主题，需要我们对如何设计训练计划有深入的理解。第三章解释了与爆发力发展相关的训练计划制订原则，此外，第三章还综合讨论了爆发力的形式以及周期训练中的爆发力训练。

爆发力不止在竞技运动项目中至关重要。越来越多的证据表明，包括老年人在内的其他人群都能通过爆发力训练明显受益。此外，在青少年的训练计划中，爆发力训练越来越成为不可或缺的一部分，从业者需要更加关注爆发力训练的重要作用。包括武装部队和警察在内的人员常常需要快速移动重物，因此，爆发力对于他们而言也是一项极其重要的身体素质。面向不同客户群体的从业者，需要了解如何有效地评估并发展客户的爆发力。本书第四章阐述了体能教练和体育科研工作者越来越关注的青少年运动员和老年人群的爆发力评估与训练。发展爆发力对青少年运动员和老年人的好处已经得到了广泛认可，从业者可以将第四章中讨论的原则广泛运用。

从业者要想很好地发展爆发力，关键是要具备多种有效的训练方法，并将其运用于运动员。本书中多个章节对发展爆发力的训练和教学进程进行了技术分解。第五章介绍了上肢爆发力训练的方法；第六章讲解了下肢爆发力训练的方法；第七章则主要介绍了全身爆发力训练的方法，其中包括了奥林匹克举重训练。能够有效并安全地指导和开展爆发力训练，是设计训练计划的重要内容。对于从业者来说，能够使用多种方法提高爆发力并选择合适的练习是至关重要的。本书的第三章和第四章已经对部分方法进行了介绍，第八章则详细讲解了更加高阶的爆发力训练方法（如复合训练以及使用可变阻力进行训练），并对这一内容进行了拓展。

我们在提高爆发力时通常会忽视一点，即何时适合将爆发力训练纳入整体训练计划。从业者需要认识到爆发力并不是孤立地训练出来的，而是需要将爆发力训练作为整体训练计划的一部分。例如，众所周知，发展肌肉力量是获得最佳爆发力的基础，如前文所述，这一点也是贯穿全书的重要主题。本书最后两章提供了爆发力训练计划的范例，可适用于团体运动项目，如篮球、英式橄榄球、英式足球、美式橄榄球、排球和棒球（第九章），以及个人运动项目，如田径、游泳、摔跤、高尔夫、赛艇和冬季项目（第十章）。这些章节的一个重要特征是，强调了爆发力评估方法与如何使用评估结果来设计训练计划之间的关系。

本书的编著者包括多位体能训练领域的精英以及体育科研专家。他们具有专业的知识，并在训练高水平运动员方面具有丰富经验，我们邀请他们为本书提出建议和意见。这些编著者还能够有效地交流实证信息，并将最新的研究成果应用于实践。本书的整体目标是向从业者提供最先进、最准确的有关爆发力训练的信息，以此来帮助从业者提高运动员的运动水平。对于从业者以及对爆发力训练感兴趣的运动员来说，本书将是一本有价值的好书。

第一部分

发展爆发力的要素

爆发力的本质

杰弗里·M.麦克布赖德（Jeffrey M. McBride），博士

理解爆发力的本质是理解运动员运动表现的重要前提。从分子水平对爆发力的产生进行研究，能够为设计最佳的训练计划提供有价值的信息。力的产生在变化过程中被视为一种一维过程。然而，爆发力似乎是一套集合了力、位移、速率和功的多层次系统。我们从肌肉长度和关节角度，以及肌肉功能的向心、离心和伸展 - 缩短循环模式等角度对爆发力进行研究时，需要将这些变量置于不断变化的系统背景之下。从分子水平对爆发力进行研究能够提供多种有价值的信息，例如如何开发有效的方式来使整个身体的运动水平达到最佳状态。

能量

有效的能量来源一直以来都被认为是产生爆发力最主要的因素[15, 80][图 1.1（a）]。研究发现人体主要通过体内对三磷酸腺苷（adenosine triphosphate，ATP）的水解作用来获取能量，机体使用的能量来自于第三个磷酸基团和相邻磷酸基团之间的键能[83]。这些键之间的能量来源于身体对初级碳水化合物和脂类的处理过程，而这些碳水化合物和脂类则来源于被摄入体内的天然食物，最原始的能量来源于太阳[19, 44]。因为爆发力是单位时间内做的功，所以产生最大爆发力的动作或者活动似乎都是在相当短的时间内完成的[9]。初级能量源都是可以迅速获取的。这些能量源包含存储在肌肉中的三磷酸腺苷，以及通过磷酸肌酸分解释放的磷酸基团在短时间内迅速合成的三磷酸腺苷，这

种三磷酸腺苷同样也储存在肌肉当中[36]。额外的三磷酸腺苷来自人体对储存在肌肉和肝脏之中的葡萄糖（碳水化合物）的无氧代谢过程。耐力性活动需要低强度到中等强度的持续性爆发力输出，所需要的能量来源于身体对无氧糖酵解最终产物的后续处理（丙酮酸盐），或者通过无氧呼吸对脂肪细胞中存储的脂肪酸进行 β 氧化的过程［克雷布斯循环（即三羧酸循环）和电子传递链］[38, 95]。

肌肉对外做功的过程表现在肌肉力量和收缩过程[77]［图 1.1（b）和图 1.1（c）］。这种肌肉收缩会引起我们的肢体运动，这被称为对内做功，而对内做功与时间的比值就是我们所说的内部功率［图 1.1（d）］[70]。肢体的运动可以产生外部力量（通过上肢和下肢施加给地面或者外部物体的力），这种力随后会导致我们整个身体的重心（center of mass，COM）移动。对外做功等于身体产生的外部力乘以身体重心的位移距离，对外做功与时间之间的比值就是外部功率［图 1.1（e）］[52]。外部功率是爆发力活动表现水平（如跑步速度和跳高的高度）的一个指标[72]。在耐力性运动或者重复进行的活动中，机械效率（单位时间产生能量与外部功率的比值）是我们最关注的变量[45, 63]。理解肌肉产生爆发力这一过程，首先要理解身体产生力量的能力。

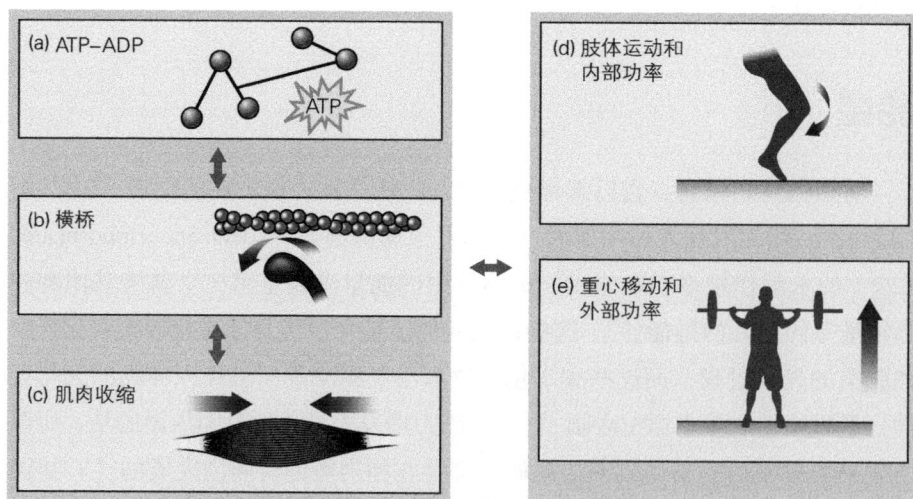

图 1.1 （a）三磷酸腺苷（ATP）水解释放能量；（b）肌动蛋白与横桥结合的肌肉力量输出；（c）肌肉收缩；（d）肢体运动和内部功率；（e）重心移动和外部功率

力

人体通过组织产生力是一个非常神奇的过程。在某些方面，肌肉与电动机类似，但是不同的是，肌肉的活动是以分子形式呈现的[61]。

据研究报道，分子发动机利用化学能（三磷酸腺苷）来做机械功，就像电动机使用电能开展机械作业一样[11]。在单个横桥或者肌球蛋白-肌动蛋白相互作用的情况下，产生的力大约是4皮牛[7]。因此，在负重100千克深蹲时，我们会动用981万亿皮牛的力或者245万亿横桥做功。每条粗肌丝中大约含有300个肌球蛋白分子，每个分子有两个头，这两个头会附着、转动以及分离来产生力[86]。研究表明，这些粗肌丝蛋白很有规律地排列，并构成肌肉中最小的重复功能单元——肌小节。一些数据表明，每10毫米长度的肌纤维中含有2000～2500个肌小节。尽管肌肉的长度各异，但是这一数据为我们提供了每个纤维、每个运动单位以及每块肌肉中所含横桥数量的大概信息[94]。

力量输出的调节机制在确定每个横桥做功的量和时间方面至关重要。根据报道，控制整块肌肉的爆发力输出的机制组合有很多种。调节机制始于神经系统和动作电位，以及发送给肌肉的电信号[69]。一般而言，骨骼肌会分解成运动单位。对神经元放电频率和每秒动作电位数量的控制，可能是确定力量峰值或力量提升速率（the rate of force development，RFD）的重要因素[27, 84]。神经元放电频率高，似乎可以通过肌肉收缩力的集合来提高力量提升的速率，这通常都是由单个动作电位导致的[27]。因此，这些肌肉抽搐的速率可以确定它们的力量峰值和力量提升速率（RFD）[24]。

研究表明，人体通过产生动作电位控制力量产生的固有能力，可以通过训练来加以改变[91]。除此之外，还有多种后期过程也会影响力量峰值和力量提升的速率，例如，在神经-肌肉接点或者间隙中，神经递质释放并产生动作电位这一过程[26]（图1.2）。研究表明，在肌肉纤维中，肌浆网中钙离子的释放和转移速率是可以控制的，同时也可以通过训练进行改变[49]。最后，就横桥的动力学而言，还存在一个限制因素[67]。这或许可以从三磷酸腺苷的水解作用，肌球蛋白的构型变化，以及肌球蛋白头与肌动蛋白之间的分离和重新附着的速率等方面来考虑。因此，就神经肌肉系统中如何产生力，以及后续如何做功还有多个考量。我们应该将这种力放到肌小节、肌肉纤维以及整块肌肉出现的实际位移中进行研究。

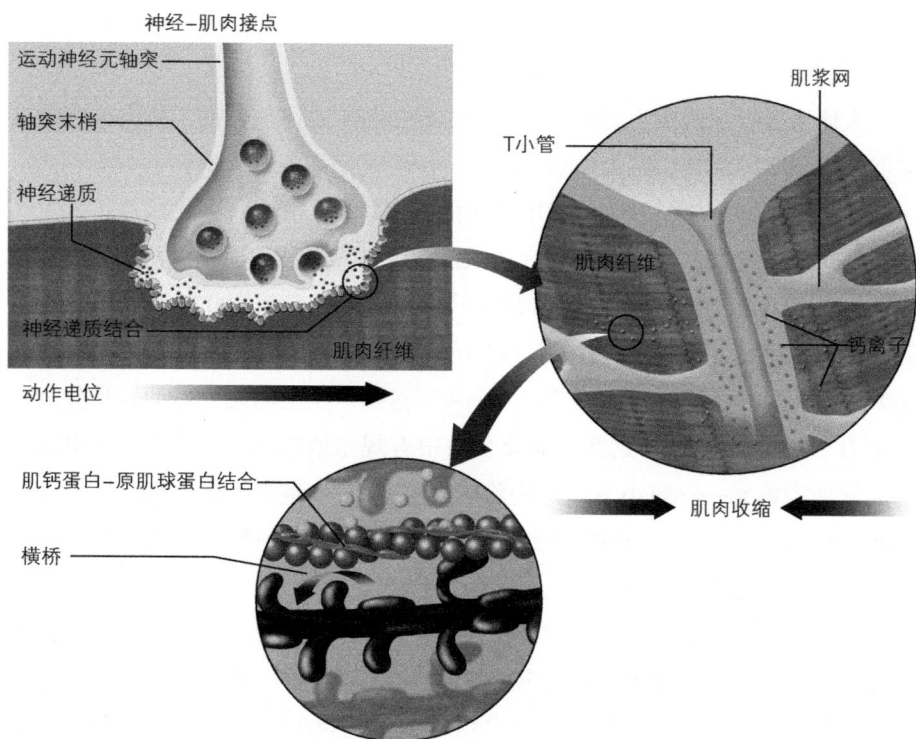

图 1.2 从轴突末梢开始，到神经 - 肌肉接点的神经递质释放，再到钙在肌浆网的释放以及肌动蛋白与横桥结合的肌肉收缩过程

位移和速率

理解内部系统（横桥、肌小节、肌肉纤维以及整块肌肉）的位移，是如何转化为肢体位移和速率的外部形式，并表现为外部物体或者整个身体的位移和速率［图 1.1（c）、图 1.1（d）和图 1.1（e）］，对于理解爆发力来说非常重要。从内部角度而言，肌球蛋白的构型改变可能是由于某个定点出现约 70 度的杠杆旋转[14]。这就是我们所熟知的冲量、力以及位移之间的关系[82]。根据报道，单个横桥相互作用的实际位移大约为 5.3 纳米[53]。在肌肉收缩时，数以百万计的横桥相互作用，转化成为肌小节的长度变化，随后导致整块肌肉长度的变化。

肌小节被认为是骨骼肌中最小的功能单位，通常被看作是研究肌肉中力 - 长度变化关系的起点[75]。肌小节的静息长度为 2～3 微米，可以缩短至 1～1.5 微米，亦可伸长至 3.5～4 微米。肌小节是串联起来的，因此，整块肌肉的缩短可能是所有单个肌小节长度变化的总体结果。据报道，关于肌小节缩短有两种可能情况：我们可以认为所有肌小节在一次肌肉收缩中，全部缩短了相同的长度（分段控制模型），或者可能不同的肌小节缩短的长度不一样（固定端模型），不同的情况会导致两种不同的力 - 长度关系[75]。串联肌小节的数量变化也会对力 - 长度关系模型的形状和范围产生影响，而串联肌小节的数量也可能取决于运动员参与的训练类型[75]。整块肌肉在收缩的过程中，长度变化为10～20 毫米[46]。

不同的肌肉长度变化产生的力的大小并不是固定不变的［图 1.3（a）］。不同的长度变化可能会导致肌球蛋白 - 肌动蛋白出现不同的重叠状态，因此，实际产生的横桥数量也不相同。力的输出呈一个双曲线模型，当肌肉收缩长度较短（上升阶段）或长度较长（下降阶段）时，力的输出会逐渐变小，而最大的力则出现在这两个点（稳定区）之间的某个最佳肌肉长度[75]。横桥相互作用会产生主动的力量，但有些情况下，也会产生被动的力量，尤其是在肌肉长度伸长时；这可能是由于大分子蛋白如肌联蛋白的拉伸造成的，这会使肌球蛋白（粗肌丝）与肌小节的 Z 线相连[92]。这种被动的力量产生的过程（或者张力）也应当作为一个被考虑的因素，尤其是在肌肉的伸长 - 缩短循环中，这种情况常发生于运动员跑步或者跳跃等运动模式下[23]。

这种复杂的情况，可能取决于肌肉中力产生的速度［图 1.3（b）］。如果肌肉进行向心运动，那么随着肌肉的缩短需要更大的运动速率，输出的力则会变小[4]。因此，一块肌肉在等距收缩中产生的力，以及在快速肌肉收缩中产生的力的大小是不同的。然而，由于离心阶段可能产生的各种机制（如牵张反射、储存弹性势能以及横桥增强作用），向心阶段产生的力可能会大于伸长 - 缩短循环这一标准模式产生的力[32]。

力 - 速度关系的离心阶段，随着速度的增加，输出力会增大到一定的水平，随后在极高的离心速度下（主动的肌肉伸长）会变得平缓或者下降[54]。这是由于在向心和离心的肌肉动作中，力是通过两种完全不同的方式产生的。根据之前的讨论，向心力的产生可能是由于三磷酸腺苷的水解作用导致的横桥转动和附着 - 分离模式而产生的。而在离心肌肉动作中力的产生，可能是肌肉由于张力的作用伸长，迫使肌球蛋白头从肌动蛋白上分离而导致的。这就是为何有报道称，离心肌肉动作与肌肉损伤相关，导致肌肉损伤的原因就是肌球蛋白头的被动分离，以及结构蛋白的被动拉长[74]。

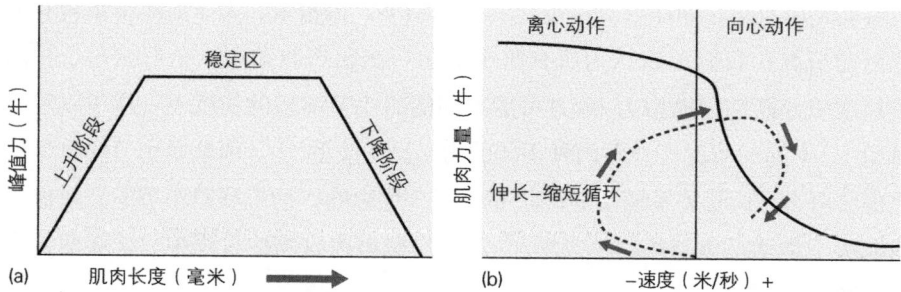

图 1.3 （a）肌肉力量随肌肉伸缩长度变化，首先增大（上升阶段），随后达到稳定区域，然后在拉长位置力量下降（下降阶段）；（b）肌肉向心收缩、离心收缩以及伸长 - 缩短循环过程中的力量

决定肌小节或肌肉纤维，以及输出力与收缩速率的相对关系的另一个因素，就是肌肉纤维的排列模式与整个肌肉 - 肌腱单位的相对关系[31]。大多数肌肉都是羽状结构，也就是说，肌肉纤维从某个角度与整块肌肉的起点和切入点的肌腱线连接（羽状角）。这种连接形式有两种作用。第一，羽状结构可以增加肌肉纤维在有限空间内的横截面积，这一横截面积被称为生理横截面积。第二，羽状结构还会产生一个解剖齿轮比，这一比值是肌肉纤维（或者位移）的缩短速率与整块肌肉的缩短速率（或者位移）之间的比值[6]。在羽状形态肌肉中，整块肌肉的缩短速率超过了基于羽状数量（羽状角）的肌肉纤维的缩短速率。肌肉的解剖齿轮比可能取决于羽状角的变化、整块肌肉的长度，以及肌肉中张力的大小。这一可变的解剖齿轮比，最主要的好处可能就是扩展了肌肉缩短速率的范围（速率更高），因而肌肉可以产生更大的力[13]。生理横截面积和解剖齿轮比，很可能都单独受到运动员进行的训练方式的影响[1]。

最终，整块肌肉的缩短过程会导致关节活动，而关节活动取决于肌腱起点和切入点的方位[43]。肌腱的起点和切入点也会对角位移量以及相关肢体的动作速度产生影响[8]。关节扭矩（力的角效应）是整块肌肉产生的力与相应力臂的乘积。力臂是旋转轴到力的作用线（整块肌肉收缩的力矢量的延伸）的垂直距离。力臂的长度受到相关肌肉的起点和切入点，以及具体活动时的关节角度的影响[2]。身体中不同肌肉的起点和切入点不同，它们的起点和切入点都是根据各自关节的具体功能而确定的。远端与近端的起点以及切入点的关系，都存在不同的优点和缺点[75]。更远端的起点和切入点会产生更大的扭矩，并使关节活动的范围受到限制。而更近端的起点和切入点会产生更小的扭矩，并产生更大的关节角度的范围。远端起点和切入点的另一个方面的影响就是整块肌肉收缩的速率可能提高，从而使更远端的肢体如手或脚的运动速率更高[75]。更近端的位置可能会导致完全相反的情况。因此，这很可能会影响肢体在与外界物体接触如球或者地面相互作用时的速度，同时也会影响施加到这些物体上的力[3, 81]。这可能是位移和速度概念中最重要的方面，原因在于它们也适用于全身重心的位移和速度。

运动员的运动表现实际上指身体在垂直方向和水平方向上的位移或者速度，例如，在跳跃和跑步运动中，全身重心的垂直位移表示的是运动员的跳跃高度；而全身重心的水平位移就是奔跑速度[30, 40]。所谓的运动表现实际上来源于横桥、肌小节、肌肉纤维、整块肌肉以及关节运动的内部位移和速度，以及全身重心的外部位移和速度[40]。外部力的产生通常来自地面反作用力（ground reaction forces，GRF），该反作用力会决定全身重心的位移以及速度的特征。因此，力、位移以及时间组合起来将决定输出爆发力的大小。然而，在我们直接研究爆发力之前，我们必须首先在做功（力 × 位移）的层面上理解力和位移。

功和时间

如上所述，分子动力的作用是将化学能转化为做机械功（力的产生和位移）[29]。横桥相互作用与肌动蛋白随后的滑行（位移）产生力，这会导致肌小节缩短，随后是肌肉纤维缩短，最终将导致整块肌肉缩短。此时，肌肉会做机械功[10]。据研究，肌球蛋白 - 肌动蛋白的相互作用能够产生 20～50 千焦/ 摩尔的自由能，这些能量被认为能够转化为有用功（做功冲量）[51]。使用来自横桥相互作用的自由能的一个重要方面，可能就是该自由能与随后实际表现出来的机械功之间的比值[29, 51]。这一比值被称为系统的机械效率。除此之外，我们还可以通过横桥相互作用过程获得自由能，而横桥相互作用又是三磷酸腺苷（ATP）的水解作用的结果。如前文所述，ATP 在体内形成，其形成机制主要是人体对碳水化合物与脂肪分解作用。能量的产生在一定程度上可能取决于乳酸浓度的变化，以及摄入体内的氧气量（有氧呼吸、克雷布斯循环、电子传递链）[28, 55]。乳酸可以通过血液进行测量，而氧气消耗量可以通过监测人体摄入的氧气量（VO_2）[65]来测量。计算能量消耗的一个方法是测量吸氧浓度，计算方式为 20202（焦耳/升）× 耗氧量（升）[28]。用血乳酸水平来估计能量消耗的计算方式为 60（焦耳）× 体重 × 血乳酸浓度变化量[79]。

计算机械效率的另一种方法就是测量实际做的机械功。就当前的技术水平而言，我们难以从肌肉层面测量一名运动员所做的功。在体外模型中，研究人员使用了单个肌肉纤维或者整块肌肉来计算功[90]。然而，在更高的功能层面上，一些调查表明或确定，内部做功就是各个身体部位运动的组合，也就是整块肌肉围绕各自关节收缩过程的反应[76]（图 1.4）。这个过程包含几项假设，并通过录像和 GRF 测量来跟踪身体各个部位的运动进行系列处理分析。能量变化以及内部做功可以对系统各个组成（身体部位）势能和动能的总体变化进行测量[93]。另一种评估的形式就是对外做功[5, 16, 17, 87]。这是整个身体重心的势能和动能变化的总和。根据运动表现，为了达到评估机械效率的目的，测量对外做功应该是最实用并且最具有针对性的方法。因此，运动表现最重要的方面应该是能量消耗（乳酸和摄氧量）和对外做功之比。这在许多文献中都有提及，同时也可以对其加以训练，用来提升运动员的竞技水平[55, 56, 65]，由于这一比值与相对时间做功（爆发力）的能力相关，因此，尤其适用于耐力型的运动项目[47]。从理解爆发力重要性的角度来说，计算外部做功对运动表现的提升有着重要的作用[52]。多项研究深入检验了爆发力与运动表现之间的关系（见第二章）。这些研究似乎认为爆发力是全身重心相对于时间所做的功。研究人员在运动员跳跃和奔跑的过程中，通过 GRF（测力台测量）对上述数据进行了计算[33, 50]。因此，运动员改变自身动能和势能（功）的能力，对于理解如何改善相对于时间的这些变量，从而产生更高的爆发力而言非常重要[59]。

对外做功=外部地面反作用力×全身重心位移
对外做功功率=对外做功/时间

全身重心位移

肌肉力量×肌肉缩短位移

内部做功=肌肉力量×膝关节活动时的力臂

脚对外部地面的作用力

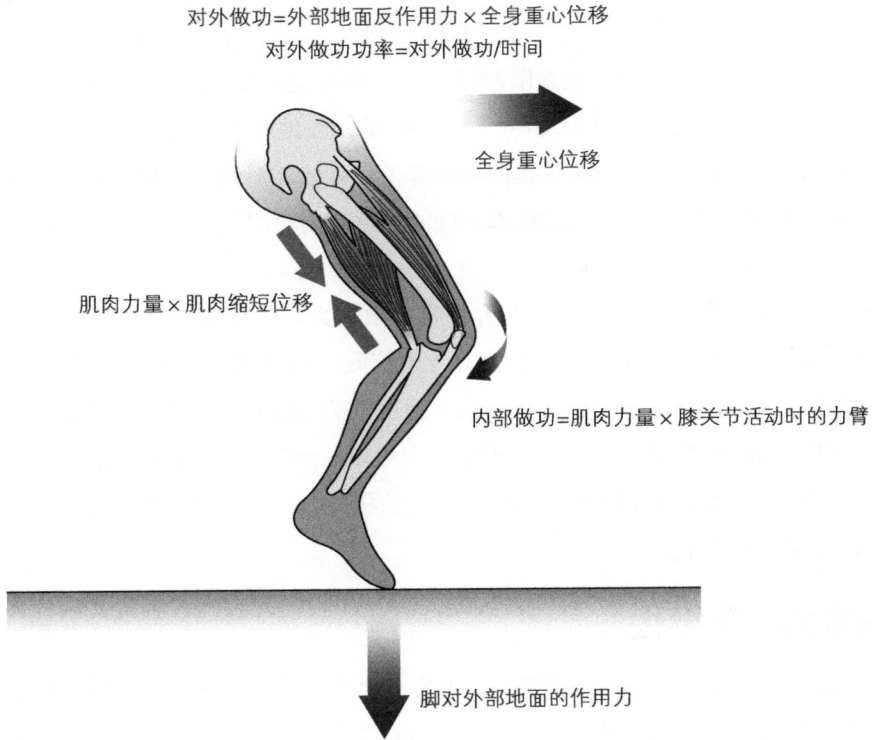

图 1.4 肌肉收缩时内部做功与对外做功

爆发力

功率是指做功的快慢，而功是力和位移的乘积。理解爆发力的另一种方式是进行一项活动时，在一定速度下所做的功。如前文所述，肌球蛋白（横桥）-肌动蛋白的相互作用产生功。更加常见，也可能更相关一些的术语是爆发力冲程[34]。爆发力涉及前文提及的所有变量：力、位移以及时间的峰值。这3个变量可能是从本质上决定运动员运动表现的关键因素，因此，这也就是科研人员和从业者对爆发力进行大量研究和讨论的原因[37, 57, 58]。有研究表明，与大重量深蹲［更高百分比的 1RM（one repetition maximum），单次重复最大负重］相比，弹震式和半弹震式运动如深蹲跳和高翻会产生更高的爆发力输出[22, 39, 64]。尽管大重量深蹲看上去需要更大的力，但是这项训练在移动时的速度低于深蹲跳和高翻。这种低速度可能就是导致爆发力值较低的原因[22, 64]。

速度非常高的运动也会产生较低的爆发力水平，原因在于根据我们之前对肌肉的力 - 速度关系的讨论，速度较高的活动，力就会变小。然而，速度非常高的运动（速度高到可以极大限制爆发力）在人类自然的运动中并不会出现，除非身处零重力或者微重力环境[18]。据报道，在地球上奔跑和跳跃能够产生相对高的功率输出，原因在于我们必须首先克服地球对我们的身体施加的重力（身体的自重）[18, 66, 78]。这意味着适度的速度和力可以同时出现，如运动员在进行自重深蹲跳时的数据就反映了这一点[22, 48]。这是一个很有趣的概念，最早提出这个概念的是一项模拟零重力或者微重力环境中进行跳跃的研究[18]。如果你进行最大重量深蹲，功率输出会比较低（力值高，速度低）。你在地球上跳跃或者奔跑，功率输出会比较高（适度的力和速度），但是如果你在月球上跳跃，你的功率输出又会变得很小（力值低，速度高）。这一关系可以帮助我们理解在人体运动中出现功率输出的情景和原因，以及如何进行训练来达到最佳运动表现水平。

爆发力的重要性

如果你想要跑得快并且跳得高，爆发力是非常关键的素质。生物体产生爆发力的能力可能是其所处进化环境（重力和大气压等）[18, 66, 78]的产物。对于人类来说，爆发力可能是人类克服地球的引力场而进化出的一种能力。如果运动员想要跳得高或者跑得快，就必须在短时间内通过最大的位移产生最大的力[39, 78]。此外，他们还必须克服重力并移动自己的身体。因此，横桥、肌肉纤维、整块肌肉、关节活动以及 GRF 可能会在上下文所提及的环境中得以优化[12, 41, 42, 67]。

有趣的是，最大力、速度以及爆发力的概念可以从各个层面进行观察，从单个肌肉纤维到整块肌肉、关节，最终到全身[67, 73]。爆发力输出可能是一个系统可以产生的最大的力的产物。如前文所述，这甚至可以直接追溯到分子动力本身。研究表明，人体对三磷酸腺苷（ATP）的水解作用会产生自由能，并因此做机械功，以上这些都是在一段时间内发生的。然而，我们必须认识到力的产生，不论是单个的横桥还是整块肌肉产生的力，必须在系统能够产生的最大力，尤其是相对于速度的最大力的背景下考虑。这是因为功率（爆发力）是力和速度的乘积，因此，这两个变量之间的最优关系能够告诉我们爆发力如何产生，以及如何优化肌肉的爆发力[60, 73]。

最大爆发力

一项对单束肌肉纤维进行的研究表明，最大爆发力一般出现在最大力量的15%～30%[35]。这很可能也适用于整块肌肉[42, 68]。更神奇的是，这个规律同样适用于全身的力量输出[41, 68]。如果一位运动员的自身重力为841牛（85.8千克），并且他可以在腿部处于垂直方向时产生最大为1647牛的力，那么能够让该运动员在垂直方向（深蹲跳）产生最大爆发力的外部负重为上述重量之和的33.8%［（841牛+1647牛）×33.8%=840.9牛］。上述等式的答案是840.9牛，该数值大约与该运动员的体重相同，同时是总重量（2488牛）的33.8%，这一结果也与单束肌肉纤维研究[35, 71]中得出最大力量的15%～30%这一数值相吻合。这表明运动员在移动大约与自身重量相同的负重时能够产生最大的爆发力[18, 20, 22, 25, 62, 64]（图1.5）。这也表明当运动员训练时使用的负重逐渐增加［(1.0～1.5)×自身体重］，峰值力会增加，而峰值速度和峰值爆发力则会降低[64]。这就是为何弹震式爆发力训练（如深蹲跳）被认为是一种低抗阻训练（高峰值爆发力），而力量训练被视为高抗阻训练（高峰值力）[85]。在将深蹲（非弹震式）或者高翻（半弹震式）作为爆发力训练形式时，上述关系会出现微小变化[22, 85]，若负重更大，则将其表示为运动员举起重量的百分比［杠铃重量或者单次重复最大负重（1RM）］。在深蹲中，这一数值可能是1RM的56%，而在高翻中则是1RM的80%[22, 64, 85]。有时候，深蹲跳和普通深蹲或者高翻之间负重的表示方式可能不同。如前文所述，深蹲跳的负重是将运动员自身体重（body weight，BW）（1.0×BW）或者运动员自身体重加上一定数量的外部负重（1.5×BM）作为其总负重。通常在深蹲或者高翻中我们所说的负重，就是运动员举起的杠铃重量（1RM）。在图1.5中，1.0×BW的负重等同于1RM的0%，即无外部负重。1.5×BW的负重（例如，如果运动员的体重为81千克，并且深蹲1RM的负重为138千克）等同于1RM的90%（1.5×81千克=122千克，122千克÷138千克=0.90）。我们可以看出，在深蹲跳中可能会采用低得多的强度（负重）（1RM的0%），而在普通深蹲（1RM的56%）和高翻中（1RM的80%），运动员一般会采用更高的强度（负重）来获得峰值爆发力输出[22, 85]。

深蹲跳

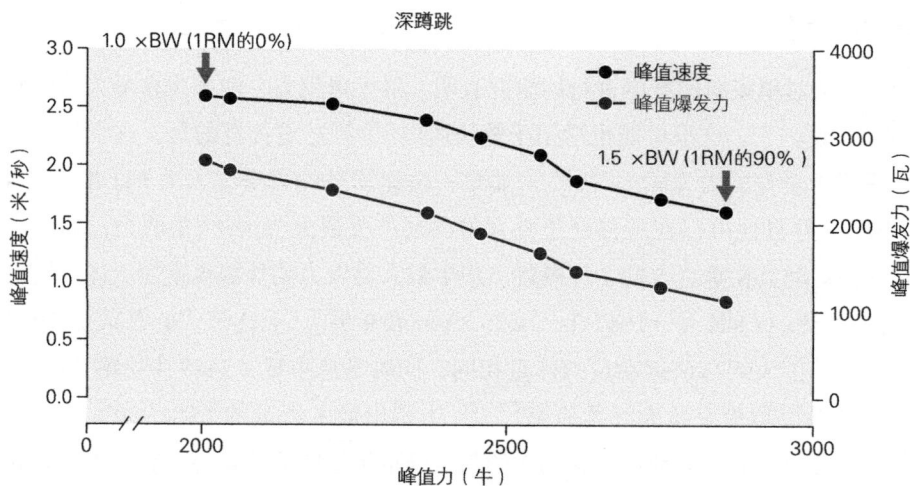

图 1.5 以不同负重进行深蹲跳时的峰值力、峰值速度和峰值爆发力

结论

在跳跃和奔跑时，运动员必须移动自身的体重。由于跳跃、奔跑以及其他大多数田径项目都是弹震式运动，因而使用深蹲跳模式，并以力、速度和爆发力为参数构建的概念应该是合理的。因此，当运动员进行自重跳跃或者奔跑时，可以将这些活动视为爆发力训练（即 $1.0 \times$ BW 或 1RM 的 0%）。进行普通深蹲或者高翻可以作为提高爆发力的补充练习，最好可以使用更大的负重，如前文所述（分别为 1RM 的 56% 或 1RM 的 80%）。

有研究表明，使用能够使爆发力最大化的负重进行训练，能够有效地提高运动员的爆发力[89]。因此，在每一项训练中选用合适的负重，对于训练计划的设计来说是一个很重要的方面。除此之外，一般来说，采用多种不同负重进行训练，能够更加理想地提高肌肉的爆发力和速度[21, 88]。爆发力是提升运动员运动表现的关键所在。本章中包含的信息，即从分子层面到跳跃和奔跑活动为上述论点提供了事实依据。我们依靠身体奔跑、跳跃、游泳、骑行和攀爬，这就是爆发力的本质。

爆发力的评估

索菲娅·尼姆菲尤斯（Sophia Nimphius），博士

在体能训练的文献中，爆发力已经成为有关人类运动表现的最经常被讨论和最受关注的话题之一。然而，对爆发力进行评估，以及对"爆发力"术语的口语化使用常常被批评为误用或者误解[22, 36]。在对爆发力进行评估之前，我们必须理解爆发力的真实定义，以及使用这一术语的合适场合（见第一章）。在有关体能训练的文献中，研究人员使用不同的负重，采用不同类型的训练方式（如等速训练、等动训练以及弹震式训练等）和不同的训练项目对爆发力进行了界定[10, 24]。所有的这些测试方法以及测量数据都是为了描述人体的肌肉表现水平。然而，我们必须认识到，传统的爆发力输出测量方法都是采用最大负重，在一段距离或者一段时间内进行重复训练得出的，例如登台阶测试或者温盖特（Wingate）功率测试[31]。

近年来，体能训练领域开始在弹震式训练期间对爆发力输出进行测量，一般在投掷或跳跃项目中，运动员可以在整体运动范围内进行杠铃或者自身加速度活动[1, 24]。弹震式训练本身并不是绝对的爆发力活动，但是这些运动的外部机械功率或者系统功率却要高于那些低速度运动的功率。这些弹震式训练中最重要的变量就是系统的净功率（净爆发力），这一功率反映了单个关节爆发力之间协调能力的总和[25, 32]。与单个关节爆发力的直接评估相比较而言，这种评估拥有更多的实践优势（如时间、设备、成本）。

我们需要理解，爆发力实际上是一种测量指标，同时也是衡量运动表现（如冲刺时间或者垂直跳跃高度）的一项典型指标。但是，如果将爆发力作为衡量跳高水平的指标是不恰当的[22]，原因在于在男性运动员和女性运动员中[27, 29]，系

统功率和运动表现（在这里指跳跃高度）之间的差异并不大。然而，如果我们对比跳跃高度（竞技水平）相同，但是爆发力水平不同的两名运动员，我们能够得到关于跳跃水平的额外信息。本章概述了在体能训练领域测量系统爆发力时需要理解的关键因素。该章给出了爆发力的定义，爆发力的计算方法、有效性（效度）和可靠性（信度），常见的直接（实验室研究）和间接（实地研究）爆发力评估方法，以及对在常规爆发力评估中取得的数据的解释示例。

体能训练领域中爆发力的定义

对"爆发力"术语的常规使用常常会被误用或者误解[22, 36]。根据定义，功率是做功的速率。功的单位是焦耳（J），功率的单位是瓦（W），1 瓦等于 1 焦耳 / 秒。教练们常常认为，通过描述运动员在运动过程中需要产生的力或克服的阻力与在动作过程中表现出来的比较快的速度之间的比值，可以认为该运动员具有很高的功率（爆发力）。因此，由于必须移动外部负重（如负重深蹲跳），尽管有时运动员的移动速度较慢，但是仍然可以视为具有高水平的爆发力（功率），原因在于相对于所需要的力或者需要加速的体重（负重），速度依然很快。对术语"大功率"的常规使用，似乎是对功率的数学定义进行了不精确的解读。以下包含功率和功的数学等式，可以进行多种组合排列，来推导出有关爆发力的等式。

$$功率（瓦）= 功（焦耳）/ 时间（秒）$$

因为功是力和位移的乘积，通过替换，我们可以得到以下等式。

$$功率（瓦）= 力（牛）× 位移（米）/ 时间（秒）$$

进一步简化（因为速度 = 位移 / 时间），我们可以再次对等式进行重新排列，将其改写为从业者常用的功率表示方法。

$$功率（瓦）= 力（牛）× 速度（米 / 秒）$$

除此之外，功率还可以表示为动作在一段时间内的平均值，术语表示为平均功率（$P_{平均}$），或者最高的瞬时峰值功率（$P_{峰值}$）。因此，$P_{平均}$总是一个较小的数值，并且表示整个动作期间的功率，而 $P_{峰值}$ 则是非连续时点的最高功率（图 2.1）。例如，反向运动中记录 $P_{平均}$ 为 765 瓦，然而，$P_{峰值}$ 记录为 5014 瓦[4]。

体能训练领域测量和记录 $P_{平均}$ 和 $P_{峰值}$ 的现行趋势，推动了爆发力评估（如

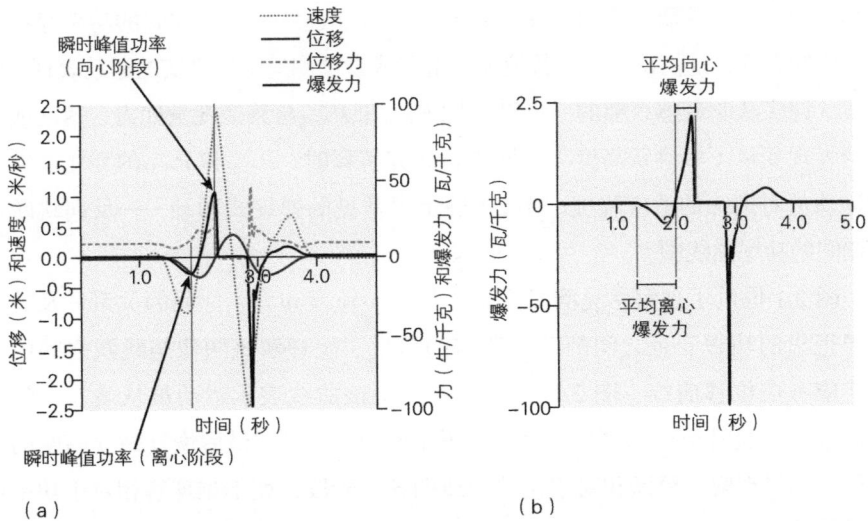

图 2.1 反向跳跃运动功率曲线图：（a）位移、速度、力和功率相对时间的图像，在图中标出了跳跃时向心和离心阶段的峰值功率，注意，峰值功率出现的时间与峰值速度和峰值力出现的时间不同；（b）功率相对时间的图像，图中标出了整个向心和离心阶段的功率

卧推、投掷和跳跃）的发展[24]。在爆发力评估中，研究人员通过计算功率来了解运动员力 - 速度关系的大致信息。然而，我们需要注意的是，爆发力评估并不是对爆发力的测试。相反，我们可以在这些弹震式活动期间测量 $P_{平均}$ 和 $P_{峰值}$。事实上，除了速度为零即功率为零的等长收缩动作，任何活动期间都可以通过技术方法测量功率。此外，在测量功率的时候，我们需要对测量方法进行全面的描述（后面章节将会具体讨论），因此我们可以在合适的背景下解释测量结果。对其他变量如力和速度也应该加以展示，这是因为功率实际上是由力和速度构成的[23]。因此，要想正确解读功率作为一个测量变量的含义，就必须理解力和速度的组合变化对功率输出的影响（爆发力评估的优缺点见第一章和后续章节）。

功率的测量

在体能训练领域，大多数测量功率的研究，一般更多地关注非连续性运动（如深蹲、深蹲跳、卧推和投掷）期间产生的 $P_{峰值}$ 和 $P_{平均}$，而不是连续性运动（如骑行或者赛艇运动）。在连续性运动期间，测量的功率输出是一系列重复动作的功率。但是，一些研究者对仅使用和计算这些非连续性活动期间的功率存在一种批评的态度，他们认为这些数值无法解释或者预测运动员真实的运动表现[22]。然而，许多从业者感兴趣的一点是：将$P_{峰值}$和$P_{平均}$与其他变量如力、速度或者运动表现变量（如跳跃高度）一同进行研究解释时，$P_{峰值}$和$P_{平均}$的变化能够反映运动员对训练的适应程度。图 2.1 展示了常见的弹震式活动——反向跳跃运动期间的功率曲线图。

图 2.1 提供了理解常见测量变量（位移、速度和力）之间的关系，及其与推导得出的功率变量之间的关系所需的信息。要理解该图像与跳跃之间的关系，应考虑位移曲线［图 2.1（a）］，并想象该曲线表示运动员从站立、降低身体重心、起跳至最高高度、落地（然后缓冲），再到最后恢复站立高度的全过程。如果理解了跳跃相对于位移曲线的各个阶段，就不难理解相对于功率或者任何其他变量而言，离心过程相对于向心跳跃阶段之间的关系。此外，这名运动员在起跳之前，其力的图像［图 2.1（a）］会出现两个峰值。第一个峰值表示在反向运动中施加的用来阻止身体重心下降的力，而第二个峰值表示运动员在跳跃动作向心阶段募集到髋部、膝部以及踝部的力，即最大动态力。这种理解可以应用于包含反向运动的负重弹震式跳跃和卧推、投掷等动作。

离心和向心阶段

跳跃的阶段通常被描述为正位移阶段和负位移阶段两个部分[6]。跳跃的离心阶段（反向运动）会产生负的$P_{峰值}$和$P_{平均}$，当力变小，身体即进入跳跃的离心阶段（图 2.1）。当速度从负值变为正值（超过零点），离心阶段结束。同时，这表明向心阶段的开始，随后会在力等于零或者起跳的时候结束[19]。

要想推导出图 2.1 中展示的功率曲线图像，我们需要将每个样本中力与速度的数值相乘。图 2.1（b）中已经单独绘出功率图像，并标出了用来计算平均向心功率和平均离心功率的功率图像的部分曲线。如果速度和力可以直接测得，功率的实际计算则相对比较简单；然而，有多种测量方法都可以用来推导功率曲线，每一种方法都有自身的优势和缺陷，我们将在接下来的内容中讨论这些方法。

有效性（效度）和可靠性（信度）

有效性和可靠性不仅对所有的测试都十分重要，在理解系统功率测量的过程中，有效性和可靠性的重要性更是不言而喻。许多文献都从有效性和可靠性的角度出发，对各种身体表现测试中得出的功率数据进行了全面的回顾[5, 13, 17, 24, 33]。有效性可以描述为某项测试实际测量的运动表现数据，与其应该测量的目标数据的符合程度，而可靠性指重复产生相同测量结果的能力，或者测量结果的一致性[17]。在对一项测试的有效性进行评估之前，我们必须首先确定其可靠性，只有当其具有可靠性时，有效性评估才是有意义的。本章展示的所有爆发力测量方法都被认为具有可行性和可靠性。然而，就有效性而言，本章包含的爆发力测量方法可分为系统功率的直接（有效性较高）和间接（有效性较低）测量方法。如果想要获得有效并且可靠的爆发力测量数据，即使是使用爆发力的直接测量方法，不同的方法得出的结果仍然是不同的，选择的方法仍然会影响测量的有效性和可靠性。

为提高测试的可靠性，应该对以下变量进行控制或者使其保持不变：

▶ 测试设备和计算方法；

▶ 给运动员的指令；

▶ 一天中的固定时间；

▶ 运动员的疲劳状态以及对测试方案的熟悉程度；

▶ 运动员的经验或者训练状态；

▶ 测试环境的温度；

▶ 测试之前的热身方案；

▶ 测试的顺序（如果还有其他测试）。

对测试环境的控制程度越高，测试的可靠性就越高，在确定竞技水平提升之前，这会影响对需要的最小变化的测量。换言之，提高测量的可靠性会提高测量的精度，因此从业者能够甄别运动员运动表现更小的变化。从统计学角度来看，运动表现变量的标准差乘以 0.2 能够得出最小的变化[16]。实际上，这表示在确定是否具有显著性差异之前就有最小的量变[16]。

直接和间接爆发力测量

在体能训练的研究和实践领域，对弹震式运动期间的爆发力进行评估，受到了越来越多的关注。因此，以下对爆发力评估的描述将重点强调弹震式运动期间的评估。众所周知，机械功率输出通常可以通过多种其他测试进行评估，例如那些在功率自行车上进行的测试［如温盖特（Wingate）测试］。另外，研究人员会测量奥林匹克举重及其衍生训练的运动表现中的爆发力，但由于这些运动具有独特性，以及杠铃和举重运动员重心之间的相互作用，在测量和计算这些运动[18, 20]的爆发力时，需要另外的考量。通常使用两种评估类型，即直接和间接的评估方式来测量弹震式运动中的爆发力输出。从实践视角来看，在多种任务的运动中会使用直接测量方式，测力台和线性位移传感器（linear position transducers，LPT）成本的降低和可用性的提高，会导致更多的从业者对爆发力输出进行直接测量。

对于间接的爆发力评估，已经推导出几个公式来推算双腿跳中的爆发力输出（表 2.1）。然而，还是建议使用跳跃高度，而不是使用公式推算的运动表现变量来评估爆发力输出，这是因为预测的爆发力的误差更大。因此，公式中变量的变化越大，才能越肯定地说明两名运动员产生的爆发力水平不同[33]。为方便参考，表 2.1 列出了用于推算单次双腿跳[12, 15, 30]或多次双腿跳[2]爆发力输出的一些常用公式和方法。

表 2.1　用于推算双腿跳中爆发力输出的常用公式和方法

公式名称	方法注意事项	公式
博斯科（Bosco）公式[2]	■ 在给定时间段内（15～60 秒）重复双腿跳 ■ 测试是在接触垫上进行的，并且比较困难的是，应该控制下蹲的幅度（髋关节弯曲 90 度） ■ 双手应放在两侧髋关节上	平均功率 =（腾空时间 × 测试持续时间 $\times g^2$）/［4 × 双腿跳次数 ×（测试持续时间 - 总腾空时间）］ 总腾空时间 = 所有双腿跳腾空时间的总和
哈曼（Harman）公式[15]	■ 单次双腿跳高度即为最大高度 ■ 基本动作应为蹲跳；可使用反向双腿跳，但可能会增加不准确性	峰值功率 =61.9 × 双腿跳高度（厘米）+36.0 × 体重（千克）+1822 平均功率 =21.2 × 双腿跳高度（厘米）+23.0 × 体重（千克）+1393
塞耶斯（Sayers）公式[30]	■ 单次双腿跳高度即为最大高度 ■ 可以采用蹲跳或反向双腿跳	峰值功率 =60.7 × 双腿跳高度（厘米）+45.3 × 体重（千克）-2055
路易斯（Lewis）公式[12]	■ 单次双腿跳高度即为最大高度 ■ 准确性最低，但被广泛使用	功率 $=\sqrt{［4.9 \times 体重（千克）］} \times \sqrt{［双腿跳高度（米）］} \times 9.81$

注：g 表示重力加速度。

从业者应避免使用不同运动（运动方式）或功率的间接［博斯科（Bosco）双腿跳测试］和直接测量方式［温盖特（Wingate）自行车测试］进行对比。例如，同一个受试者，在相同距离测试中，多次博斯科（Bosco）双腿跳测试出的爆发力结果，与温盖特（Wingate）自行车测试的测量结果是不同的[15]。我们建议，为确保结论的有效性，最好是仅在相同运动类型中以及使用相同的功率计算方式来比较爆发力。虽然博斯科（Bosco）双腿跳测试和温盖特（Wingate）自行车测试所得到平均功率之间的差异，可以解释为双腿跳储存的弹性势能不同，但并不能断定这种差异的产生是否是直接和间接爆发力测量方式不同所造成的。由于一些从业者在测试中无法直接使用评估所需的设备，因此表 2.2 中显示了一些常用的直接和间接爆发力评估方法。对于列出的间接爆发力测试，还应该注意，不应将位移量等同于爆发力。相反，反映一个运动员或比较多个运动员之间的运动表现，应是双腿跳的距离（例如跳远和跳高距离）或投掷和抛掷距离。

表 2.2 常见的功率评估方法

训练或测试	目的	简易方法	变化
上肢			
药球胸前传球	通过间接（距离）功率测量方式，进行上肢爆发力评估	受试者坐直，背部有支撑，双腿伸向正前方或搭在长凳上且躯干倾斜 45 度。药球的重量取决于受试者的年龄和性别（体重）。双手抱住药球，放在胸前，无需额外动作，将球掷出最远的距离（指导并观察受试者的投掷角度）	■ 药球重量 ■ 躯干姿势（角度）
卧推式投掷药球	通过直接功率测量方式，进行上肢爆发力评估 *	受试者在史密斯架上采用与卧推相同的姿势。* 如果可能，在投球后请使用电磁制动器使重物停止；另外，受试者应在进行最大尝试前熟悉投球和接球动作	■ 直接向心投掷 ■ 先反向离心运动，再向心投掷
上肢温盖特（Wingate）测试	通过直接功率测量方式，进行无氧能力评估 *	受试者坐在椅子上，面向改良过的上肢自行车测力计。* 双脚平放在地面上。在热身运动后，受试者以最快频率推转手柄。按照受试者的体重，每千克体重增加 0.05 千克的负重作为阻力。在规定时间内，尽最大努力完成动作（通常为 30 秒）	■ 测试时间长短

训练或测试	目的	简易方法	变化
下肢			
反向双腿跳（CMJ）	通过间接（高度）功率测量方式，进行有伸长 - 缩短循环的下肢评估	受试者手臂摆动，进行最大跳跃。先测量站立时单臂过顶的最大伸展高度。然后，受试者尽最大努力跳高。受试者在进行双腿跳时，可以自己选择下蹲的幅度。跳起后手臂伸展高度减去站立时手臂伸展高度即为跳跃高度	■ 单腿变化
静态蹲跳（SJ）	通过间接（高度）功率测量方式，进行无伸长 - 缩短循环的下肢评估	受试者进行与反向双腿跳相同的测试，不同的是，受试者下降到自己选择的高度并在该位置保持稳定，然后再向上跳跃	■ 单腿变化
跳远（双腿水平跳）	通过间接（距离）功率测量方式，进行有伸长 - 缩短循环的下肢评估	受试者双脚平行站立，然后尽可能向前跳。受试者应在跳跃过程中使用双臂摆动来辅助，并且要有控制地双脚落地。测量从起跳线到距其最近的脚后跟之间的距离	■ 双腿跳或单腿跳重复次数 ■ 单腿变化
反向双腿跳（CMJ）	通过直接功率测量方式，进行有伸长 - 缩短循环的下肢评估	和间接反向双腿跳评估方式一样；但受试者可以将其双手放在两侧髋关节或放在杠铃的适当位置，以确保测量的是下肢的功率。这种安排还可以最大限度地减少由摆臂引起的结果变化	■ 体重 ■ 单腿变化 ■ 绝对负重面 ■ 相对负重面
静态蹲跳（SJ）	通过直接功率测量方式，进行无伸长 - 缩短循环的下肢评估	和间接蹲跳方式一样；但受试者可以将其双手放在两侧髋关节或放在杠铃的适当位置，以确保测量的是下肢功率。这种安排还可以最大限度地减少由摆臂引起的结果变化	■ 体重 ■ 单腿变化 ■ 绝对负重面 ■ 相对负重面
下肢温盖特（Wingate）测试	通过直接功率测量方式，进行无氧能力评估 *	受试者在蒙纳尔克（Monark）自行车测力计上进行此测试。* 调整功率自行车到合适的位置。在热身运动后，受试者以最快频率蹬骑。按照受试者的体重，每千克体重增加 0.075 千克的负重作为阻力。在规定的时间内，尽最大努力完成动作（通常为 30 秒）	■ 测试时间长度

训练或测试	目的	简易方法	变化
全身			
投掷药球（过顶或下手）	通过间接（距离）功率测量方式，进行全身评估	可使用多种方法，需要使用全身或全身的协调运动来投掷或抛掷药球，使其达到最远的距离。这些动作可以朝向受试者的前方投掷，也可以向受试者后方投掷；可以使用过顶投掷，也可以使用下手投掷。所有的姿势变化都应让受试者用最大的全身力量进行	■ 多种掷球姿势 ■ 药球重量
奥林匹克举重（抓举、挺举）	通过直接的功率测量方式，进行全身评估（主要是下肢）	同表 2.3 和第七章所描述的内容，直接测量高翻位移的变化。受试者应在这些训练前熟练掌握这些动作技能	■ 训练方式（例如高翻） ■ 绝对负荷 ■ 相对负荷
转体投掷药球	通过间接功率测量方式，进行转体评估	通常应用于转体动作较多的体育运动，如棒球和垒球。受试者侧身站立，双手抱住药球，高度位于腰部和肩膀之间，类似于击球的站姿，然后将药球掷出最大距离	■ 药球重量

为提高测试的可靠性，受试者根据建议，只有在熟悉测试方法和进行热身运动之后才能进行这些测试。

* 如表 2.3 所述，直接测量功率的方法之一是直接评估变量，从而计算功率。

　　与当前的关于功率测量的信息一致，如果可能，从业者不应只使用表 2.1 中的公式或任何间接的单一功率测量方式。功率的直接测量是最有效的测量方法，能够有效地检测训练之后功率的最小差异或最小的重要变化，或者用于运动员之间的比较。这些方法的可靠性和有效性也应予以考虑[5, 8, 24]。表 2.3 中列出了多种直接测量方式的优缺点。

　　我们提供的信息可以为从业者提供建议，以确保他们使用有效、可靠的功率测量方式来评估运动员。然而，不是所有的从业者都有机会使用上述设备。因此，他们应尽可能组合运用最有效、最可行的方式，同时了解其局限性。

　　以下是在弹震式运动中，对功率直接测量方式所有建议的总结。

▶ 使用线性位移传感器可以直接测量速度。使用两个线性位移传感器所测得的速度更具准确性，这可以消除与直接测量力有关的水平位移造成的误差，在评估杠铃速度时是最好的实践方式。

▶ 无论是否使用测力台，单个线性位移传感器都可以测量出线性（垂直）运动的功率输出。而其他运动，例如高翻或抓举运动，水平做功为 10%，在只使用单个线性位移传感器评估功率时，可能会导致速度和功率测量值过高。

表 2.3　功率的多种直接测量方式的优缺点

设备	优点	缺点
2 个（或 4 个）线性位移传感器和一个测力台	可以直接测量力和位移量（计算速度）。包括在非完全线性（仅限垂直或水平）运动期间水平位移（或速度）的测量	非常昂贵，并且该设备需要专门场地[a]
一个线性位移传感器和测力台	可以直接测量力和位移量（计算速度）。这种组合方式可以在弹震式运动中根据杠铃速度对功率进行有效评估	使用该方式须假设运动是完全线性的（例如，对奥林匹克举重的衍生训练的结果不太理想），并且杠铃速度代表重心速度[a]
只使用测力台	对于举重（从悬垂姿势）和弹震式运动来说，可靠性和有效性较高。可以根据重心移动的速度对功率进行有效评估	数学方式操控（正向动力学分析）计算功率，通常会导致功率值偏低[b]
只使用线性位移传感器（或二维运动学分析*）	相对而言成本较低。如果运动基本上都是线性的（仅限于垂直或水平运动），则是一种可靠的速度测量方式	数学方式操控（逆向动力学分析）计算功率，通常会导致功率值偏低[a]
加速度计	相对而言成本较低。可以作为一种可靠的方式来测量反向双腿跳的跳跃高度	速度和功率测量的偏差增大了评估功率变化时所需的最小差异[a]

* 二维运动学分析：在运动员髋部（大转子）使用标记来表示运动员重心的变化。

a：根据杠铃的速度来测量功率，因此不包含除杠铃外的运动。

b：根据重心速度来测量功率，因此不考虑杠铃运动。

▶ 使用加速度计测量功率时需注意，可能会产生较大误差，因而很难进行干预后的比较或功率变化的评估。

▶ 如果与杠铃的机械功率相比，重心功率更加值得关注，那么只使用一个测力台的方式可能是最合适的，并且可以区分功率的改变是由于杠铃位置（技术）的变化还是由于将力施加到地面的能力的变化[18]。

▶ 采样频率应高于 200 赫兹，尤其是在只关注最大值（例如峰值功率和峰值速度）的情况下。最好的操作方式是在估算爆发力的提升速率时，将采样频率设定为 1000 赫兹或高于 1000 赫兹。

▶ 所选择的有效、可靠的方法应该在测试阶段内保持一致，以确保结果可以进行比较。

功率测试报告

在计算功率的时候，我们可以用绝对测量数据（瓦）表示或者使用如身体质量（瓦／千克）的其他因素对测量数据进行标准化处理，该方法被称为依比例度量。有研究提出异速比例可以用来理解与体型无关的变量，该方法是相关文献中大量讨论的主题[9, 21, 26]。异速比例是根据维度对数据进行标准化，并通过用变量除以身体质量的三分之二次方（$BM^{-0.67}$）对该变量进行标准化，以此来消除体型对测量数据的影响[26]。然而，在使用异速比例进行数据标准化之前，我们首先要考虑该方法的优点和不足。例如，使用上述指数（$BM^{-0.67}$）的一个潜在问题，就是已知的体型变化，尤其是不同性别或者不同运动员群体的肌肉量不同（由于体型不同），可能会影响该指数（$BM^{-0.67}$）消除体型影响的能力[26]。为了解决这一潜在问题，有人提议，推导出一个指数来取代常用指数 $BM^{-0.67}$。然而，推导得出的指数可能缺乏普遍性，原因在于推导得出的指数可能只针对于用于推导的特定人群的特点，例如性别、年龄、身体质量指数以及训练经历[9, 37]。实际上，这意味着如果从业者因为运动员体型特性的不同，而使用了推荐的或推导的异速比例指数来对数据进行标准化，则可能导致无法对运动表现数据进行比较。因为数据对比是运动表现测试中的一个重要方面，因此理解并运用标准化的方法至关重要。

从业者需要理解两点：其一，比例度量（身体质量标准化）的过程可能会存在偏差；其二，如果选择了比例度量作为标准化的方法，从业者还要理解该方法对体型较大和体型较小的运动员功率测量的影响。然而，当把测量结果与对运动表现的推算联系起来时，比例度量方法中的标准化变量与运动表现之间的关系，要优于利用异速比例标准化的变量和运动表现之间的关系[9]。如果想要消除体型的潜在影响，并借以消除与体型过小或者过大的运动员相关的混淆因素，可以考虑使用推导的或者推荐的异速比例方法[9]。在使用异速比例方法之前，从业者需要首先满足该方法所需的假设条件，并理解异速比例方法的含义和使用方法，除此之外，还需要阅读各种相关材料[3, 26, 34]。

测试数据的表述

　　在进行数据标准化之后，另一个与功率数据展示相关的重要考量就是实施测试的环境。如前文所述，除了那些速度为零的等长收缩活动，所有动作都会输出功率。对不同训练模式或者负重的对比，可以使用标准化得分进行评估。标准化得分常用于对比不同体能表现的水平（如速度与耐力）。标准化得分，也就是 Z 分数，计算的是某项数据高于或者低于平均值多少个标准差。你可以使用以下公式计算 Z 分数，其中 x 是需要标准化的得分，μ 是平均值，σ 是标准差。

$$Z 分数 = (x-\mu)/\sigma$$

　　深蹲跳是各项研究中的常用评估方式，图 2.2 中展示了不同负重深蹲跳时的功率分布，即功率输出[11]。图 2.3 展示了对这些数据进行标准化处理的结果，因此教练员可以借助该标准化数据来判断该运动员每次负重深蹲跳相对于整个团队的进步的程度。图 2.3（a）和图 2.3（b）之间存在差别是因为用来计算 Z 分数的平均值和标准差不同。图 2.3（a）中的 Z 分数分别是使用赛季前期、赛季中期和赛季后期每次负重的团队平均值和标准差计算得出的；而在图 2.3（b）中，只使用赛季前期每次负重的团队平均值和标准差来计算赛季前期、赛季中期和赛季后期的 Z 分数。

　　图 2.2 中的数据展示了运动员在赛季不同阶段负重测试的功率分布情况。赛季前期和中期专注于力量训练，赛季中期和后期则专注于爆发力训练，这就解释了整条曲线的变化关系[14, 28]。本书第三章讨论了训练对力 - 速度曲线，以及对功率的影响。第三章还讨论了如何测量功率以及用功率来表述或者确定有关训练效果的具体问题。第九章和第十章提供了更多的案例研究。

　　从业者需要理解不同的数据表述方法会带来不同的信息，这一点很重要。如果测试数据的目的是为了展示某位运动员在一段时间内竞技水平的提高，与整个团队的水平变化无关，那么可以使用前文所述的任何一种原始数据表述方法，或者保持平均值和标准差不变来计算 Z 分数［例如图 2.3（b）］。如果想要理解一位运动员的水平提高与整个团队水平在一段时间内的对比，那么在每次测试时（如赛季前期、赛季中期、赛季后期）都需要选取团队平均值和标准差的变量［例如图 2.3（a）］。在图 2.2 中，我们可以很容易地看出，不论是绝对负重还是相对负重，运动员从赛季前期、赛季中期到赛季后期功率水平逐渐

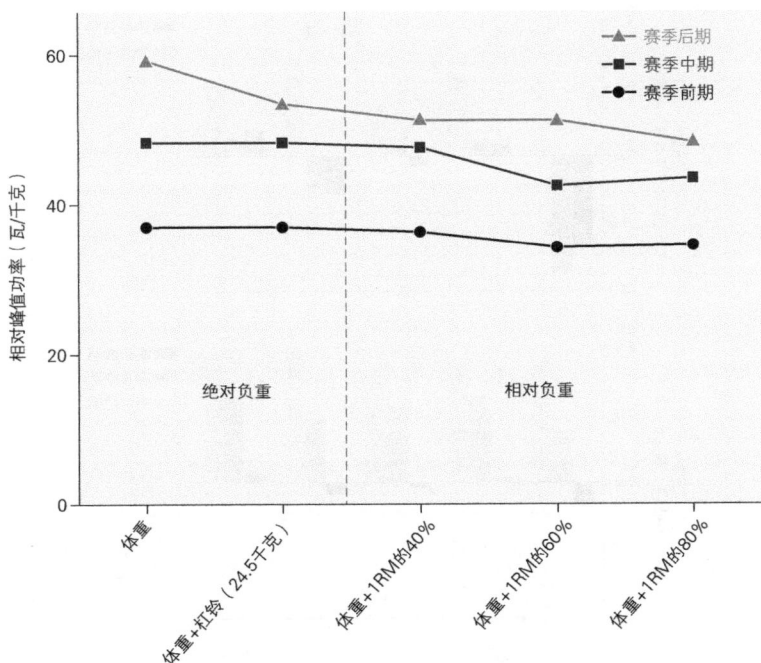

图 2.2　运动员在赛季不同阶段绝对负重和相对负重测试的功率分布示例

提高。然而，在评价该运动员相对于整个团队的进步时［图 2.3（a）］，赛季前期和赛季中期该运动员的表现总是低于或者接近团队平均水平，直到最终测试时水平大幅度提高，不仅相对于自身之前的水平有所提高（图 2.2），而且相对于整个团队的成绩［图 2.3（a）］，Z 分数也很高。这种数据呈现形式与图2.3（b）中的形式截然不同，图示数据表明了赛季前期与整个团队平均值的比较，尽管在赛季前期运动员得分从接近团队平均值的水平开始，但是在赛季中期和赛季后期，运动员的水平远远超过该基线。

　　图 2.3（a）和图 2.3（b）代表了表述数据的不同方式，这些方式对于理解运动员竞技水平的提高（与队友相比，或者与开始训练时团队平均值相比，运动员的水平提高了多少）都具有潜在的作用。理解测试的目的，以及使用这些数据所要解决的问题，能够帮助你选择合适的数据表述方法。在收集数据的过程中这很重要，它能够协助你而不是干扰你做出有关训练和提高运动员竞技水平的决定的能力。除此之外，我们有时还会将一位运动员的标准化功率输出，与相同负重或者训练模式下产生的功率输出的常见范围进行对比，第三章讨论

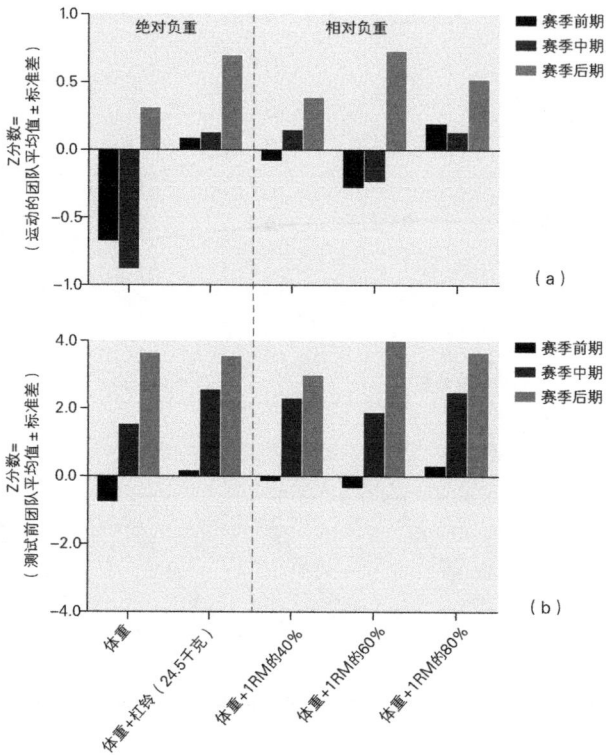

图2.3 一个运动员在不同的绝对负重和相对负重之下时，在赛季不同阶段用稳定的团队平均值或标准差（a）计算或者用变动的团队平均值和标准差（b）来计算标准化得分（Z分数）进行对比

了这些对比。

功率评估的优缺点

如图2.2中表述的结果，要想理解一位运动员的功率分布，很常见的做法就是对比运动员在不同弹震式运动中和负重模式下的功率输出。这些功率分布通常被用来讨论能够使运动员功率最大化的多种负重水平[7, 11, 35]。然而，这种方法的缺陷在于，可能会过于强调寻找能够使功率最大化的负重。因此，有研究提出了一种能够有效训练这种功率范围的综合方法[14]。功率事实上是对力 - 速度分布随着不同负重或者在不同运动中的变化规律的描述，而非影响运动表现的决定性因素。图2.4表明两名体重相近且功率输出相近（差距在1%

以内）的运动员在垂直跳跃中的运动表现（跳跃高度）有大约 10% 的差异。因此，仅仅知道这些运动员的 $P_{峰值}$ 无法真正理解功率的产生机制，以及影响他们运动表现的原因。

　　要想理解运动员运动表现的决定性因素，我们可以直接观察他们的脉冲变化，但是脉冲所提供的信息实际上与最终的跳跃高度是一样的。然而，脉冲或许还可以提供一定的额外信息，那就是时间。图 2.4 对时间进行了分析评估。可以使用腾空时间与收缩时间之间的比率来理解时间与竞技水平之间的关系[4]。尽管 1 号运动员的跳跃水平更高，但是通过对其他变量的观察和分析，我们可以假设该运动员可能在努力提高其力量提升的速率（rate of force development，RFD），或者我们可以使用更短的伸长 - 缩短循环（stretch-shortening cycle，SSC）运动，来评估或观察该运动员是否还有能力在限定时间内达到同样的竞技水平，如使用下降跳跃运动。在体育运动中，时间限制是影响运动员表现水平的一个重要因素。例如，如果两名运动员都有能力跳跃至某一高度，但是其中一名运动员需要的准备时间（或者收缩时间）更短，那么该运动员在抢篮板

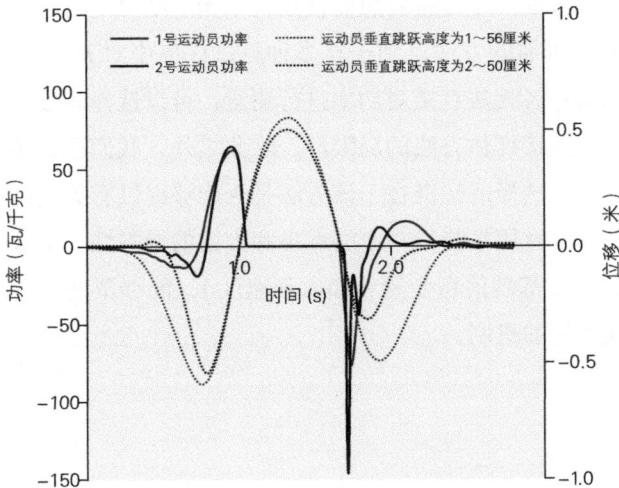

	峰值速度	相对峰值力	相对峰值功率	峰值功率下的力	峰值功率下的速度	腾空时间和收缩时间的比率
1号运动员	2.93	62.63	21.07	21.57	2.90	0.64
2号运动员	2.75	64.78	21.34	24.29	2.67	0.85
差距（%）	6%	-3%	-1%	-12%	9%	-28%

图 2.4　按个人体重标准，功率输出相近的两位运动员的对比

球时观察球回弹的角度或者跳跃救球时就更有优势。这是因为运动员跳跃的准备时间更短，就能够在更短的时间内发挥这一移动能力。通过对位移 - 时间曲线的分析，以及对腾空时间和收缩时间比率的直接分析，都可以得出相关数据并获得上述结论。在上一个例子中，对腾空时间和收缩时间比率的分析表明两位运动员之间存在 28% 的差异，但是他们的实际运动表现（跳跃高度）却只有 10% 的差异（图 2.4）。然而，正是由于对构成运动表现的多个变量进行的分析和观察，才帮助我们得出了上述结论，而仅仅使用功率这一变量难以得出这些结论。因此，功率能够在单个测量维度中描述力和速度的关系，但是要想理解影响运动员运动表现的决定因素，我们还需要更深入的分析。基于这一原因，在衡量运动员的运动表现时，不应该单独使用功率这一变量，除了功率之外，还应该对力 - 速度的变化或者不同的测量维度进行分析评估。

结论

尽管功率是一个经常被探讨和测量的变量，但是功率的有效性，部分取决于选择的方法，部分取决于测量者想要使用功率测量结果的目的或者想要解决的问题。有效并且可靠的方法可用于在多种测试任务中对 $P_{峰值}$ 和 $P_{平均}$ 进行准确的评估。如果从业者无法直接对功率进行测量，可以选择间接的功率评估方法，但是必须理解间接评估方法的局限性。除此之外，我们还必须了解表述测量结果的最佳方法，选择的标准在于该方法是否能够提供有关运动员体能特征的有意义的信息。了解用来测量功率的设备和方法的局限性，呈现收集到的数据的最好方法，以及基础信息变量（如力和速度），能够帮助从业者直接洞察运动员运动表现产生的机制。

周期训练中的爆发力训练

G. 格 雷 戈 里 · 哈 夫 (G. Gregory Haff)，博士

周期训练是一种被广泛认知的指导运动员训练的理论和实践模式[11, 38, 91]。尽管周期训练被广泛认识，并被认为是指导训练的一项重要工具，但是教练员和体育科研工作者常常会误解并错用这一工具。导致这种误解的原因有很多，其中最重要的就是周期训练到底是什么，以及周期训练与训练方案和训练计划之间的区别[10]。训练计划是将训练的各个结构组成安排成多个阶段，使之达到预定目标的过程。训练方案则是将训练模式和训练方法融入这一结构的过程。而周期训练则同时包含训练计划和训练方案的元素，也就是说，周期训练定义了训练结构、训练模式以及整体训练计划中采用的方法。基于这一结构，对训练组数、重复次数以及训练负荷的调整被认为是训练方案，而不是部分文献中错误定义的周期训练[24, 25, 59]。周期训练是一个包含理论和实践的结构，其目的在于通过对训练负荷以及所有训练因素的控制，在合适的时间使运动员适应并提高他们的运动表现，而这些主要都是通过对方案结构的综合性和连续性调整来加以实现的[38, 45, 76, 78, 94]。

系统地对训练因素进行调整，能够使周期化的训练计划针对特定的目标。这些目标包括：①在预定的时间内优化运动员的运动表现，或者使运动员在整个赛季内保持其竞技水平；②通过精确的训练干预来提升特定的生理和竞技水平特质；③通过对训练压力进行适当的控制，可以减少过度训练的可能性；④促进运动员竞技水平的持续提高[32-34, 38, 91, 94]。以综合、持续的方式对训练干预进行多维度的应用，能够在很大程度上影响周期化训练模式对实现这些目标的作用。尽管合理设计的周期训练计划的核心内容是训练计划的调整，但是

应该避免对训练进行随意或者过度的变动，这会导致无法改善运动表现[94]，并且还会增加运动员受伤的风险[77]。训练变化应该具有合理性和系统性，以便运动员的训练反应可以受到调控，并且可以解释说明运动员在合适的时间产生疲劳和提升竞技水平的原因[38]。

要想使用这些原则来使运动员的功率发展最大化，必须考虑到周期训练、训练计划和训练方案中的关键因素。本章将讨论周期训练的一般原则和训练周期的层次结构，以及对周期训练过程的理解，周期训练中使用的计划方法、模式、发展爆发力的基本原理、训练的计划和如何发展爆发力。

周期训练的一般原则

发展特定的生理适应性，并将这些适应性转化为竞技水平结果的能力，在很大程度上取决于将周期训练计划进行方案化和结构化，来管理恢复和适应过程的能力[22, 24, 65, 78, 94]。多项研究证明，运动员只能在相对较短的时间（8～14 天）内维持峰值竞技水平[7, 16, 51, 71-73]，训练计划的顺序结构因此成为周期训练中一项至关重要的考量因素[13-15, 78, 94, 106]。最终，训练计划中包含的平均强度与竞技水平峰值、维持峰值水平的时间负相关[23, 45, 94]。我们可以利用 3 个基础的理论，来理解周期训练方案如何管理运动员的恢复和适应过程：一般适应综合征[32-34, 38, 94, 113]，刺激 - 疲劳 - 体能 - 适应理论[32-34, 38, 89, 94]，以及体能 - 疲劳范式[18, 32-34, 38, 94, 113]。

一般适应综合征

周期训练的基础理论之一就是汉斯·谢耶（Hans Selye）的一般适应综合征（general adaptive syndrome，GAS）[38, 94, 115]。一般适应综合征描述了身体对生理或者情感压力的具体反应[89]。尽管一般适应综合征为解释身体如何适应训练刺激提供了潜在的模型，但是无法解释身体应对压力出现的所有反应（图 3.1）[94]。

当我们把 GAS 应用于训练理论时，我们必须注意到很重要的一点，即不论施加了什么类型的刺激，身体的反应都是相似的[38]。如果你向运动员施加新的刺激（如压力），运动员最初的反应，或者警报阶段，会导致运动员竞技水平的下降，这是运动员身体疲劳、僵硬、酸痛以及可用的能量储存下降的综

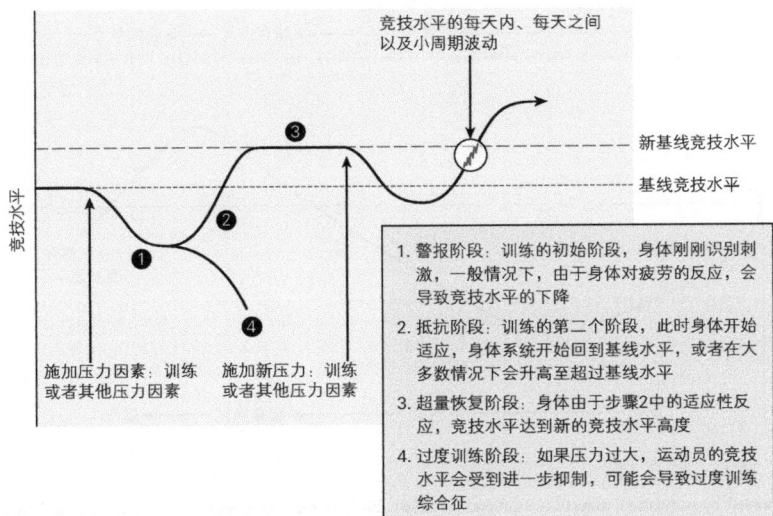

图 3.1　一般适应综合征及其在周期训练中的应用

源自: Reprinted, by permission, from G.G. Haff and E.E. Haff, 2012, Training integration and periodization. In NSCA's guide to program design, edited for the National Strength and Conditioning Association by J. Hoffman (Champaign, IL: Human Kinetics), 216. Adapted from Yakovlev[110], Verkishansky[104], Rowbottom[81], and Stone et al.[94].

合结果[38]。警报阶段会启动身体的适应过程，进而使身体进入抵抗阶段。如果训练方案合理，那么运动员的竞技水平将得以维持或者提高（即超量恢复），原因在于运动员开始适应施加给他的训练刺激。相反，如果训练刺激过量或者随意，运动员将无法适应这些训练压力，因此，其运动表现将继续下降，最终导致过度训练[28]。由于所有的压力刺激都是外部加入的，因此运动员适应这些训练刺激并作出相应反应的能力也会受到其他压力因素的影响（如人际关系、营养、职业压力等）。

刺激－疲劳－恢复－适应理论

当我们给运动员施加训练刺激时，运动员的身体会出现一般性反应，该反应可以用刺激－疲劳－恢复－适应理论进行解释（图 3.2）。施加训练刺激时，身体随后会出现疲劳，从而导致身体的准备状态和竞技水平的下降。准备状态和竞技水平的下降与负重和时间成正比[38]。随着身体开始恢复，累积的疲劳感开始消散，身体的准备状态和竞技水平将会开始提升。在恢复过程结束后，如果没有施加新的训练刺激，身体的准备状态和竞技水平又会再一次下降，身体会进入一种退化状态。

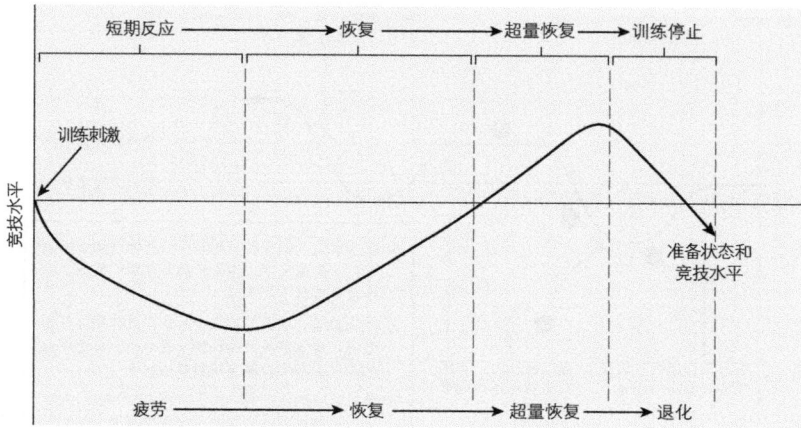

图 3.2 刺激 - 疲劳 - 恢复 - 适应理论

源自: Reprinted, by permission, from G.G. Haff and E.E. Haff, 2012, Training integration and periodization. In NSCA's guide to program design, edited for the National Strength and Conditioning Association by J. Hoffman (Champaign, IL: Human Kinetics), 216. Adapted from Yakovlev[110], Verkishansky[104], Rowbottom[81], and Stone et al.[94].

对基础概念的仔细分析研究表明，训练刺激的量级会影响刺激 - 疲劳 - 恢复 - 适应过程中，恢复 - 适应阶段的时长[38]。例如，大负荷训练会导致大量的疲劳感，在这种情况下，身体在进入恢复 - 适应过程之前需要更长的恢复时间[81, 94]。相反，如果训练负荷较轻，运动员将感受到更少的累积疲劳，因此，身体的恢复 - 适应过程将会更快地产生和推进。在训练相关的文献中，这种反应通常被称为延迟或者剩余训练效果[38, 81, 94]。我们可以通过对训练方案进行调整，在关键的时间增量下确保对身体的准备状态和竞技水平进行超量恢复，来调节这种延迟的训练效果[33]。调节剩余训练效果的核心是如何在周期训练方案中整合和安排训练负荷。

尽管我们通常都是在整体环境下考虑刺激 - 疲劳 - 恢复 - 适应理论，但是必须记住一点，那就是这种一般性反应模式可能是身体进行了单次活动、单个训练项目、小周期、中周期和大周期之后的结果[38]。除此之外，我们还必须注意到在下次训练刺激出现之前，并不需要身体完全恢复[74]。实际上，我们建议教练员们通过交替安排大训练量日和小训练量日，来调节运动员的训练强度，以此来促进运动员的身体恢复，使他们的适应潜力最大化[17, 26]，并进一步提高他们的体能[38]。对训练的最大化适应性反应能力，取决于在调节周期训练计划中所使用的方案性结构，通过调节训练因素，进而利用恢复 - 适应过程带来的好处。这一概念是多项研究文献中连续性周期训练模型产生的基础[78, 102-105]。

体能 - 疲劳范式

扎齐奥尔斯基（Zatsiorsky）[113]在其体能 - 疲劳范式理论中，对体能、疲劳和身体准备状态之间的相互关系进行了解释。这一范式就运动员对训练刺激的反应给出了更加完整的理解[18]。理解这一范式的核心在于体能和疲劳的两个后效应，这两个后效应共同决定了运动员的整体准备状态[18, 113]。按照传统经验，这些后效应作为同一条体能 - 疲劳曲线进行表述（图 3.3）[18, 113]。然而，更加现实的理解是身体对训练做出反应，从而产生多重相互独立的体能和疲劳后效应，而这些后效应组合在一起对身体的准备状态曲线产生了累积影响（图 3.4）[18, 38]。

多重疲劳和体能后效应的存在，可能解释了个人对训练刺激不同变化的反应[38]。两位名为斯通的研究者和另一位名为桑兹的研究者（Stone, Stone & Sands）[94]的研究表明，不同的训练目标会带来不同的后效应，目标训练干预能够调节后效应出现的时间，以及运动员如何在整个训练计划期间改善其准备状态。这些训练诱发的后效应同样也称为剩余训练效果，这些效应是支持连续训练的理论基石[48, 49, 103, 106]。

训练的持续性理论认为，降低剩余训练效果的衰减率可以通过施加一个小量的训练刺激，或者通过周期性地添加训练因素，调节运动员的准备状态。我

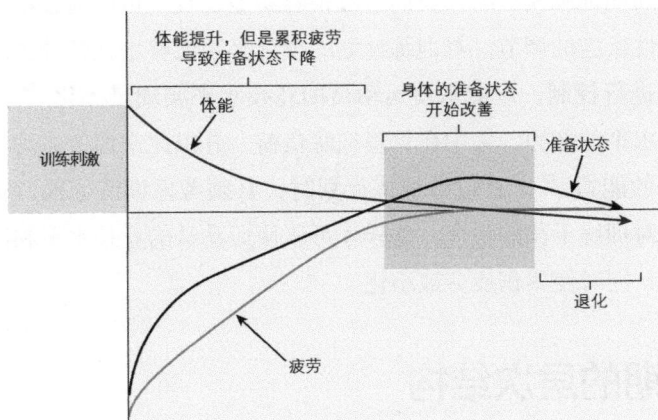

图 3.3 体能 - 疲劳范式

源自：Reprinted, by permission, from G.G. Haff and E.E. Haff, 2012, Training integration and periodization. In NSCA's guide to program design, edited for the National Strength and Conditioning Association by J. Hoffman (Champaign, IL: Human Kinetics), 219. Adapted from Stone et al.[94] and Zatsiorsky[115].

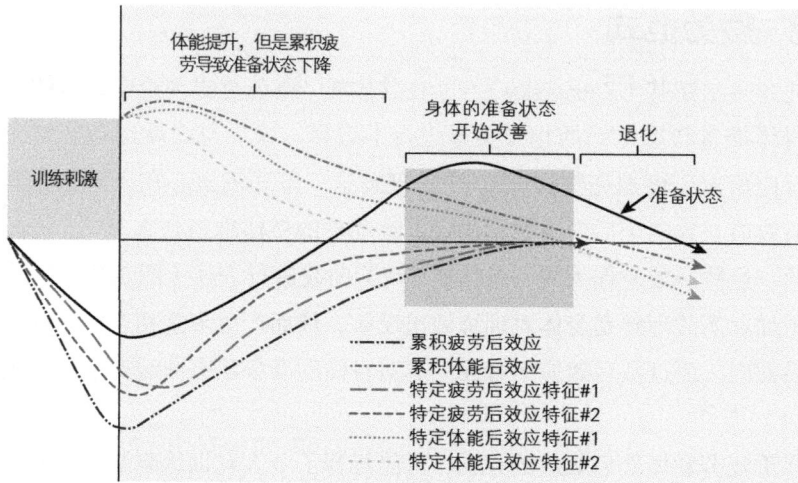

图 3.4 改进版体能 - 疲劳范式，展示多重训练后效应

源自：Reprinted, by permission, from G.G. Haff and E.E. Haff, 2012, Training integration and periodization. In NSCA's guide to program design, edited for the National Strength and Conditioning Association by J. Hoffman (Champaign, IL: Human Kinetics), 219. Adapted from Stone et al. [94] and Zatsiorsky [115].

们可以通过调整训练刺激来调节某个特定剩余训练效果的衰减率。在连续模式中，如果具体的训练刺激是连续的、系统的、合理的，剩余训练效果可以得到增强，因此会导致延迟训练效果或者阶段增强效应[38]。

当一般适应综合征、刺激 - 疲劳 - 恢复 - 适应理论和体能 - 疲劳范式被共同用来研究周期训练模型时，我们能够很容易地发现，可以通过精细的计划来实现对适应性反应的调节。对训练计划的设计必须能够增强各种体能特征，同时对疲劳感进行控制，以此来使运动员的竞技水平实现最大化[38]。控制运动员准备状态水平的能力，集中在管理训练负荷，并以此来调节运动员的疲劳和体能后效应的能力[78]。在设计训练计划时，必须考虑训练干预、实际的顺序模式，以及对训练干预的整合，这样才可以使运动员的竞技水平和体能后效应实现最大化，同时使累积疲劳最小化。

训练周期的层次结构

训练的周期化是由其层次结构实现的，该层次结构允许在计划过程中使用多个不同的相互关联的层次（表 3.1）。周期训练过程的每个层次都应该基于事先确定的运动员或者团队的训练目标。从概念上来说，这些组织层次从整体出发，然后发展成为更小更具体的结构层次。在训练的周期化中，我们通常会用到 7 种层次结构。

最高级别的层次结构是多年训练计划，这种计划通常是根据每四年召开一次奥林匹克运动会的规律制订的[11, 52, 74, 76, 83, 113]。该周期体现的是运动员的长期训练目标，并通常会使用多个年度训练计划。接下来的层次结构为年度训练计划，该计划一般包括运动员个人训练年度中的训练结构[22, 32-34, 38, 76, 81]。

表 3.1 周期训练计划的层次结构

层次	名称	时长	描述
1	多年训练计划	2~4 年	该计划列出了运动员的长期训练目标。最常见的多年训练计划就是 4 年为一周期的 4 年训练计划
2	年度训练计划	数月至一年	该计划列出了整年的训练计划。根据该训练年度中包含的赛季数量，年度训练计划可能包含 1~3 个大周期。通常包括准备阶段、比赛阶段以及过渡阶段
3	中周期	2~6 周	这种中等规模的训练周期一般被称为训练模块。中周期训练最常见的时长为 4 周，不论训练时间有多长，中周期一般由相互联系的小周期组成
4	小周期	数日至 2 周	这种较小的训练周期一般包括多个训练日，通常持续 7 天
5	训练日	1 天	训练日是以小周期目标为背景设计的，训练日确定了小周期中开展训练课程的时间
6	训练课程	数分钟到数小时	训练课程包含所有事先安排的训练单元。训练课程可以单独开展，也可以以小组为单位开展。如果训练课程的训练单元之间的休息时间超过 30 分钟，一般会开展多个训练课程
7	训练单元	数分钟到数小时	训练单元是一项专注的训练活动。热身活动、敏捷性训练和力量训练，以及技术训练都是训练单元的例子。数个训练单元组合在一起构成一堂训练课程

源自：Adapted from Bompa and Haff[11], Haff[34], Haff and Haff[38], Issurin[50], and Stone et al.[94].

根据年度训练计划中包含的赛季数量，年度训练计划通常会包含一个或者多个大周期[11, 50]。每个大周期随后会分解为 3 个阶段：准备阶段、比赛阶段和过渡阶段[32, 38]。准备阶段又包括一般性准备阶段和专项准备阶段。一般性准备阶段主要是为了发展运动员的基础体能，运动员在该阶段会接受大训练量低强度的训练，训练方法也比较多样[49, 65]。专项准备阶段的目标就是具体的运动能力和技术能力，而这些能力都是以一般性准备阶段为基础的[38]。比赛阶段的目标是为了略微提升或者保持运动员在准备阶段所建立的生理和专项运动技能[38]。比赛阶段一般被分为赛前阶段和主要比赛阶段。从概念上讲，赛前阶段是准备阶段与主要比赛阶段之间的桥梁[38]。过渡阶段是最重要的衔接阶段，过渡阶段可以衔接多个大周期或者年度训练计划[11, 74, 81]。

接下来的周期训练层次结构是中周期，中周期有时也指中等长度训练周期[48, 49, 61, 76, 94, 104, 113, 115]。中周期通常被称为训练模块，中周期训练也是训练模块 - 周期训练模型的核心训练周期[38, 50]。中周期通常包含 2～6 个小周期，小周期是排在中周期之后的层次结构[38]。每个小周期包含训练日和训练课程，而训练课程则包含单独的训练单元。这些层次结构中最后的要素（即小周期）是整个训练系统的基础，并且每个小周期中都列出了主要的训练手段[38, 50]。

理解周期训练过程

当我们在研究整个周期训练过程的时候，我们必须首先考虑 3 个基础层次，即周期训练、训练计划和训练方案（图 3.5）。

第一个层次是周期训练，该层次通过多年训练计划或者年度训练计划制订了运动员的长期发展目标。这一层次包括对准备阶段、比赛阶段和过渡阶段的整体分解，还可能会包含转场和测试计划。第二个层次是训练计划，它形成了选择用来设计训练结构的训练模型的基础。训练计划包括并行、延续、板块训练方法或重点训练方法。第三个层次就是训练方案，该层次包含基本的训练结构，如使用的模式和方法。训练方案包括训练负荷（即强度和量），以及构成训练干预的措施（如次数、组数）。

周期训练计划的制订方法

在研究周期训练过程时，尤其是设计训练计划的时候，可以同时使用多种模型与整体的周期化计划。这些模型包括设计训练干预的并行、延续和重点训练方法[10, 53]。

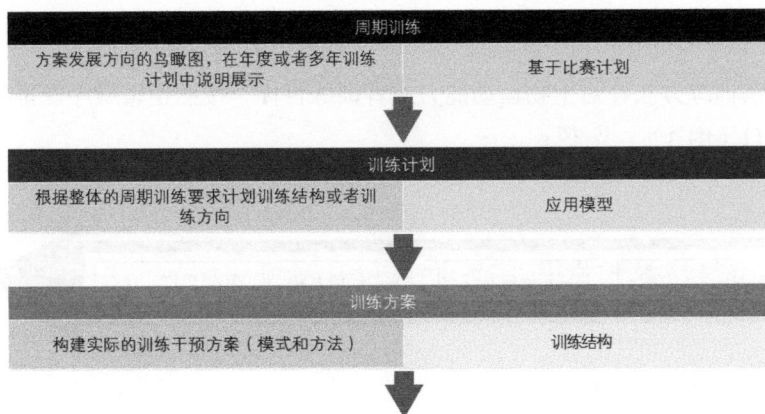

图 3.5 周期训练、训练计划和训练方案之间的相互关系

并行训练方法

　　教练员可以使用并行训练方法同时训练运动员的多项机体运动能力，同时还可以根据年度训练计划中的所有训练目标对运动员进行训练（图 3.6）。通过使用这种方法，运动员可以在一堂训练课程、一个训练日、多个训练日或者小周期内，训练所有的目标机体运动能力。这种方法有时被称为并行或者复合平行方法[10]。

　　为了持续提高任何一项机体运动能力，需要向运动员施加更大的训练量或者更大的训练负荷，这会导致整体训练负荷的累积增加，这是并行训练方法存在的一个问题。由于运动员对训练的耐受度都有一个极限值，如果通过不断增加训练量或者训练负荷来提升运动员竞技水平，最终会超过运动员对训练的耐受极限[50]而导致过度训练。对于青少年运动员和训练初期的人来说，这种训练方法效果不错，但是并不适用于中等水平以上的精英运动员，原因在于精英运动员需要更强的训练刺激，才能够进一步提升其关键的机体运动能力[10, 78]。因此，对于力量和功率（爆发力）处于更加高阶的运动员来说，其他的训练方法可能更加适用[50]。

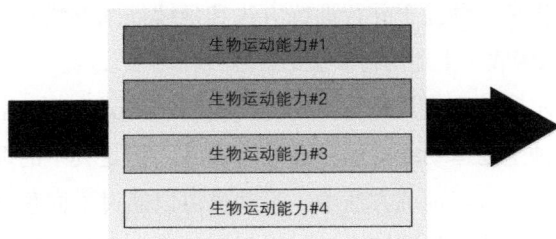

图 3.6 并行训练方法

延续训练方法

延续训练方法针对生物运动能力或者训练目标，按照逻辑顺序安排每一项训练项目（图 3.7）[10, 101]。

| 生物运动能力#1 | 生物运动能力#2 | 生物运动能力#3 | 生物运动能力#4 |

图 3.7 延续训练方法

通过延续训练方法对特定目标进行训练，为了达到既定的训练属性的目标，运动员能够承受更大的训练负荷以及强度。多项科学研究表明，该方法在开发和提高运动员的功率（爆发力）方面效果突出[46, 69, 112]。具体而言，赞帕罗等人（Zamparo et al.）[112]和米内蒂（Minetti）[69]认为，功率的提升和优化是通过延续训练方法实现的，延续训练方法能够增大肌肉的横截面积，提高肌肉产生力量的能力，并提高运动速度，最终导致爆发力输出能力的提高。除此之外，哈里斯等人（Harris et al.）[46]的研究证实，与并行训练方法相比，使用延续训练方法对足球运动员进行训练，能够大幅提高他们的爆发力和整体力量。训练计划中的延续方法是周期训练模块模型的基础[50]。虽然延续训练方法是一项有用的训练计划范式，但是随着运动员按照延续训练方法进行训练，若停止该训练方法会出现机体训练效果的减退。训练刺激持续得越长，出现训练停止效应的可能性就越大。根据不同的体育运动项目，在顺序结构之中加入调节训练反应的方法可能是有益的。

重点训练方法

重点训练方法是一种处于并行训练方法和延续训练方法两个极端之间的方法，重点训练方法吸收了上述两种模型的优点[10]。

就像扎齐奥尔斯基和克雷默（Zatsiorsky & Kraemer）[116]指出的，这种方法大体上是对多种生物运动能力的一种延续训练，但是其中的训练重点有频率和间歇性的改变。在重点训练方法中，运动员可以通过不同程度的训练重点对多项生物运动能力（即并行训练方法）进行训练，重点的程度会随着时间而变化（即顺序训练方法）。例如运动员可以在维持产生爆发力的能力的同时，训练并增强其肌肉力量（图 3.8）。

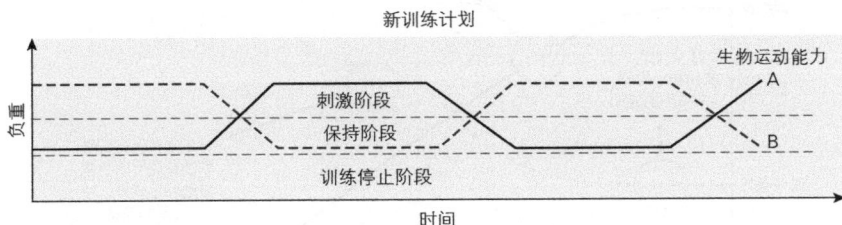

图 3.8　重点训练方法

源自：Reprinted, by permission, from V.M. Zatsiorsky, 1995, *Science and practice of strength training* (Champaign, IL: Human Kinetics), 126.

　　扎齐奥尔斯基和克雷默[115]建议每两周改变目标生物运动能力，以优化运动表现。这种方法在使肌肉力量、功率以及力量产生速率最大化时尤其有效[115]。重点训练方法对于中等水平到高水平运动员来说是一个很好的选择，弗朗西斯（Francis）[27]在其垂直整合模型中对这种方法做了详尽的介绍和描述。

周期训练中使用的计划模型

　　教练员可以选择多种模型来构建一个周期化的训练计划。这些模型可以被分解为传统模型、训练模块模型以及重点模型。

传统模型

　　传统模型的一个核心成分就是该模型实质上是一个使用了生物运动能力平行发展的复合系统[22, 90, 103]。该模型倾向于使用包含变化相对有限的训练方式和方法的训练结构[78, 94]，这些有限的训练方法按照一定的顺序纳入既定的训练结构[22]，来构建训练负荷的波浪式增加[63-65]。这些负荷的增加用训练量与训练强度之间的比值[63]来描述。在周期化训练计划的早期，训练负荷的增加主要来源于训练量的增加以及训练强度的增加[22]。随着训练逐步推进，训练量减少，训练强度增加。马特维耶夫（Matveyev）在其展示的图像中，对训练强度和训练量的波动变化进行了描述和解释[63, 65]。然而，该图像原本只是为了作为周期训练模型（图 3.9）核心概念的一个图像说明，其初衷并非是机

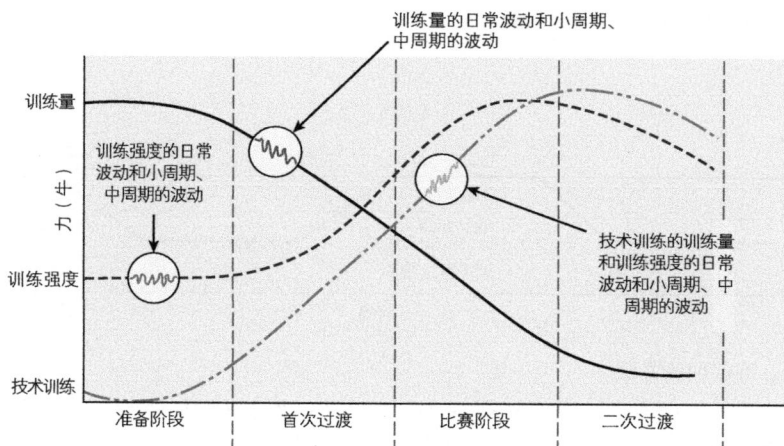

图3.9 马特维耶夫（Matveyev）的经典周期训练模型

源自：Reprinted by permission of Edizioni Minerva Medica from *Journal of Sports Medicine and Physical Fitness* 21: 342-351.

械地将其应用于所有运动员的训练实践。

对这一模型显而易见的误解，已成为术语"线性周期化"的来源[6, 24, 59, 60, 79]，根据周期训练的主要元素来看，线性周期化是不可能实现的，原因在于周期化这一概念的核心就在于消除了线性。通过对马特维耶夫（Matveyev）发表的重要的文章[63, 65]进行仔细研究后，我们发现，这一模型实际上是非线性的，并且在周期化层次结构的各个层次中存在多种变动（如训练课程、训练日、小周期、中周期和大周期）。

传统模型的重要方面之一就是该模型采用了一种复合式的平行方法，该方法尝试同时提高各种运动所需的多种生物运动能力[22, 90, 103]。大多数支持使用这种模型的研究都已经过时，还需要注意的一点是，这些研究的数据都是从初级运动员身上采集到的[90, 103]。因此，这一模型可能无法充分满足中等水平和高水平运动员的需求[22, 103]。

训练模块模型

训练模块模型的核心在于一个理念，这个理念就是运动员要想通过更加专注的训练方法来更好地控制训练刺激，就需要对训练进行优先化并排序。多项科学研究的证据表明，训练模块模型在肌肉力量的增强和爆发力产生能力的训练中效果显著[9, 29, 46, 77]。阿纳托利·邦达查克博士（Dr. Anatoliy

Bondarchuck）是训练模块模型系统的早期引领者之一，他设计了用来训练投掷运动员的系统，该系统使用 3 种专门的中周期训练模块[12, 14, 50]，包含发展训练模块、比赛训练模块和恢复训练模块。其中，发展训练模块是用来提高运动员的运动表现，并使之达到最大化；比赛训练模块用于提高运动员的运动表现；恢复训练模块则是为了给下一个发展训练模块做好准备，其作用是过渡。这些训练模块的顺序是根据比赛计划和运动员对训练负荷的反应来确定的[12, 14]。伊索琳（Issurin）[48, 50]提出了一种使用 3 种基本训练模块的模型，与邦达查克（Bondarchuck）提出的模块相似[12, 14]。该模型使用累积训练模块来提升基础能力（如力量、耐力和运动技术），使用变化训练模块来发展更加具体的能力（如有氧耐力和无氧耐力、专项的肌肉耐力、爆发力，或者针对专项运动的技巧等），并用实施训练模块来使运动员的运动表现达到最大化。在最简单的形式下，训练模块模型在每个训练模块中使用了最小的训练目标，并成功地获取了延迟训练效果和剩余训练效果带来的益处（图 3.10）。

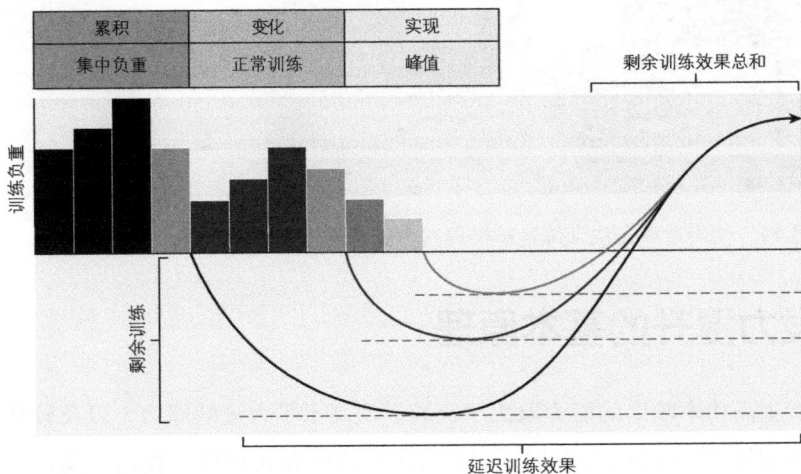

图 3.10　基本训练模块结构

重点方法（模型）

　　扎齐奥尔斯基和克雷默[116]提出的重点方法，同时针对多个训练目标，但是对每个训练目标的专注程度又各不相同，随后根据周期化训练计划的要求转变为顺序训练。类似地，维克尚思科和斯弗（Verkoshansky & Siff）[107]在他们的结合排序的模型中，针对训练模块给出了融合一级、二级和三级训练重点的例子。在这个模型中，每个训练模块都经过了垂直整合，这就意味着补充性训练目标可以以不同的重点程度（重点方法）进行训练，同时还进行了横向排序（顺序方法）。横向排序随后利用了前一个训练模块所建立的剩余和延迟训练效果。扎齐奥尔斯基和克雷默[116]认为，这一模型对发展运动员在多项爆发力运动中的最大肌肉力量、最大力量产生速率以及最大爆发力都非常理想。维克尚思科和斯弗（Verkoshansky & Siff）[107]为想要增强爆发力或者功率输出的运动员，给出了使用这一方法的示例（图 3.11）。

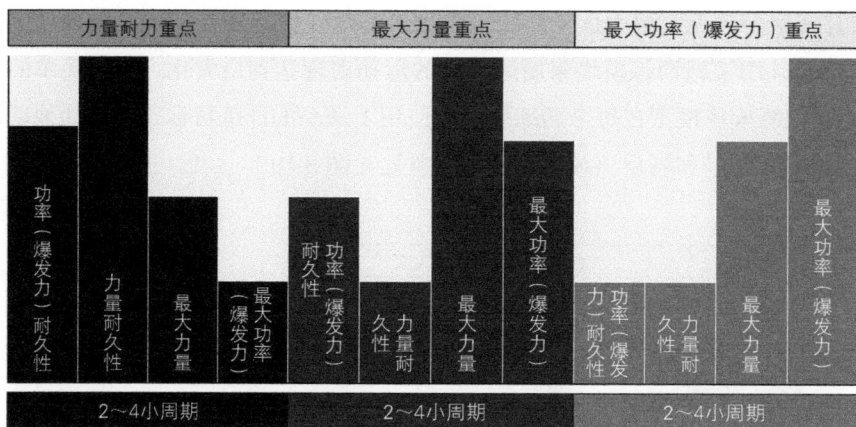

图 3.11 使用重点方法训练运动员爆发力或者功率输出的示例

爆发力提升的基本原理

产生高功率输出的能力取决于快速产生高水平力量的能力，以及较高的肌肉收缩速度[55]。通过对力与速度之间关系的研究和观察，我们发现，力与速度之间呈负相关关系，这与力 - 速度曲线所传达的信息一致（图 3.12）。

在研究和分析力 - 速度曲线时，我们可以清楚地看出当运动速度增加时，向心收缩期间肌肉能够产生的力会减小。通过力与速度之间的关系不难发现，最大功率输出需要适当的力和速度，而不是最大的力和速度（图 3.13）。

当训练方案的目标是优化功率输出时，我们需要考虑 3 个关键要素。首先，最大力量必须增加，原因在于最大力量同高水平的力量产生速率与功率

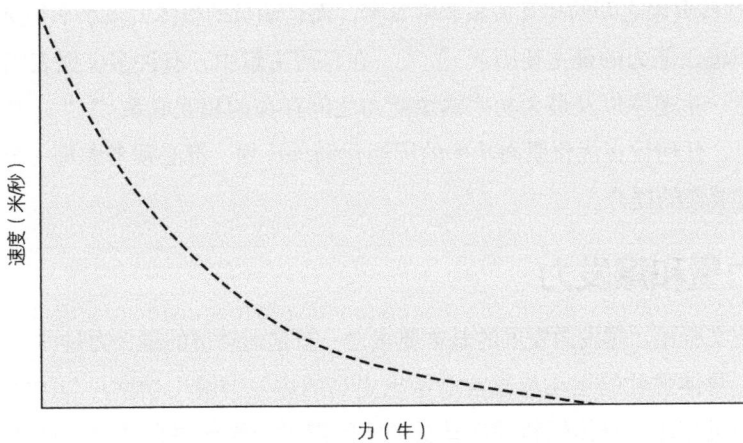

图 3.12　基本的力 - 速度关系
源自：Reprinted, by permission, from G.G. Haff and S. Nimphius, 2012, "Training principles for power," *Strength and Conditioning Journal* 34(6): 2-12.

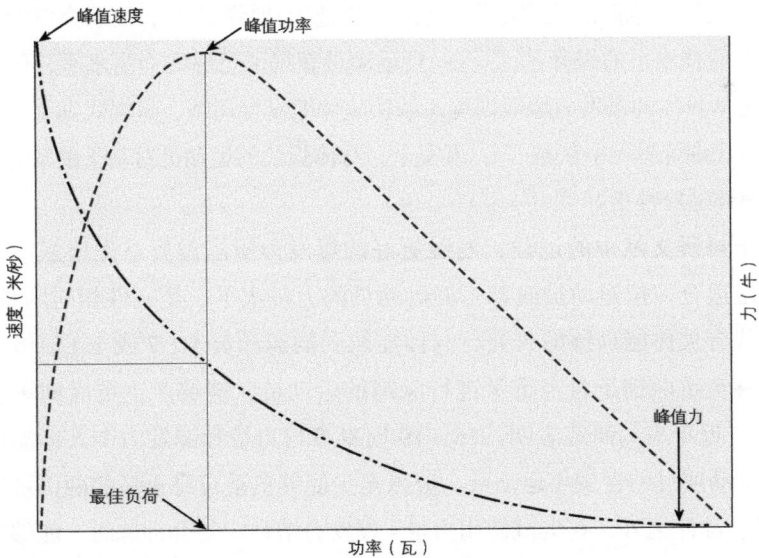

图 3.13　力 - 速度、力 - 功率、速度 - 功率以及最佳负荷之间的关系
源自：Reprinted, by permission, from G.G. Haff and S. Nimphius, 2012, "Training principles for power," *Strength and Conditioning Journal* 34(6): 2-12.

输出之间直接相关[3, 4, 40, 42, 69, 112]。其次，必须获得高水平的力量产生速率；这是肌肉在短时间内展示较大肌肉力量的能力，同时也是高功率输出能力的核心[2, 21, 43, 67]。最后，我们还要关注当收缩速度增加时，肌肉产生大力量的能力[40]。这些要素之间的相互关系非常紧密，而运动员的整体力量水平是决定其更高的功率输出能力的最主要因素[40, 55]。在科研文献中，有许多证据表明最大力量、力量产生速率以及最大功率输出能力之间存在的相互联系[36, 42]。基于这些相互关系，任何旨在优化肌肉功率的周期化训练计划，都必须考虑每一个相互关联的关键要素的提升。

最大力量和爆发力

如前文所述，爆发力发展的基本要素之一就是运动员的最大力量[4, 40, 69, 112]。很明显，身体强壮的运动员通常展示出更高的爆发力输出功率，与体能相对较弱的运动员相比，身体强壮的运动员的实际爆发力输出更高[4, 92]。哈夫和尼姆菲尤斯（Haff & Nimphius）[40]的研究表明，与体能较弱者相比，身体强壮的人能够以更高的速率产生更大的力[3, 42]，许多研究文献中都可以见到对这一论点的支持。这些研究文献表明，当体能较弱的运动员接受了旨在增强最大力量的抗阻训练之后，他们的肌肉爆发力会出现明显的增强[4, 19]，而肌肉爆发力的增强意味着竞技水平的提升[19, 92]。一旦运动员获得了足够的力量水平，他们就可以更好地从具体的爆发力增强训练（如快速伸缩复合训练、弹震式训练、复合训练或者对比训练等）中获益[40]。事实上，身体强壮的运动员对基于爆发力的训练方法的整体适应性更好[20, 40]。

基于科研文献中的记载，发展更好的爆发力输出需要首先增强力量。然而，确定适合一位运动员或者一群运动员的力量水平，是一件相对困难的事。根据现代有关体能训练的研究，与体能较弱的运动员（1.7或1.4倍体重）相比，能够负重两倍于自身重量进行深蹲的运动员，能够产生更高的爆发力输出[8, 92]。近年来的研究表明，16～19周岁参与力量和爆发力个人运动项目或者团体运动项目的青少年运动员，应该至少能够负重自身重量的两倍进行颈后深蹲[56]。除此之外，在尝试使用力量-爆发力增强式复合训练时，能够负重两倍于自身体重进行深蹲的运动员，能够优化其对爆发力发展的增强反应[82, 84]。基于该文献，哈夫和尼姆菲尤斯（Haff & Nimphius）[40]建议将负重两倍于自身体重进行颈后深蹲，作为优化爆发力输出而进行专业训练的最低要求。他们还建议体能训练专家时刻谨记，将最大力量作为优化功率输出的训练过程的一部分[40]。

力量产生速率

体育运动中肌肉产生力量的速率通常被称为力量产生速率或者肌肉爆发力[1, 67]。在其最简单的形式中，力量产生速率是利用力 - 时间曲线的斜率来确定的[108]（图 3.14）。我们可以通过多种方式计算力量产生速率，其中包括使用预设样本窗口的峰值数值和具体的时间带，如 0 到 200 米每秒的斜率[41]。通常情况下，跳跃、冲刺以及变向动作中的收缩时间为 50～250 毫秒。由于收缩时间较短，肌肉不太可能产生最大力量，根据研究报道，肌肉需要收缩至少 300 毫秒才可以产生最大力量[1, 95, 97]。由于这一原因，许多专家都建议采用较轻的负重进行弹震式训练，以此来优化力量产生速率以及后续的爆发力输出[21, 75]。

在对科研文献进行研究的过程中不难发现，体能较弱者或者未曾训练过的人采用大负重进行抗阻训练，能够提升其最大力量[21, 75]和力量产生速率[62]。尽管使用大负荷训练能够增加大多数运动员的力量储备，并对他们的力量产生速率产生积极影响，身体更强壮、更加有经验的运动员可能更加需要爆发性或者弹震式训练，来优化他们的力量产生速率[21, 43]。根据这种现象，哈夫和尼姆菲尤斯（Haff & Nimphius）[40]的研究表明，改变训练的重点能够影响力 - 时间曲线（图 3.15）和力 - 速度曲线（图 3.16）的多个部分。

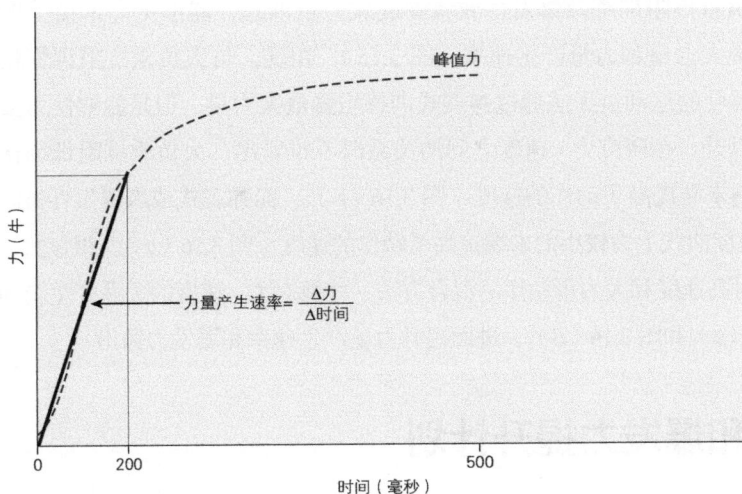

图 3.14 等长收缩力 - 时间曲线

源自：Reprinted, by permission, from G.G. Haff and S. Nimphius, 2012, "Training principles for power," *Strength and Conditioning Journal* 34(6): 2-12.

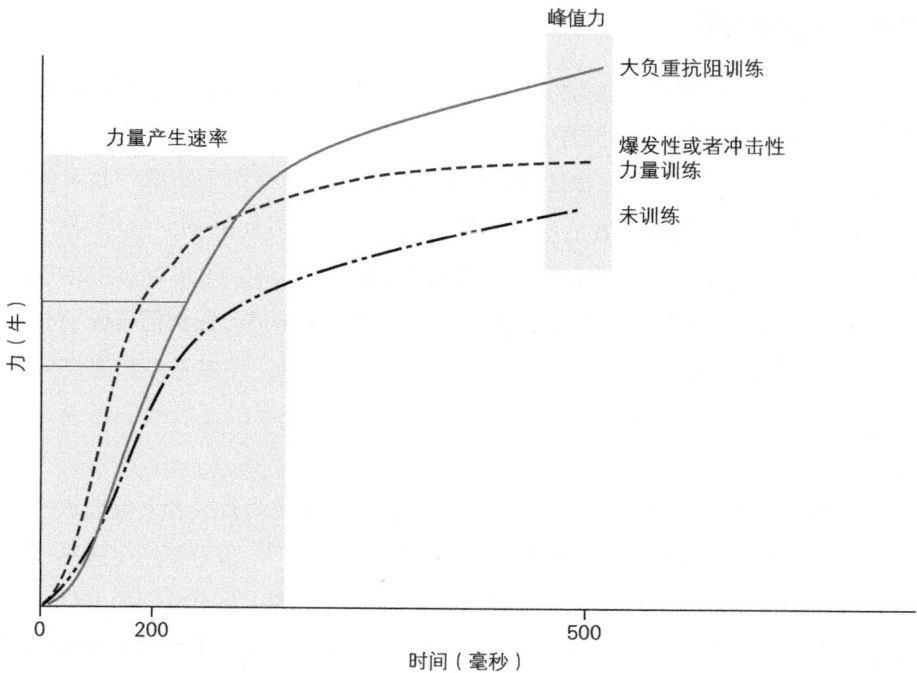

图 3.15 等长收缩力 - 时间曲线

源自: Reprinted, by permission, from G.G. Haff and S. Nimphius, 2012, "Training principles for power," *Strength and Conditioning Journal* 34(6): 2-12.

大负重抗阻训练及爆发性或者弹震式力量训练，能够提高未接受训练的运动员的最大力量和力量产生速率（图 3.15）。相反，与大负重抗阻训练相比，身体更加强壮的运动员无法通过弹震式训练增强最大力量，但是能够使力量产生速率大幅提升。在研究力 - 速度之间的关系时不难看出，大负重抗阻训练在曲线上力较大的末端提高了动作的速度［图 3.16（b）］，而弹震式或者爆发性抗阻训练则在力 - 速度曲线上力较小的末端提高了动作的速度［图 3.16（c）］。很显然，运动员需要针对高速度和大力量动作的混合方法，才能对力 - 速度的关系产生全面的影响［图 3.16（a）和图 3.16（d）］，进而提升力量产生速率和爆发力输出[40]。

训练和爆发力提升计划

在阅读和研究关于周期训练的科研文献时，有很多种不同的计划模型供我们选择，来提高爆发力输出。第一种方法就是传统的训练方法，试图通过并行

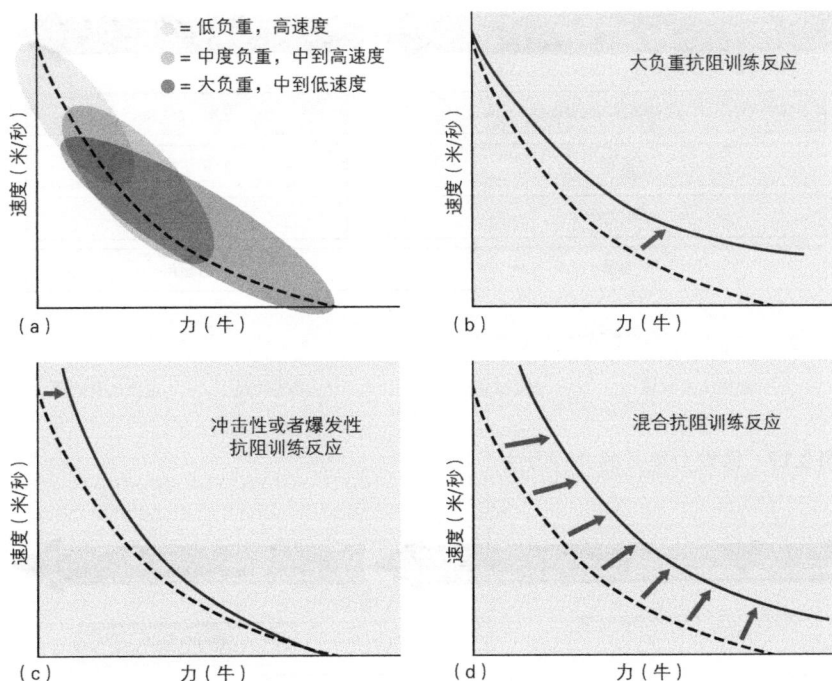

图 3.16　影响力 - 速度曲线的潜在训练干预

源自：Reprinted, by permission, from G.G. Haff and S. Nimphius, 2012, "Training principles for power," *Strength and Conditioning Journal* 34(6): 2-12.

训练来提高身体所有关键的机能（图 3.17）。

　　在这种方法中，整个年度训练计划中每个关键属性所得到的关注是同样多的。如前文所述，这种方法可能对新手或者青少年运动员有用，但是对于高水平的运动员而言，这种方法并不理想。高水平运动员需要更加高阶的计划模型，来大幅提升他们的爆发力输出。

　　提升爆发力的第二种方法是周期训练的顺序模型。许多科学研究强有力地证明，在特定的时间段致力于一个目标进行特定训练，身体的体能属性将会按顺序发展提升，最终优化身体产生爆发力的能力。赞帕罗等人（Zamparo et al.）[112]和米内蒂（Minetti）[69]提出的模型认为，教练员可以按顺序采用针对运动员肌肉肥大、最大力量、力量 - 爆发力，以及爆发力提升的方法进行训练（图 3.18）。

　　该模型与斯通、奥布莱恩特和伽哈玛（Stone，O'Bryant & Garhammer）[93]在关于力量训练的周期训练研究中提出的模型类似。在这种模型中，可以通过

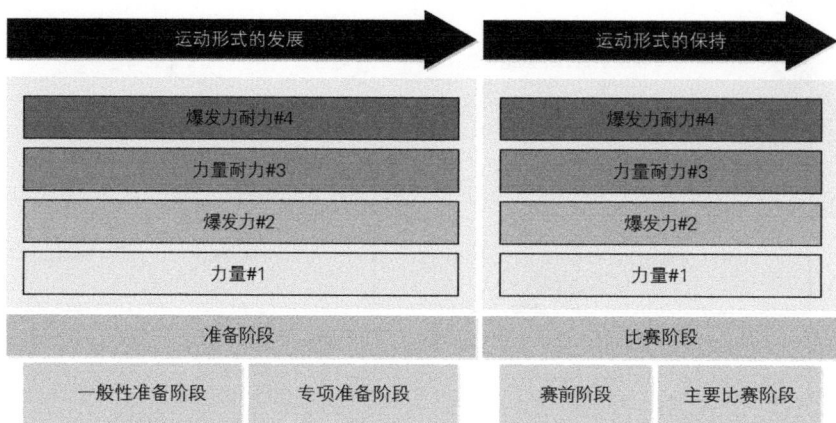

图 3.17 爆发力提升的并行方法

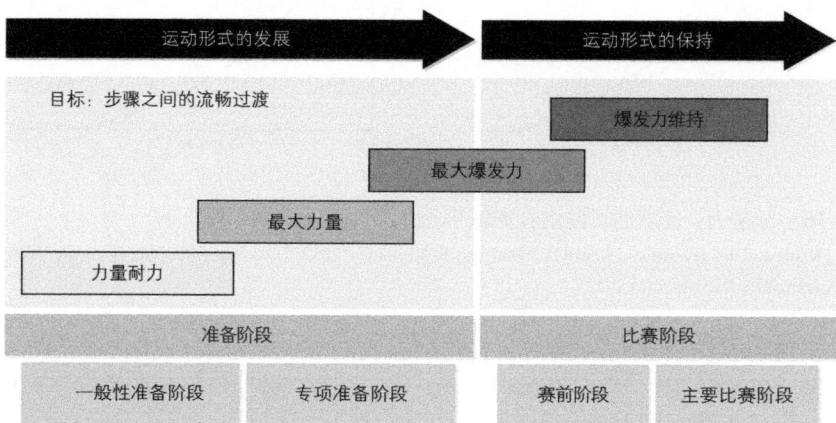

图 3.18 爆发力提升的顺序方法

12 周的训练计划按顺序达到多个训练目标，最终大幅提高身体产生最大爆发力的能力。这种方法对于中等水平到高水平运动员的效果最好。

可供选择的第三种计划模型就是重点方法。在这种方法中，对主要的训练因子进行了垂直整合和水平排序（图 3.19）。

不同的补充性训练因素以不同的重点程度（关注度）进行训练，随后对一系列的中周期训练模块进行排序，来优化身体对爆发力提升产生关键适应性反应的变化。同时，向运动员施加训练刺激，将顺序模型中可能出现训练停止效应的可能性降至最低。如同顺序模型，这种方法对于中等水平到高水平运动员的效果较好。

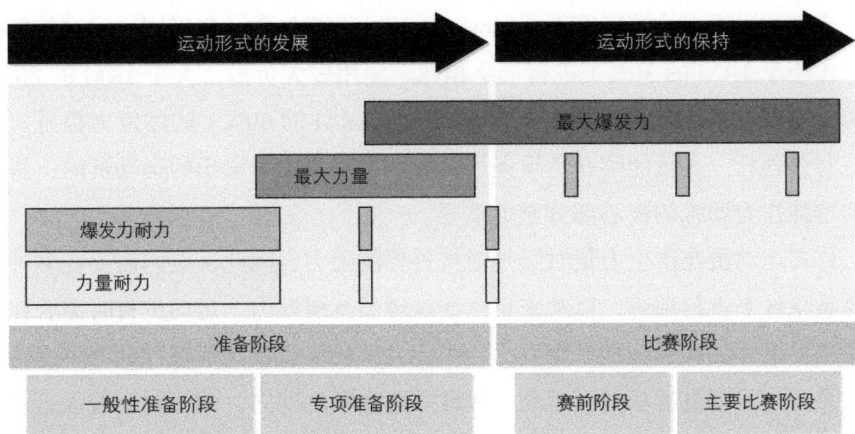

图 3.19　爆发力提升的重点方法

训练方案和爆发力提升

　　在整体的周期训练计划和训练模型建立之后，就可以开发训练方案。训练方案的核心在于确定训练强度，确定方案中应用的结构，使用的训练类型，力量 - 爆发力增强式组合以及训练顺序等。

训练强度

　　研究人员开展了大量研究，来确定抗阻训练中能够提升爆发力的最佳负荷。有证据表明，使用最佳负荷进行训练，是提升爆发力输出的一种有效方法[21, 54, 55, 68, 70, 99, 100, 109]。然而，很少有研究支持这一论点[54, 68, 70, 109]，部分研究表明，使用大负荷[19, 47]或者混合负荷[99, 100]训练对爆发力输出的增强效果更加显著。

　　从理论上来说，使用最佳负荷进行训练似乎没有什么问题，但是实际上该论点是有缺陷的，原因在于根据我们目前对身体的认知，许多运动员需要在负重条件下才能表现出较高的爆发力输出[4, 5]。实际上，在诸如橄榄球联盟运动员中，竞技水平的一个关键区分点就是其整体的力量水平，以及在负重条件下输出高爆发力的能力[4, 5]。对于此类运动员而言，使用最佳负荷作为提升爆发力的方法可能收效甚微，其整体的力量水平难以提高[19, 47, 68, 99, 100]，整体力量水平低下对此类运动员来说非常不利。因此，运动员应该在超出最佳负荷的基础上，确保增加训练负荷，来提升其在负重条件下输出较高爆发力的能力。

为了支持这一观点，莫斯等人（Moss et al.）[70] 报告称，与采用适度到较低的负重（小于 1RM 的 30%）进行训练相比，使用较大负重（大于 1RM 的 80%）训练，更能促进运动员在负重条件下（大于 1RM 的 60%）的爆发力提升。在训练身体强壮，并且能够在负重条件下展示出高爆发力输出的运动员时，将力量的增强作为训练的核心部分至关重要。

许多运动员在产生力量时必须对抗外界的阻力，因此，他们需要在多种训练负重条件下进行训练，以此来更全面地增强其爆发力。运动员有时需要在无负重条件下（如冲刺）提升爆发力，因而在多种负重条件下进行训练就变得非常重要；在无负重运动中，运动员常常需要大幅度变向，而变向会增强运动员需要克服或者抵抗的力（负荷）[40]。除此之外，运动员在阻挡、铲球或者划艇运动中必须产生足够大的力来对抗外界的阻力，在这些运动中，运动员会持续对抗很强的阻力。由于运动员在上述运动中会承受持续不断的阻力（负重），因此非常有必要在日常训练中让他们经历多种不同的负重[40]。所以，为了优化运动员在某些运动中所需的持续爆发力输出，体能训练专家建议，应该采用训练的混合方法模型，以此来训练运动员在力 - 速度的整个进程中，产生爆发力的能力[40, 55]。

采用混合方法的一种策略就是在构建训练方案时，使用多种不同的训练负荷[40]。例如，颈后深蹲通常采用较大的负重（大于 1RM 的 75%）来提升下肢的肌肉力量。然而，颈后深蹲训练也可以采用较轻的负重（如 1RM 的 30%～70%）来提升运动员的爆发力输出能力（图 3.20）。

爆发力训练中的另一个重要考量就是使用混合训练方法，并将其作为在力 - 速度关系的不同部分开展训练的关键因素[40]。例如，如果一名运动员负重 1RM 的 80%～85% 进行颈后深蹲，以此来提升自己的下肢力量，该名运动员很可能会在正式训练开始之前进行几组低负重的热身动作，采用爆发式训练同样可以用来增强肌肉爆发力[57]。尽可能快速地以爆发式提升次最大和最大负重，这有助于运动员在整个训练负重范围内增强爆发力，即使是采用以往被用来提升力量的训练方法也可以达到这种效果[40, 57]。

训练动作组的结构

在对运动员产生爆发力的能力进行研究的时候，在规定训练动作以增强运动员爆发力的过程中，训练动作组的结构发挥着不可或缺的作用。在传统的训练动作组结构中，每次重复动作之间没有休息，一组动作中的所有动作是连续进行的，这就导致该训练动作组中每个重复动作的爆发力输出减少[44]。例如哈迪等人（Hardee et al.）[44]研究，在一组重复6次的高翻动作中，从第一个动作到第6个动作，运动员的爆发力输出降低了15.7%。此外，戈罗斯蒂亚格等人（Gorostiage et al.）[30]的研究发现，当运动员进行传统的每组5次的腿推举训练时，平均峰值爆发力降低了7%～20%，当每组动作数量增加到10个的时候，平均峰值爆发力降低35%～45%。有趣的是，重复数量较多的训练动作组中，ATP（三磷酸腺苷）和磷酸肌酸大幅减少，而乳酸水平则大幅增高[30]，该现象可能在一定程度上解释了训练动作组结构中爆发力输出减少的原因。总的来说，这些数据表明，在试图使爆发力输出最大化时，采用传统的训练动作组结构来优化爆发力的产生，每组重复次数应少于6次。如果要在训练中使爆发力输出最大化，还可能需要其他的抗阻训练动作组策略，如多组次数训练，但是应谨慎使用，尤其是运动员以大运动量作为目标时[35, 39]。

　　哈夫等人（Haff et al.）定义的多组次数训练[35, 39]也是一种训练动作组结构。在这种结构下，训练动作组内的每个重复动作之间，或者数个重复动作之间会设置一个很短的休息间隔（15～45秒），以促进肌肉部分恢复，并使运动速度和爆

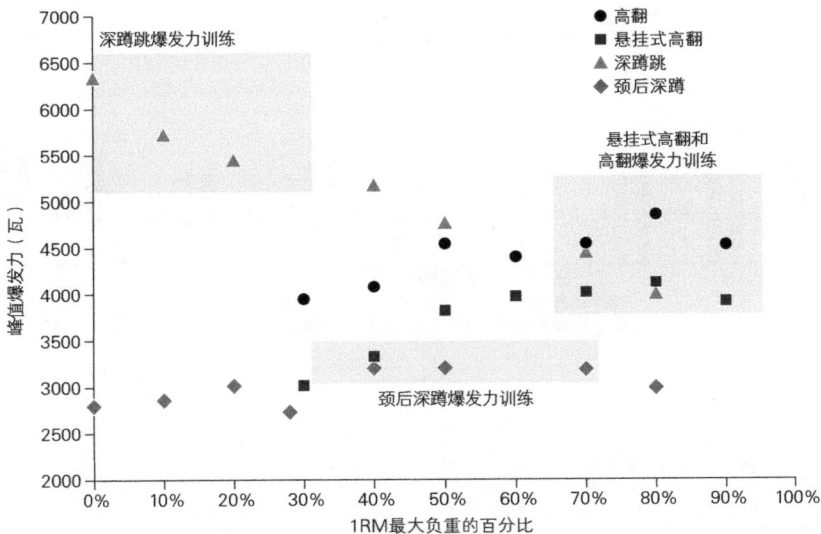

图3.20　抗阻训练动作和爆发力水平区

源自：Reprinted, by permission, from G.G. Haff and S. Nimphius, 2012, "Training principles for power," *Strength and Conditioning Journal 34*(6): 2-12.

发力最大化（图3.21）。哈迪等人（Hardee et al.）[44]指出，在使用1RM的80%进行高翻训练动作时，如果多组次数训练的每个重复动作之间设置20秒的休息时间，那么6次重复动作后，运动员的爆发力输出仅下降5.5%。他们将这一结果，与传统动作组中已经证实的爆发力降低15.7%的结果进行了对比。如果将休息时间延长到40秒，爆发力输出的减少仅为3.3%。通过将每个重复动作间的休息时间延长到30~40秒，爆发力输出实际上出现了增长，而这种增长来源于这些恢复期中补充部分磷酸肌酸和ATP（三磷酸腺苷）的能力[35, 39]。

当建构多组次数训练时，哈夫等人（Haff et al.）[35]指出高抓动作有3种

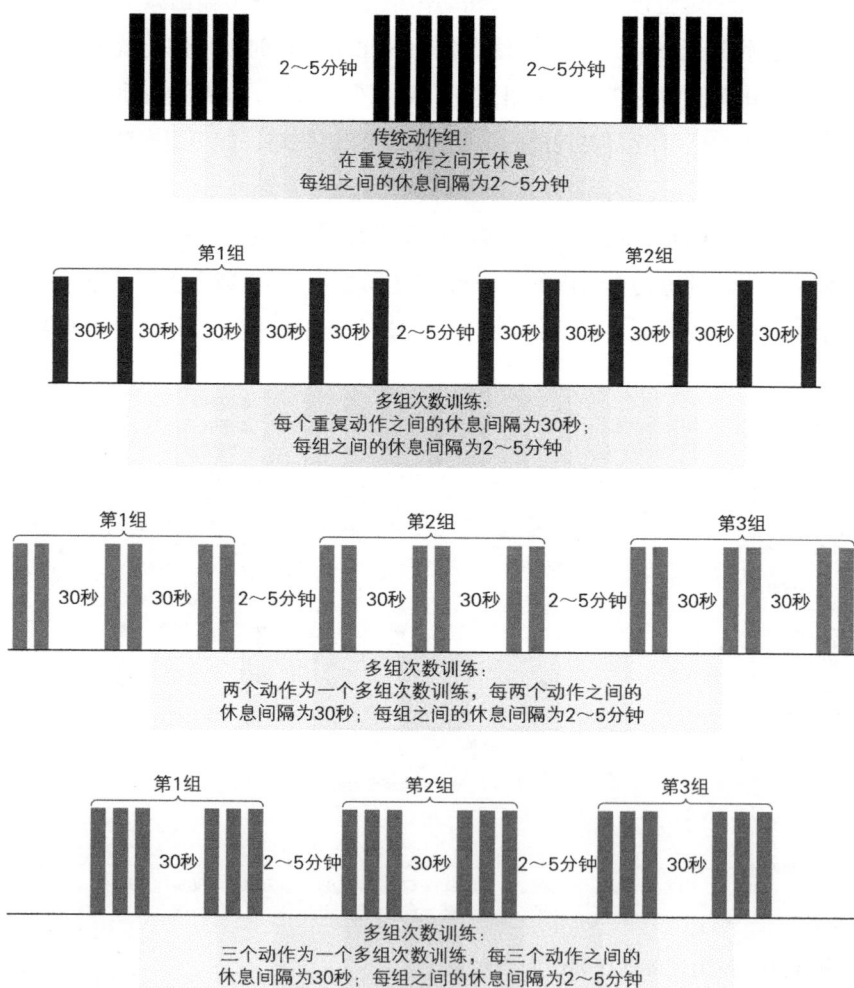

图3.21 用于爆发力提升的多组次数训练结构示例

基本变式可以使用：标准式、波动式和升序式多组次数训练（表 3.2）。标准式多组次数训练采用的负重方案是组内每个重复动作使用的负重都完全相同，只对各个重复动作之间的休息时间加以调节。在波动式或者升序式多组次数训练中，我们可以调整每个重复动作的负重，以及重复动作间的休息时间。在波动式多组次数训练结构中，负重以金字塔的形式增加，而升序式多组次数训练中，每个重复动作的负重则是逐渐增大的。多组次数训练的另一种变化是对组内动作重复次数进行调整。例如，在一组重复 6 次的多组次数训练中，可以在每个重复动作（6/1）之间设置休息间隔，也可以在每 2 个重复动作（6/2）之间，或者在每一组 3 个重复动作（6/3）之间设置休息间隔，休息时长可以根据实际情况加以改变。通过改变组内重复动作次数和每组动作之间的休息间隔，来提升爆发力的不同方面。不论多组次数训练的结构如何，通常情况下，为了强化爆发力，每组动作之间的休息时间为 2～5 分钟[37]。

　　当多组次数训练应用于周期训练计划时，在年度训练计划的专项准备阶段就能够发挥出最大的优势[80]。例如，罗尔和奥默（Roll and Omer）[80]建议训练美式橄榄球运动员时，在年度训练计划的专项准备阶段（力量 - 爆发力阶段），应使用多组次数训练进行训练，训练动作包括高翻和仰卧推举。与之类似，哈夫等人（Haff et al.）[35, 39]指出，在将运动员肌肉爆发力最大化作为核

表 3.2　多组次数训练结构示例

多组次数训练类型	组数	次数	多组次数训练结构中每个动作的负重 [重量（千克）/ 次数]					每个重复动作间的休息间隔（秒）
标准式	1～3	5/1	106/1	106/1	106/1	106/1	106/1	30
	1～3	6/2	106/2	106/2	106/2			30
	1～3	5/2，3	102/3	106/2				30
波动式	1～3	5/1	103/1	106/1	113/2	106/2	103/2	30
	1～3	6/2	104/2	110/2	104/2			30
升序式	1～3	5/1	98/1	103/1	105/1	110/1	113/1	30
	1～3	6/2	100/2	106/2	113/2			30

5/1= 一共重复动作 5 次，分成 5 个集群动作组，每组 1 次重复；6/2= 一共重复动作 6 次，分成 3 个集群动作组，每组 2 次重复；5/2，3= 一共重复动作 5 次，分成 2 个集群动作组，一组 2 次重复，另一组 3 次重复。
所有的重量都是基于 125 千克的最大高抓负重确定的（106 千克约为 1RM 的 85%）。
每组的平均强度为 106 千克或者 1RM 的 85%。

心训练目标时，多组次数训练非常适用于专项准备阶段。

训练动作的类型

在制订符合周期训练要求和训练计划目标的抗阻训练方案时，在有效增强运动员爆发力方面，实际选择的训练动作发挥着关键作用。哈夫和尼姆菲尤斯（Haff and Nimphius）[40]认为，在尝试改善影响力-速度曲线的多个因素时，使用混合方法是必不可少的。训练动作可以被分为几个不同的类别，其中包括冲击或反应-力量、速度-力量、力量-速度、最大力量和超大力量等方法。每一种方法都针对力-速度曲线的不同方面，并以不同的方式影响爆发力的提升。例如，冲击或反应-力量训练能够使伸长-缩短循环的参与最大化，通常情况下，这需要运动员以爆发方式进行一些离心以及向心肌肉动作。反应-力量运动最好的示例就是高水平的快速伸缩复合训练，如从跳箱上跳下或者跳上跳箱，这就要求运动员在触地后快速进行垂直跳跃（第六章）。速度-力量训练能够提高力量产生速率，并且常常具有高爆发力输出[94]。另外，力量-速度训练通常能够提高力量产生速率，但是一般需要更大的负重。然而，这些负重一般要比用来提升最大力量或者超大力量的负重小。本章会对部分方法进行介绍，在第八章中将进行更加详细的讨论。

例如，弹震式训练方法可以采用快速伸缩复合训练，来增强力-时间曲线中力量值小，速度值高的部分[40]。力量-速度方法可以使用1RM的50%～85%的中等负重进行窄拉或者高翻，来提升力-速度曲线更大范围内的爆发力。最大力量训练方法采用大于1RM的85%的负重以及多种训练动作（如颈后深蹲），来提高力-速度曲线的力量值高的末端的负重爆发力输出。每个训练动作都有不同的爆发力分布，并且可以根据负重情况以不同的形式使用，以此来影响专项力量和爆发力属性的提升，具体则取决于在训练方案中的使用方式。

在对各种训练动作的爆发力进行研究时，很显然，每个训练动作都有着不同的爆发力形式（图3.22）。例如，举重运动（如抓举、高翻和挺举）及其衍生动作（如窄拉、宽拉以及借力推举）能够在力-速度关系的大范围内大幅增强爆发力（第七章）。

相反，力量举重训练动作（即深蹲、卧推和硬拉）产生的爆发力非常小。因此，它们会影响力-速度曲线中力量值高的部分。

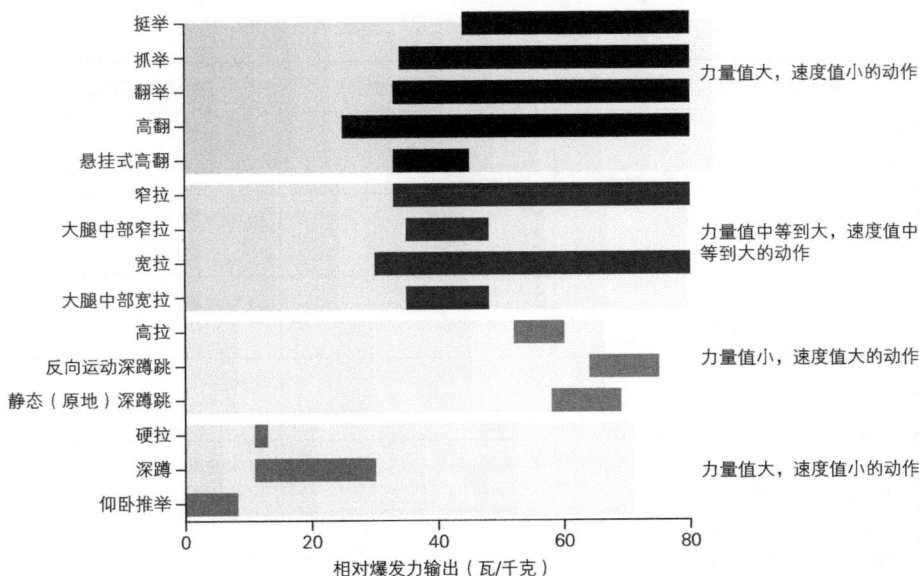

图 3.22 多种训练动作的相对爆发力输出

源自：Reprinted, by permission, from G.G. Haff and S. Nimphius, 2012, "Training principles for power," *Strength and Conditioning Journal* 34(6): 2-12.

力量 - 爆发力增强式复合训练

近年来，体能训练专业人员对力量 - 爆发力增强式复合训练产生了越来越强的兴趣。在这种训练中，之前的肌肉收缩被用来在后续训练中大幅增强力量和爆发力的产生[85-88]。力量 - 爆发力增强式复合训练包括一项大负重的体能训练，紧随其后的是一项高水平爆发力的运动表现训练。在通常情况下，体能训练和运动表现训练之间的时间间隔范围是 4～10 分钟，最常见的是 5 分钟。对下肢力量 - 爆发力增强式复合训练中的多种体能训练进行研究后，我们发现，最常见的训练动作是颈后深蹲或者高翻[88]。然而，赛茨等人（Seitz et al.）的研究[88]表明，与颈后深蹲相比，高翻能显著提高短跑运动员的运动表现。不论使用何种训练方案，体能训练一般都会采用大负重或者升序训练，负重最多可达运动员 1RM 的大约 90%（表 3.3）。

当我们仔细研究力量 - 爆发力增强式复合训练的使用时，通过体能训练使运动表现增强最大化的能力，在很大程度上受运动员的整体力量、体能训练中采用的训练动作以及体能活动中采用的练习动作的影响[84, 98]。

表3.3 力量-爆发力增强式复合训练示例

促进增强作用的训练动作	恢复时间（分钟）	运动表现训练
大负重深蹲 1RM 的 90%，3 次重复	4～5	40 米冲刺
大负重高翻 1RM 的 90%，3 重复	7	20 米冲刺
大负重深蹲 1RM 的 90%，3 次重复	7	20 米冲刺
大负重深蹲 1RM 的 90%，3 次重复	3～6	深蹲跳
升序深蹲 1RM 的 30%，5 次重复 1RM 的 50%，4 重复 1RM 的 70%，3 重复	4～5	40 米冲刺
升序深蹲 1RM 的 30%，5 次重复 1RM 的 50%，4 次重复 1RM 的 70%，3 次重复 1RM 的 90%，3 次重复	4～5	5 次增强式跳跃
升序深蹲 1RM 的 20%，2 次重复 1RM 的 40%，2 次重复 1RM 的 60%，2 次重复 1RM 的 80%，2 次重复 1RM 的 90%，2 次重复	4～5	垂直跳跃

源自: Based on Seitz et al.[88], Gourgoulis et al.[31], McBride et al.[66], Ruben et al.[82], and Yetter et al.[111].

　　在选择周期训练计划中的力量-爆发力增强式复合训练时，需要考虑将这些训练动作加入到训练计划的什么地方。通常情况下，这些训练动作适用于优化爆发力输出的阶段，或者从最大力量产生过渡到爆发力产生的阶段。它们通常适用于专项准备阶段[80, 85]。然而，由于力量-爆发力增强式复合训练是同时针对力量和爆发力增强的混合方法，因此适用于年度训练计划的赛前阶段和主要比赛阶段。第八章将更详细地讨论这种模式。

训练顺序

　　在制订训练方案时，大多数训练顺序指导方针都建议在核心训练和辅助训练之前进行爆发力训练[37]。这样的顺序是有效的，原因在于与多关节的核心训练和单关节的辅助训练相比，爆发力训练通常需要更多的体能、技能和专注度，因此爆发力训练应该在运动员肌肉尚未疲劳的时候进行。虽然这种策略有效，但对于身体更强壮、水平更高的运动员来说，这可能不是最好的方法，因为他们需要更高阶的训练结构来最大限度地提高成绩。另一种安排训练方案的方式是升序或者降序训练[96]。升序训练以冲击或反应 - 力量训练开始，然后是弹震式训练、力量 - 速度和大负荷力量训练（表 3.4）。升序训练加强了力量的应用，在训练课程中降低了动作速度。

相反，降序训练逆转了这一顺序，首先是大负荷力量训练，最后是弹震式训练（表 3.5）。通过颠倒训练的顺序，运动员从较高的力量训练进展到较低的力量训练，同时提高动作速度。

升序和降序训练都可以用来提升力 - 速度曲线的各个部分，并且可以影响各种负重结构的爆发力产生。

表 3.4 升序训练示例

训练动作	组数	重复次数	负重（1RM 的百分比）	关注点
跳深	3	5	0	冲击或者反应 - 力量
深蹲跳	3	5	0～30%	弹震式
高翻	3	5	75%～85%	力量 - 速度
颈后深蹲	3	5	80%～85%	力量

表 3.5 降序训练示例

训练动作	组数	重复次数	负重（1RM 的百分比）	关注点
颈后深蹲	3	5	80%～85%	力量
高翻	3	5	75%～85%	力量 - 速度
深蹲跳	3	5	0～30%	弹震式
跳深	3	5	0	冲击或者反应 - 力量

结论

根据现代身体训练的科学知识，周期训练计划是运动员竞技水平提高的重要组成部分。一旦我们确立了多年或年度训练计划，就可以计划训练结构的组织，并确定哪些训练方法应该被纳入爆发力提升计划。对于年轻运动员的指导训练，并行计划是一种合适的工具；但是对于中等水平到高水平的运动员来说，顺序或者重点模型才能够提供足够的训练刺激，来增强力量和爆发力。无论使用何种计划结构，体能训练专业人员都必须了解，力量是建立爆发力的基础，因此力量增强训练必须是训练过程的一部分。在进行力量和爆发力增强训练时，有必要使用混合式的训练模型方法。在建构训练干预时，包括力量 - 爆发力增强式复合训练，以及多组次数训练在内的训练结构都是很有用的。除此之外，升序和降序结构在增强爆发力的训练方案中也是非常有用的。

不同人群的爆发力训练

N. 特拉维斯·特里普利特（N. Travis Triplett），博士

罗德里·S. 劳埃德（Rhodri S. Lloyd），博士

许多体能训练专家的客户都来自不同年龄阶段的人群，其能力也大不相同。本章介绍了一些针对不同特征人群的爆发力训练方式，这可能需要对标准训练方案做一些改进，从而达到最佳训练效果并将损伤风险降到最低。在设计增强爆发力的训练计划时，重要的是了解各个群体的体能状态，这包括儿童和青少年，正处于水平上升阶段的运动员以及中老年人，这些人的病史中可能会存在各种复杂的因素。

儿童和青少年训练

无论是儿童还是青少年，他们都会参加一些竞技运动和娱乐性质的体育活动，或者仅仅是为完成日常任务而需要做的身体活动，而产生最大神经肌肉爆发力是一种基本的身体能力。产生高质量的神经肌肉爆发力的能力，需要很好的动态运动表现[30]，这是因为更高的爆发力输出通常是更高级别的成功运动表现的特征[57]。在快速改变方向或处理一些突发运动时，肌肉爆发力也是缓冲力的一项重要的身体属性[65]。因此，儿童和青少年应参与可以促进神经肌肉爆发力增强的训练。

最常见的提升神经肌肉爆发力的训练是一些抗阻训练。抗阻训练是一种具备以下特征的训练方式，通过自重、重力器械、力量训练器（杠铃和哑铃），

弹力带和药球来施加各种阻力负荷，让人体通过抵抗阻力来提升爆发力[40]。尽管之前其安全性令人担忧，但抗阻训练现在被认为是一项安全又有效的，能够提升儿童和青少年肌肉力量和爆发力的方法，并应作为所有青少年日常体育活动的重要内容[40]。设计、执行和指导青少年运动发展计划的从业者，应掌握健全的青少年运动科学知识，具备一个公认的体能训练认证资格，拥有丰富的教学经验（即教学方法和实践），以及与各个年龄阶段和各种能力水平的青少年交流的能力。

儿童和青少年的爆发力评估

目前，有大量的设备可以评估等长收缩和动态运动表现水平的运动学和动力学指标，其中最主要的测试包括各种形式的双腿跳、短跑冲刺或投掷运动[51]（参见第二章）。之前在评估青少年神经肌肉爆发力方面使用的测量工具和方法，包括测力台和线性位移传感器[15, 27]、移动触垫[43]、运动分析系统[37]和等速测力法[11]。另一种用于确定青少年短时爆发力输出的设备是功率自行车，它是温盖特（Wingate）无氧测试[2]的常用工具，可以评估青少年的运动表现水平。无论使用哪种测试设备或方式，这些测试的实施方式都是至关重要的。青少年需要熟知测试过程，而从业者需要制订清晰又便于青少年理解的指示信息。如果有可能，设备的大小也最好适合青少年的体型。

虽然有些研究用温盖特（Wingate）无氧测试来评估短时爆发力输出，但是运动表现水平还是很少依赖神经肌肉的协调能力，更多的是依赖生物化学耐力[50]。因此，为比较两个青少年的神经肌肉爆发力，或评估训练干预的有效性，我们鼓励从业者使用需要在较大速度和负荷下进行最大努力的测试方案。在有关儿童青少年的文献中经常出现，并且从业者广泛使用的测试方案是垂直纵跳测试[45]。如第二章所述，使用测力台，峰值爆发力可以通过地面反作用力和重心位移速度进行量化，然而也可以通过使用触垫测量跳跃高度和体重来间接计算峰值爆发力。由于其相对易于实施，垂直纵跳方案在对青少年进行爆发力测试时使用较多。比起昂贵的跳跃设备（如测力台）从业者更倾向于使用成本较低的触垫或类似的跳跃设备。垂直纵跳的表现水平已被用于跟踪学龄期青少年的运动技能发展[25, 31]，评估年轻运动员的表现水平[48]，并监测训练干预措施的有效性[47]，通常还作为体育运动中人才识别方案的组成部分[69]。

研究表明，在儿童期和青春期，肌肉爆发力以非线性方式增强，各个年龄段和不同发育程度的男孩和女孩均能够通过生长发育而得到改善[7]。研究者和从业者在制订和实施体能训练计划时，这是一个重要的考量因素。这是因为由成长和成熟期导致的神经肌肉爆发力的提升，可能会被误认为是训练引起的适应性增强。因此，除了测试设备产生的测量误差之外，从业者还应了解由于成长和成熟期所能预期的动作表现水平的提升，以便确定训练导致的动作表现水平方面有意义的变化。

儿童和青少年神经肌肉爆发力的自然发展

神经肌肉爆发力的自然发展反映了肌肉力量的发展，这两者之间存在紧密的联系不足为奇[77]。事实上，如同肌肉力量发展，5～10岁的青春期前的儿童已经表现出神经肌肉爆发力（如测量站立跳远的表现水平）的自然提升[9]。通常中枢神经系统的成熟使儿童时期的神经肌肉爆发力发生了适应性的变化。特别是在这个发展阶段，激活和协调运动单位的能力，以及增加的神经髓鞘形式，改善了神经驱动能力[23]。神经肌肉爆发力的第二次自然"突增"似乎始于最大生长速度出现（女孩大约在10.5岁时，而男孩大约在12.5岁时）之前的18个月左右，最高增幅通常发生在最大生长速度出现后的6～12个月[6]。最大生长速度出现时青少年生长曲线图上其生长速度达到顶峰。除了神经系统不断成熟之外，青春期与收缩性组织的结构和架构变化有关，这最终提升了产生力量的能力。激素（包括睾酮生长激素和胰岛素样生长因子）浓度的激增使肌肉围度、肌肉羽状角发生变化，进一步带来运动单位的分化[78]。

是否具备产生高水平肌肉爆发力的能力取决于有关的肌肉动作方式。研究表明，在肌肉进行伸长-缩短循环（stretch-shortening cycle，SSC）时，能够产生比单一向心收缩更高的爆发力输出[36]。由于体育运动和身体活动的动态方式，很少有肌肉做单一的向心动作，因此，重要的是要考虑到儿童有效使用伸长-缩短循环变化的能力如何。研究表明，在各个年龄阶段，以及在最大生长速度出现前后的儿童，在伸长-缩短循环的加速适应期，其伸长-缩短循环的发展过程是非线性的[44]。此外，这些研究者还研究了不同成熟程度儿童的伸长-缩短循环活动变化的神经调节方式。他们发现，随着儿童年龄的增加和身体发育的成熟，他们更加依靠前馈机制（预激活）来调节周期性高速活动，以产生高速度的力，如次最大以及最大原地单腿跳[46]。前馈运动反映了在观察任何脊椎上的反射性活动之前无意识的预期的肌肉活动。

儿童和青少年神经肌肉爆发力的可训练性

据有关研究显示，最常用的增强神经肌肉爆发力的抗阻训练形式为传统的抗阻训练、弹震式训练、快速伸缩复合训练和举重训练[13]。尽管很少有文献研究身体生长、成熟度和神经肌肉爆发力的可训练性之间的相互关系，还是有几项研究显示了青少年在接触了适当的抗阻训练干预之后，增强了身体素质。儿科文献研究显示，传统的抗阻训练[52]、快速伸缩复合训练[47]、举重训练[11]、爆发力训练[28]和这些训练的组合形式[83]，都是安全且有效提升神经肌肉爆发力各项指标的训练方式。据显示，抗阻训练能够增加年轻肥胖群体对胰岛素的敏感度，这是因为训练形式能够增加快肌纤维的体积和激活能力[74]。

由于没有足够的证据证明儿童具有增肌的适应性，儿童时期由抗阻训练引起的神经肌肉爆发力增强，很可能取决于神经系统的改变[5]。相反，青春期由抗阻训练引起的神经肌肉爆发力增强，通常不仅反映了其对神经系统的适应性，还反映了其结构和建构特性[53]。需要更多的研究来验证抗阻训练引起青少年神经肌肉爆发力增强的具体调节机制，尤其是那些在不同成熟阶段巩固长期适应性的机制。

肌肉力量和神经肌肉爆发力之间存在着基本关系。有证据表明，具有较高力量水平的人，其产生爆发力的能力也更强[13]。鉴于抗阻训练具有多种提升健康和行为表现水平的优势，其还具有降低受伤风险的作用，它应该成为青少年体能训练整体计划的一个重要组成部分[40]。从业者应该确保为所有儿童和青少年提供合适的发展训练策略，这些训练计划应能够在发展健全合理的运动机制的同时增强其肌肉力量[40]。总之，运动能力和肌肉力量将作为强健身体系统的基础，通过该系统可以在全身动态活动中产生或减弱高水平的肌肉爆发力。考虑到现在的青少年肌肉力量水平和运动素质具有朝负面方向发展的趋势，强调肌肉力量和运动能力就变得尤为重要[12, 70]。因为儿童久坐不动情况的增加[79]，事实上他们已经难以最大限度地恢复二型运动单位的高阈值[18]，在大多数情况下，从业者极有可能只关注其运动能力和肌肉力量的增强，这能够间接增强儿童的神经肌肉爆发力。

有研究者对年轻足球运动员进行了为期两年的抗阻训练跟踪研究，并分析了训练对力量表现水平的影响效果，结果显示，力量会随着年龄的增长呈增加趋势[35]。长期接触周期性抗阻训练会导致11～12岁的青少年力量水平变成

其体重的 0.7 倍，13～15 岁的青少年力量水平变成其体重的 1.5 倍，而 16～19
岁的青少年力量水平变成其体重的 2 倍[35]。据这些研究者的一项单项调查发
现，在经过了 2 年的力量训练后，作为爆发力测量的替代方式，13 岁、15 岁
和 17 岁的足球运动员同时提升 1RM 深蹲力量（100%～300%）和冲刺速度
（3%～5%）[71]。

不是所有青少年都想要参加竞技运动，所以，从业者不应将同类人群（例
如优秀的年轻足球运动员）的力量和爆发力训练数据作为研究基础。研究者还
分析了 7 岁学龄儿童与健康和健身技能相关的测量数据，对综合性神经肌肉训
练干预的有效性进行了研究[21]。研究显示，儿童在为期 8 周，一周两次（每
次 15 分钟）的训练计划后，能够显著提升其引体向上和俯卧撑（肌肉力量和
耐力），以及跳远和单腿跳的表现水平[21]。一项后续研究显示，在为期 8 周
的停训期后，仍然能够保持引体向上和单腿跳表现水平（肌肉力量和耐力水
平），而跳远表现水平（神经肌肉爆发力水平）则显著降低[22]。这或许表明，
儿童的肌肉力量更容易保持，而为了防止停训带来的不良反应，神经肌肉爆发
能力需要更频繁的刺激。

在为期 4 周的快速伸缩复合训练计划后，学龄青少年的肌肉爆发力增强[47]。
研究显示，12 岁和 15 岁男孩更能明显地改进其伸长 - 缩短循环的功能，而 9
岁儿童的伸长 - 缩短循环功能也可以表现出一些不太明显的改进。这一点强
调了不同年龄的儿童对快速伸缩复合训练的不同反应，而且表明了年幼儿童
为获得相似的训练益处，其需要的训练量可能不同。相反，它可能只是表明
了需要较长的时间，年幼儿童才能具有训练带来的适应性，这支持了青少年
运动发展训练的长期方法理念。越来越多的研究显示，儿童和青少年都能获
得抗阻训练引起的神经肌肉爆发力增强，青少年可以通过增强肌肉力量来提
高神经肌肉爆发力，而这种由训练获得的神经肌肉爆发力或许会比肌肉力量
降低得更快。

将科学理论转化成计划设计

在为儿童或青少年设计训练计划时，应主要根据每个人的技术能力来制订
计划进展。从业者也应考虑到儿童和青少年的训练年限[55]，这反映了他们正
式训练的相关经验（例如训练年限），以及他们接触的训练类型。教练也应意
识到人的生理成熟过程，这是因为发展阶段的特点是独一无二的生理性适应，

这可能会影响训练计划的设计[42]。由于时机、时间、成熟度的固有差异，实际年龄不应成为青少年训练计划的根据。在设计一个满足儿童个性化需求的计划时，还应考虑其社会心理的成熟度[40]。例如，与经验丰富、自信和外向的青少年相比，对于没有经验和信心，以及比较内向的儿童，可能更需要一些相对简单的训练和保守的训练进程，而且需要从业者倾注更多的耐心。以下案例研究表明了，如何根据不同经验和技术能力的儿童或青少年的个体需要来改变训练方案。

案例研究一：无训练经验、技术能力水平低的儿童

儿童初次接触一项规范的体能训练计划时，他不可能通过一系列运动技能来证明自己的能力。因此，最初的重点应直接放在发展多样化运动技能上，这将有利于儿童整体运动能力的发展（图 4.1）。在试图发展儿童的肌肉爆发力之前，教练应重视如何提高其肌肉力量水平，这是因为技术能力水平较低、未经训练的儿童与其产生力量的潜力上限相距甚远。因此，除了训练其运动技能之外，还应在训练计划的早期阶段训练其肌肉力量的基础水平，以使其获得更高水平的神经肌肉爆发力。这种方式还应该提供一个强大的、高度协调的神经肌肉系统，儿童可以利用这一系统，在平时的自由玩耍、各种运动或休闲体育活动中，做出应对反应并产生潜在增长的力量。表 4.1 列出了针对无训练经验且技术能力水平低的儿童的训练课程示例。

技术能力水平低的儿童应接触种类更多的运动，这能够使其同时发展其他方面的身体素质，如身体协调性、速度、爆发力、敏捷性和柔韧性[41]。这是因为童年时期神经的可塑性高，以及神经肌肉素质的可训练性高[5]。虽然神经肌肉爆发力的提升对于运动表现水平、休闲体育活动，以及整体健康和幸福水平来说至关重要，但采取更广泛的训练方法对青少年的运动发展水平也是非常重要的。这是因为在发展的各个阶段，所有身体素质都有其可训练性[41]。因此，教练在进行体能训练时，不应只提供一项或者两项训练或测评方式，而应提供可以提升儿童和青少年综合身体素质的各种补充训练活动。

此外，从教学的角度来看，应该关注儿童运动发展的多样性和整体性，这可以让训练课程更加具有娱乐性、趣味性和激励性[39]。从业者应牢记，儿童在体育场参加的许多运动（例如跳房子）也展示了爆发力训练的机会。儿童喜欢的活动可能不同于传统的训练方式（例如更高水平的快速伸缩复合训练或举重训练），但仍然是提升神经肌肉爆发力的有效训练方式。

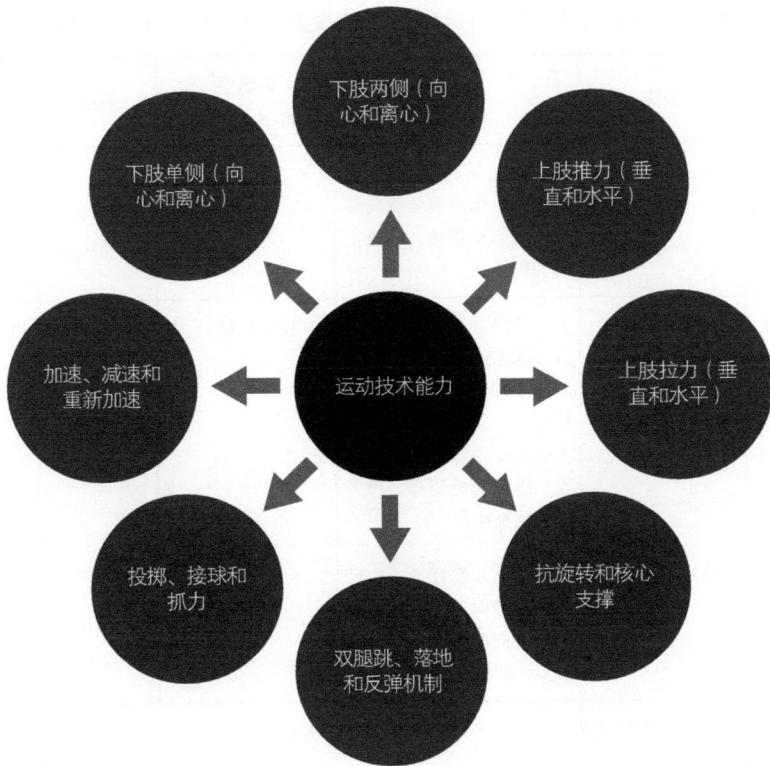

图 4.1 运动技术能力

源自: From J.A. Moody, F. Naclerio, P. Green, and R.S. Lloyd, 2013, Motor skill development in youths.
In Strength and conditioning for young athletes: Science and application, edited by R.S. Lloyd and
J.L. Oliver (Oxon: Routledge), 53. Reproduced by permission of Taylor & Francis Books UK.

    在发展神经肌肉爆发力方面，从业者应将儿童阶段看作是为一般性运动能力奠定基础的时期，这能够让他们在青少年时期拥有更多的运动经验，从而参与更高水平的训练计划。例如，从业者在面对技术能力水平低的儿童时，其主要目标可能是提升其双腿跳和有效落地的能力。这应该被看作是很多活动需要的一项关键动作技能。随着时间的推移，以及技术能力和肌肉力量的提升，儿童可以挑战这项运动模式，通过更高水平的快速伸缩复合训练刺激（例如跳深或跳跃前进）来提供更大的离心力。另一个例子是提升举重能力，儿童时期应该被视为一种发展基本运动技能的时期，随着技术能力的提高，这将有助于儿童进行完整的举重运动及与举重有关的其他运动。

表 4.1　针对无训练经验且技术能力水平低的儿童的训练课程示例

阶段	训练	描述	训练量 （组数 × 次数 / 秒）	强度	休息时间 （秒）
有趣的热身运动	动物形态的热身游戏	儿童模仿多种动物形态，在地面上朝着多个方向移动（例如模仿熊、螃蟹或海豹爬行）	4×30 秒	自重	30
自重训练	死虫式	儿童仰卧，双臂伸直并垂直于地面，两侧髋关节、膝关节和脚踝弯曲 90 度。接着，一侧手臂向头顶上方上举，同时对侧腿伸直。返回起始姿势，换另一侧重复动作	2×10（每侧）	自重	30
	爬虫式	儿童双手双脚撑地，然后双手尽量向远处爬，接着双脚再向前移动，尽量接近双手的位置	2×8	自重	30
主要训练	30 厘米双腿跳箱		3×4	自重	45
	弹力带过头深蹲		3×6	自重加上弹力带拉力	60
	俯卧撑		3×6	自重	45
	弹力带站姿划船		3×6	自重加上弹力带拉力	45

案例研究二：具有 6 年训练经验且技术能力水平较高的青少年

如果一个儿童在其童年阶段就接受了规范化的训练，那么其青少年阶段的任务就是建立已经存在的神经肌肉能力的记忆模式。青春期会导致激素浓度增加，这时候特别需要适当的规范训练。这可以帮助青少年获得更高水平的神经化、结构化和建构化的适应性。所以，具有合理的训练年限和一定技术能力的青少年，应该能够以更高的速度产生更大的力量输出，从而提高其产生高水平神经肌肉爆发力的能力。作为他们运动发展计划的一部分，具有合适的训练年限和技术能力的青少年，应接受更多的抗阻训练方式，通过使用更高强度（例如更大的外部负重或更快的运动速度）、更加复杂的训练策略（例如复杂的训

练或集群式训练），或者更高的技术水平（例如更剧烈的快速伸缩复合训练以
及与举重相关的运动），以及以上各种方式的综合训练，来增强其神经肌肉爆
发力。无论青少年的训练历史如何，从业者应定期地重新审视其运动技能能
力，以防由于力量突然快速增长、肌肉失衡或损伤导致的技术缺陷。表 4.2 介
绍了针对具有一定经验和技术能力的青少年的训练课程示例。

表 4.2　针对具有 6 年训练经验且技术能力水平较高的青少年的训练课程示例

阶段	训练	描述	训练量 （组数 × 次数 / 秒）	强度（一次重复 最大值百分比）	休息时间 （秒）
身体 准备	泡沫轴滚动	让练习者将身体的特定部位放到泡沫轴上方，轻轻滚压，需要特别注意肌肉紧张或酸痛的部位	2×10（每侧）	不适用	1
	迷你带行走	让练习者将迷你带绑在膝盖或脚踝上行走	2×10（每侧）	不适用	1
	臀桥	仰卧姿势，双膝抬起，双脚触地，收紧臀肌，向上顶髋	2×10（每侧）	不适用	1
	单腿跳并保持稳定		2×4（每条腿）	不适用	1
主要 训练	30 厘米跳深		4×3	自重	1～2
	高翻		4×2	85%	2～3
	颈后深蹲		4×5	85%	2～3
	深蹲跳		4×4	30%	2～3

个体差异：灵活制订训练计划

　　表 4.2 概述了从业者对于童年时期接受过规范化训练的青少年，提升其神
经肌肉爆发力的方式。然而，这些方式并不适合还没有达到适当训练年龄，以
及不具备参加高水平训练计划所需技术能力的青少年运动员。对于这种情况，
从业者应根据其技术能力制订训练方式；然而，青少年基础训练方式（基础动
作技巧）的教学方式，与儿童基础训练的教学方式有很明显的区别。此外，虽

然青少年可能拥有更高水平的肌肉力量，但是未经训练的青少年仍缺乏柔韧性或肌肉平衡性，这应该在训练计划的早期阶段得到解决，然后再尝试专门提升神经肌肉爆发力的训练计划。相反，如果执教一位天生有运动天赋且运动能力强的儿童，应该允许他或她接受更高水平的训练策略或提高训练强度，同时注意提高其技术能力。所有这些都强调了从业者需要采取灵活、个性化的方式来制订青少年的训练计划。

老年人训练

老年人（大于等于 65 岁）产生爆发力的能力被认为是预防其跌倒、保持其神经肌肉功能的关键要素，而跌倒可能会导致老年人的发病率和死亡率增加[3, 26, 76]。老年人保持神经肌肉功能非常重要，其中包括进行日常生活运动和保持肌肉质量的能力，这对于老年人保持健康的身体来说非常重要[49, 58, 67]。像青少年一样，老年人也可以通过抗阻训练来提升其神经肌肉爆发力，包括爆发式或弹震式运动，以及负重较大的运动。然而，老年人应牢记其身体的局限性，在进行爆发力训练前先提升其力量基础[63]。因此，从业者可以选择将爆发力训练纳入老年人的抗阻训练计划，但需要完成一个深度需求分析和病史调查。从业者还应该拥有公认的体能教练认证，是特别针对老年群体的，并了解老年人的生理和生物力学反应和适应性。

随着年龄的增长，神经肌肉机能下降

为了解老年人群对力量和爆发力训练计划的潜在适应性，从业者有必要先熟悉一些在老年人群中普遍存在的肌肉、神经和骨骼系统的生理机能下降现象。老年人身体最明显的变化之一是肌肉萎缩或肌肉量减少。少肌症指的是随着年龄的增大而导致老年人缺少骨骼肌质量和力量[19, 38, 64]。这种肌肉总质量损失的大部分原因是快速收缩的 II 型肌肉纤维发生了不成比例的损失[38, 75]，这也可能是大力量和快速爆发性活动减少造成的结果[19]。与 II 型肌肉纤维萎缩同时发生的还有相关运动神经元的功能降低，并在其范围内以较低的速率激活[81, 82]。另外，运动单元（一组肌肉纤维和控制肌肉纤维的运动神经元）重塑，导致 II 型肌肉纤维产生去神经支配，以及与慢速收缩的 I 型肌肉纤维相关的神经元重新支配[81, 82]。随年龄增长的其他变化包括覆盖运动神经元的髓鞘数量减少，神经信号向肌肉细胞的传递减少[33, 34, 81]。总之，这些改变减少了力的产生，降低了收缩速度，从而使衰老的肌肉的爆发力输出降低。

在肌肉和骨骼之间形成关节和其他连接的结缔组织失去一些弹性后，失去了力从肌肉传递到肌腱的最佳状态[1]。肌腱吸收肌肉力量，并且将其储存为潜在能量的能力，对于伸长 - 缩短循环功能来说极为重要。因此，弹性势能储存的减少，会导致力和爆发力输出的降低[1]。在 30～50 岁，力量和爆发力是逐渐降低的。力和爆发力的最大降低量发生在 60 岁之后，爆发力的降低速度快于力量的降低速度。例如，在 60～65 岁，80～85 岁，力量水平平均每年降低 1% 或更多，这似乎很小，但在 20 年内可能高达 25%～30%[64, 75]。在同样的年龄段，爆发力的损失以每年 3% 的幅度上升，因此功能损失在同样的 20 年内更为明显[8, 63, 75]。

老年人群爆发力的可训练性

多项调查研究都针对老年人群体使用了各种爆发力训练形式和计划[80]。其中，最常见的形式是液压或气动式抗阻训练器械和自由重量[16, 24, 58, 61, 67]，而最常见的测试包括反向双腿跳或使移动速度更快的训练（例如在气动或液压器械上进行腿推举）[10, 49]。由于之前已经提到过神经系统功能会随着年龄的增长而下降，所以对于初学者来说，器械训练可能会更容易学习，因为动作不那么复杂，并且通常仅限于一个运动平面，这会提高训练的安全性。此外，要使老年人适应液压或气动阻力，并对力量水平进行调整。训练有素的举重运动员应该能更有效地进行自由重量训练。在任何年龄段，肌肉力量和神经肌肉爆发力之间的关系都是一样的，强壮的人产生爆发力的能力更高[13]。因此，在建立了力量基础后，才能更好地实现老年人爆发力训练，训练的好处才能更明显地表现出来[13]。老年人的爆发力训练计划也包括运动速度这一爆发力的基本构成[20, 24, 54, 73]。尽管爆发力提高的程度比年轻人小，但仍有可能存在积极的功能性适应，并且对老年人爆发力训练的研究已经获得了不同程度的成功[32, 54, 59, 61, 68, 72]。

更具体地说，爆发力有两种训练方式，最常见的是进行高速爆发性运动[29, 56, 62]，而另一种方法是进行负重快速动作或不负重快速动作[4, 49]。每种方法都有优点和缺点。为了在活动结束之前减慢运动速度，需要施加更多的制动力来进行爆发性运动。

虽然深蹲跳不需要专门的设备（尽管在深蹲架上进行会更安全），而且大多数负重腿推器械可以适应重复的爆发性运动，但出于训练的安全目的，卧推仍需要使用史密斯（Smith）器械。由于前面提到的肌肉质量、运动神经元功能和结缔组织弹性的损失，老年人在爆发力训练中受力量的影响较大，会产生损伤风险，所以必须强调具有很好的力量基础和训练技巧。气动或液压器械训练具有让运动进行得更快这一优点，但是在关节运动范围的末端没有冲击力特征。这是因为阻力只出现在开始运动并具备速度的阶段，并且在运动范围的末端其机械性较弱，因此运动会较慢。气动或液压器械训练的缺点是此类训练都是在固定的运动平面上进行，不太可能模拟平时的运动。

老年人的爆发力评估

评估老年人的神经肌肉爆发力，最常用的设备包括测力台和线性位移传感器[10]、气动阻力器械[16, 67]、肌力测定器械[61]和加速度测量器械[66]。尤其是与肌电图（electromyogram，EMG）结合使用时，这些测量设备对老年人经过训练引起的爆发力变化非常敏感。与年轻人相比，老年人爆发力测量值的变化（例如垂直纵跳的表现水平）较小并且需要较长时间，所以跳跃水平的场地测试方式可能对检测这些微妙的变化不够敏感。然而，除了研究目的之外，监测老年人的实际爆发力输出可能并不重要，老年人通常没有针对特定活动的训练，只需要衡量其日常活动表现水平的改善情况。

将科学理论转化成计划设计

设计老年人抗阻训练计划，包括爆发力训练或爆发力发展的其中一个阶段，其主要理念应用的是需求分析。训练和医疗史上的个体差异不仅会严重影响训练的选择，还会影响训练的周期（组数和次数计划）。老年人应在医生的指导下参与训练计划，并且不应该有严重的外科或心肺疾病，也不能服用可能干扰其身体训练能力的药物[60]。设计老年人抗阻训练计划的第二个理念是重视恢复，这通常需要更长的时间，不论主要计划的目标是增肌、力量还是爆发力。然而，还没有老年人训练后不同恢复间隔情况（例如，用每次训练课程之间间隔 72 小时代替 48 小时）的身体表现水平和适应性的相关研究。

老年人评估完成后，如有必要，应提供体检报告才能选择训练方式。对于爆发力训练来说，最常见和最有效的爆发力训练涉及多个关节和肌肉，包括器械训练以及自由重量训练，例如深蹲跳和腿推举。从业者应牢记，在尝试进行弹震式或爆发力训练之前，非常有必要提升每个训练的力量基础。将多个训练项目并入一个周期训练计划，最有利于综合身体素质的提升。但老年人可能需要更多的时间去深入学习每项训练模式，并且要能够用合适的技巧完成每项训练，这是因为随着年龄的增长，运动单位的恢复发生了变化[81, 82]。因此，最好不要频繁更换训练顺序，尤其对于一个新手。

一旦选择了使用哪些训练，接下来就应该将它们纳入周期训练计划（第3章）。有些训练不能在特定的计划阶段进行，这是因为在那个阶段，这些训练可能不能采用其最好的组数和次数（例如，在较大负重阶段避免使用单次训练）进行。所以，在考虑主要训练目标期间，重要的是考虑进行哪些训练（例如，增肌、力量和爆发力）。对于老年举重初学者来说，每个阶段的重点都比较单一。首要关注点应是肌肉发展（增肌），然后是力量提升，接着才是爆发力提升（表4.3）。如果主要训练目标是提升爆发力，那么训练相对熟练的老年人可能在力量提升上花费的时间较少，或者在特定阶段通过综合运动方式取得更快的进步（表4.4）。

体能训练专家可能会遇到一个问题，如何在老年人训练爆发力时增加训练负荷。遗憾的是，这个问题最令人困惑，因为老年人的负重范围为最大限度的20%~80%[16, 17, 24, 68]，才能增强其爆发力。理想情况下，可以使用各种负重，但使用哪种负重取决于选择的训练方式和最终的训练目标（第3章）。已经有研究表明，在训练负重范围的较低等级（从体重到最大限度的40%左右），负重对平衡和步态速度有更积极的影响，而在最大限度50%~80%的负重会对从椅子上起身或爬楼梯这样的运动产生更积极的影响[14, 68]。在训练的不同阶段使用不同的负重，持续时间也会不同。对训练相对熟练的老年人，较短的训练时间（两周）可能比较有效，而对能力较低的新手来说，可能需要8周才能取得明显的进展（表4.3和表4.4）。

另外，除了总体进展较慢外，老年人的训练方案设计与年轻成人的也不同。应根据个人的力量水平来确定负重，训练计划应以训练目标为导向，应具有多样性，以及足够的恢复时间（图4.2）。

表4.3　针对初学举重的老年人的自由重量爆发力训练计划示例

训练	第1周至第2周	第3周至第5周	第6周至第8周	第9周至第11周	第12周（恢复期）	第13周至第15周	第16周至第18周	第19周至第21周	第22周至第24周	第25周（恢复期）
第1天										
颈后深蹲 *	1×10~12(50%~55%)	2×10(60%~65%)	3×8(70%~75%)	3×6(80%)	1×10(60%)	3×12(60%)	3×10(65%)	3×8(75%)	3×6(80%)	1×10(60%)
窄拉或高翻	1×6(50%~55%)	2×6(60%~65%)	3×5(70%~75%)	3×5(80%)	1×6(60%)	3×6(60%)	3×6(65%)	3×5(75%)	3×5(80%)	1×6(60%)
俯卧撑或弹力带俯卧撑 **	1×10~12	2×10	2×8	2×6	1×10	2×12	2×10	2×8	2×6	1×10
哑铃推举	1×10~12(50%~55%)	2×10(60%~65%)	2×8(70%~75%)	2×6(80%)	1×10(60%)	2×12(60%)	2×10(65%)	2×8(75%)	2×6(80%)	1×10(60%)
卧拉	1×10~12(50%~55%)	2×10(60%~65%)	2×8(70%~75%)	2×6(80%)	1×10(60%)	2×12(60%)	2×10(65%)	2×8(75%)	2×6(80%)	1×10(60%)
第2天										
颈后深蹲 *	1×10~12(50%~55%)	2×10(60%~65%)	3×8(70%~75%)	3×6(80%)	1×10(60%)					1×10(60%)
弹力带站姿划船（背肌训练）	1×10~12(50%~55%)	2×10(60%~65%)	3×8(70%~75%)	3×6(80%)	1×10(60%)	2×12(60%)	2×10(65%)	2×8(75%)	2×6(80%)	1×10(60%)
俯卧撑或弹力带俯卧撑 **	1×10~12	2×10	2×8	2×6	1×10					1×10
哑铃推举	1×10~12(50%~55%)	2×10(60%~65%)	2×8(70%~75%)	2×6(80%)	1×10(60%)	2×12(60%)	2×10(65%)	2×8(75%)	2×6(80%)	1×10(60%)
卧拉	1×10~12(50%~55%)	2×10(60%~65%)	2×8(70%~75%)	2×6(80%)	1×10(60%)	2×12(60%)	2×10(65%)	2×8(75%)	2×6(80%)	1×10(60%)
跳蹲						3×4(30%)	3×5(35%)	3×5(40%)	3×4(45%)	
蹲跳						3×4(30%)	3×5(35%)	3×5(40%)	3×4(45%)	
卧推						2×12(60%)	2×10(65%)	2×8(75%)	2×6(80%)	1×10(60%)

* 如有需要，可由腿推举替代。

** 根据个人能力，可以进行辅助俯卧撑或弹力带俯卧撑。

表4.4　针对有训练经验的老年人的自由重量爆发力训练计划示例

训练	第1周至第2周	第3周至第5周	第6周至第8周	第9周至第11周	第12周（恢复期）	第13周至第15周	第16周至第18周	第19周至第21周	第22周至第24周	第25周（恢复期）
第1天										
颈后深蹲*	2×10~12(60%~65%)	3×10(65%~70%)	3×8(75%~80%)	3×6(80%~85%)	1×10(65%)	3×12(60%)	3×10(65%)	3×8(75%)	3×6(80%)	1×10(65%)
窄拉	2×6(60%~65%)	3×6(65%~70%)	3×5(75%~80%)	3×5(85%)	1×6(65%)	3×6(60%)	3×6(65%)	3×5(75%)	3×5(80%)	1×6(65%)
卧推	2×10~12(60%~65%)	3×10(65%~70%)	2×8(75%~80%)	2×6(80%~85%)	1×10(65%)	2×12(60%)	2×10(65%)	2×8(75%)	2×6(80%)	1×10(65%)
哑铃推举	2×8~10(60%~65%)	3×8(65%~70%)	2×6(75%~80%)	2×5(85%)	1×10(65%)	2×10(65%)	2×8(70%)	2×6(75%)	2×5(80%)	1×10(65%)
卧拉	2×10~12(60%~65%)	3×10(65%~70%)	2×8(75%~80%)	2×5(85%)	1×10(65%)	2×10(65%)	2×8(70%)	2×6(75%)	2×6(80%)	1×10(65%)
第2天										
颈后深蹲*	2×10~12(60~65%)	3×10(65~70%)	3×8(75~80%)	3×5(85%)						
窄拉	2×6(60%~65%)	3×6(65%~70%)	3×6(75%~80%)	3×5(85%)		2×6(60%)	2×6(65%)	2×5(75%)	2×5(80%)	
卧推	2×10~12(60%~65%)	3×10(65%~70%)	2×8(75%~80%)	2×6(80%~85%)	1×10(65%)					1×10(65%)
哑铃推举	2×8~10(60%~65%)	3×8(65%~70%)	2×6(75%~80%)	2×5(85%)	1×10(65%)	2×12(60%)	2×10(65%)	2×8(75%)	2×6(80%)	1×10(65%)
卧拉	2×10-12(60%~65%)	3×10(65%~70%)	2×6(75%~80%)	2×5(85%)	1×10(65%)	2×12(60%)	2×10(65%)	2×8(75%)	2×6(80%)	1×10(65%)
跳蹲						3×6(30%)	3×6(40%)	3×4(50%)	3×5(50%)	
蹲跳						3×6(30%)	3×6(40%)	3×4(50%)	3×5(50%)	
弹力带站姿划船（背肌训练）					1×10(65%)	2×12(60%)	2×10(65%)	2×8(75%)	2×6(80%)	1×10(65%)

* 如有需要，可以由腿推举替代。

```
┌─────────────────────────────┐        ┌─────────────────────────────┐
│ 获得医疗和训练史             │ ╌╌╌╌ │ • 过去或现在有没有疾病或外科问题 │
└─────────────────────────────┘        │ • 有没有抗阻训练或其他训练背景   │
              │                         └─────────────────────────────┘
              ▼
┌─────────────────────────────┐        ┌─────────────────────────────┐
│ 根据计划目标、技术经验或能力、设备可用 │ ╌╌╌ │ • 结构性还是单一的训练          │
│ 性和时间可用性选择训练       │        │ • 有没有抗阻训练背景            │
└─────────────────────────────┘        │ • 选择自由负重还是器械          │
              │                         │ • 理想的训练持续时长是多少       │
              ▼                         └─────────────────────────────┘
┌─────────────────────────────┐        ┌─────────────────────────────┐
│ 根据训练状态、负重计划、运动类型和其他 │ ╌╌╌ │ • 一周两次还是三次             │
│ 同时训练来确定训练频率       │        │ • 重量阶段还是轻量阶段          │
└─────────────────────────────┘        │ • 结构性还是单一的训练          │
              │                         │ • 要不要进行其他活动            │
              ▼                         └─────────────────────────────┘
┌─────────────────────────────┐        ┌─────────────────────────────┐
│ 根据每个训练课程的类型来安排训练 │ ╌╌╌ │ • 辅助性训练前的结构性训练      │
└─────────────────────────────┘        │   正常速度前进行爆发力训练      │
              │                         └─────────────────────────────┘
              ▼
┌─────────────────────────────┐
│ 根据训练目标分配负重、重复次数和休息 │        ┌─────────────────────────────┐
│ 时间                         │ ╌╌╌╌ │ • 训练量大、负重低、休息时间短，│
└─────────────────────────────┘        │   还是训练量适度、负重适度、休息 │
              │                         │   时间适度，还是训练量小、负重高、│
              ▼                         │   休息时间长                   │
┌─────────────────────────────┐        └─────────────────────────────┘
│ 根据训练状态和训练目标分配训练量 │ ╌╌╌╌
└─────────────────────────────┘
```

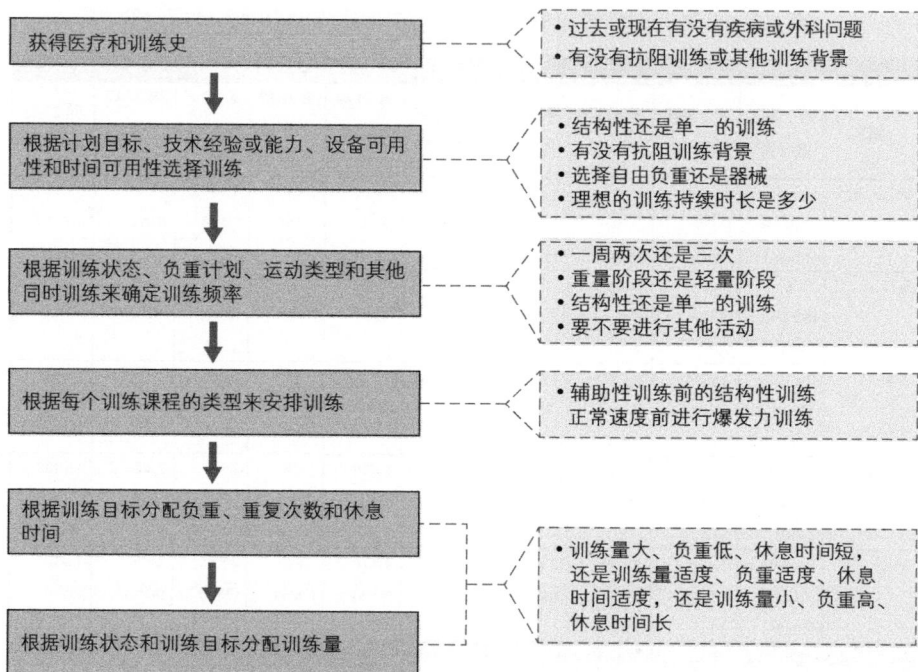

图 4.2 老年人周期训练计划的步骤

结论

在增强儿童和青少年的神经肌肉爆发力时，从业者应考虑以下几个要点。

▶ 儿童和青少年在其成长和发育成熟过程中，其神经肌肉爆发力会自然增长。

▶ 所有儿童和青少年在接受合适的发展性训练计划时，都可以增强其神经肌肉爆发力，取得有价值的收获。

▶ 虽然增强儿童和青少年的神经肌肉爆发力是体能训练计划的终极目标，但从业者仍应先着眼于提升其肌肉力量的动作技巧和必备水平。

▶ 无论训练计划是试图提升儿童和青少年的运动技能、肌肉力量，还是神经肌肉爆发力，训练进展情况都应根据青少年的技术能力、训练年限以及身体和社会心理成熟度这些因素来加以确定。

▶ 从业者必须灵活制订训练计划，以确保上述训练可以满足个人需求。

主要训练目标是提升老年人的神经肌肉爆发力时，从业者应考虑以下几个要点。

▶ 神经肌肉爆发力是峰值力量水平和快速运动能力的基本要素之一。

▶ 所有老年人都能够通过精心设计和实施的训练计划来提高他们的神经
肌肉爆发力，但提升程度取决于个人身体的局限性和医疗背景。

▶ 只有在老年人建立了力量基础，并且可以在负重和速度较快的情况下
以适当的技巧进行运动时，才能进行神经肌肉爆发力的训练。

第二部分

爆发力发展训练

上肢爆发力训练

迪萨·L.哈特菲尔德（Disa L. Hatfield），博士

对于有投掷、击打、争抢或推进参与的运动，上肢爆发力十分重要。上肢爆发力发展的生理机制与下肢大致相同。然而，上肢爆发力训练存在特别的训练考虑因素。因为性别、经验和训练强度具有差异性，所以发展上肢爆发力的计划变得很有挑战性。此外，还有许多未彻底解决的常见的具有争议的问题，如旋转运动与等长收缩运动是否可以增加腹部力量。本章的目的是解决针对上肢爆发力训练的辅助设备、常用训练设备和测试设备的性能问题，并为上肢爆发力训练提供训练指导。

上肢爆发力训练的辅助工具

教练和运动员总是在寻求一些可以促进运动表现水平的训练装备或辅助工具。除了膳食补充和增补剂之外，还有很多产品可以增强爆发力训练的效果和提升运动表现水平。

爆发力训练的辅助工具

药球是快速伸缩复合训练中的常用器材。药球已经有十多年的发展历史。现在的药球有很多变化，包括是否具有手柄、绳索和回弹能力，大小和重量也不尽相同。药球是零售商店和健身器材制造业的常见商品，与其他抗阻训练方式相比，比较经济。本章介绍的多种训练方式都使用了药球，它在上肢爆发力训练中是最小的辅助训练工具。

力量举重训练方式包括可提高力量产生速率的弹力带卧推训练。弹力带可以提高训练的离心阶段的负重，在向心阶段产生最大的爆发力输出[5, 17, 22]。此外，这种训练方法的支持者认为，这可能有利于降低杠铃速度[22]。然而，有研究者怀疑，使用弹力带来提升力量这一训练方式是否有效，并且也质疑了它的潜在有效性[5, 8, 21, 22, 32]。迄今为止，只有一项研究测量了弹力带训练后的上肢爆发力，并且认为弹力带训练的结果与 7 周负重卧推训练之间并没有显著差异[17]。在传统负重训练过程中使用弹力带有一个潜在的缺点，由于有无弹力带的杠铃移动的轨迹和时间长度存在个体差异，所以不容易确定负重强度。虽然目前关于弹力带的文献太少，但我们还是建议加入弹力带训练，作为爆发力训练的必要组成部分。这些方式将在第八章中详细讨论。

快速运动表现的辅助工具

很少有文献介绍专门的辅助工具，这些辅助工具可以在短期（如个人训练课程中）提高上肢爆发力。有一项研究表明，无论是男性还是女性，在其卧推的过程中佩戴专门为嘴巴设计的保护工具，可以增加爆发力的产生[13]。然而此研究没有专门评估投掷速度等运动表现参数，并且在其他抗阻训练研究中没有发现这一现象。

一些证据表明，压缩衣可能会在紧张的抗阻训练课程后帮助恢复，但对于提升运动表现水平来说还是功能有限。目前只有一项研究针对上肢爆发力或无氧运动表现水平[19]，作者的结论是，压缩衣确实提高了两名运动员的精准度，但并未影响高尔夫挥杆速度或投掷速度。除了其他可能性，这可能表明，压缩衣提供的本体感受反馈，对于快速运动表现来说是非常有用的。

尽管这方面的研究很少，但在某些运动人群中，促进上肢运动表现水平的压缩衣尤其受到欢迎，特别是力量举重运动员。他们经常穿着被称为卧推衣的服装来提高他们的卧推表现水平。这些服装由各种材料制成，从单层聚酯到多层丁尼布。它们的设计是紧身的，并且为训练的向心收缩部分提供辅助，这是因为在训练的离心收缩部分可以提供更大的储存能量。这样的服装导致弹力带在业余举重运动员中开始流行。在运动员卧推时，将这种弹力带套在胸部位置。就像卧推衣一样，从理论上说，它可以储存潜在的能量，因为它在运动的高收缩部分会进行拉伸，从而产生更强大的向心收缩肌肉动作。

监控训练过程的杠铃速度和爆发力测量装置

除运动表现水平外，还有多种方法可用于监测上肢爆发力训练的进展。常用的一个简单的现场测试是药球投掷距离，如胸前传球的投掷距离（见第二章）。虽然这种方法成本低廉且易于执行，但只有很少的规范性数据可用于运动员与其类似人群的比较[16]。

用来测量杠铃、药球和自重训练中爆发力和速度的装置有几种可以购买到。这些装置使用张力测量法来测量杠铃移动的速度，或者使用加速度计来量化速度。尽管已经有文献对这些设备的功效进行了验证，但其成本较高，并且可能会像现场测试一样，针对不同人群并不存在规范性数据[11, 16]。除此以外，有证据表明，教练和运动员会在训练期间使用其中的一些装置来监测爆发力和速度。运动员在训练中通常会努力保持最大爆发力输出的一定百分比，因此会收到比较及时的反馈，这些反馈会鼓励他们在每次重复或者投掷动作中维持较高的爆发力输出。虽然有研究显示，在针对复杂的教学动作时，运动软件分析是有效的，但是针对爆发力输出、杠铃速度或球速的程序尚未被研究[30]。第八章将详细讨论基于速度的训练项目。

上肢爆发力训练的注意事项

在进行增强上肢爆发力的训练时，需要考虑多种因素。例如，上肢力量的产生多伴随有下肢的移动。对下肢运动导致的力的转移和爆发力的产生进行优化，可以提高上肢爆发力的输出（被称为动量传递）。

动量转移

在弹震式训练中，杠铃杆或人体自身的减速是具有负作用的。在上肢爆发力训练中，有必要进行杠铃或人的减速弹震式练习。在卧推等练习中需要减速，这是因为在卧推动作结束时杠铃必须减速，这样杠铃才不会离开运动员的手。然而，减少动量需要大量的离心肌肉动作，这可能会造成肌肉损伤。此外，收缩肌在整个运动范围（range of motion，ROM）内不是向心活动。动量体现为物体持续移动的趋向，被定义为质量乘以速度。为了克服减速现象，有必要将动量转移到另一个物体上，或继续加速并允许杠铃离开运动员的手，例如在卧推中进行的动作[29]。弹力带能够通过改变向心活动范围来增加外界阻力，进而降低对离心减速的需要，同时，弹力带还可以通过增大活动范围使肌肉可以继续进行向心运动[17, 22]。

多项研究表明，上肢爆发力与下肢爆发力有明显的关系[7, 9, 10]。在快速提升计划中，有下肢参与的运动，上肢的投掷距离、速度和峰值爆发力输出都会明显增加[7, 9, 10]。诸如投掷铅球、投篮或出拳等动作，其动量从下肢传递到躯干，再由躯干到肩部，肩部到肘部，肘部到手腕和手指，最后到运动器械[29]。因此，短期训练课程和长期训练计划应包括下肢和躯干爆发力的运动和训练。

训练强度

研究表明，上肢爆发力训练的强度可能取决于性别、运动方式、手臂长度和训练经验[1, 2, 4]。例如，与未受过训练的运动员相比，训练有素的运动员会在 1RM 的较低比例下产生峰值爆发力[2, 4]。这种训练适应性非常重要，因为它表明了训练有素的运动员运动单位的恢复能力和增加力 - 速度曲线上移的能力。一般而言，训练有素的人爆发力更强，他们需要的初始阻力较小，快肌纤维可迅速恢复。

相关文献表明，不同运动人群卧推过程中的峰值爆发力输出，在 1RM 的 15%～60%[1, 3, 6, 26, 29]。运动员应努力完成一定强度的上肢负重爆发力训练，以产生峰值爆发力。如本章前面所述，杠铃速度测量装置可以轻松监测卧推时的爆发力。如果不能使用这些装置，就选择 1RM 的 30%～60% 的负重。至少有一项研究表明，抽样人群的上肢峰值爆发力发生在 1RM 的 30%，在 1RM 的 30%、40% 或 50%，爆发力间未见明显差异[6]。此外，上肢产生峰值爆发力的负重与下肢产生峰值爆发力的负重不同。由于有很多因素会影响峰值爆发力产生的负重，监测训练期间的爆发力可能对个性化训练计划非常重要。

无论如何，在进行像药球投掷和快速伸缩复合训练等上肢爆发力训练时，监测速度和爆发力的好方法很少。关于药球训练中负重强度的建议，尽管没有经过同行评估，但已经有研究证明快速伸缩复合训练和药球训练可以改善运动成绩参数，例如提高投掷和击打速度[9, 16]。因此，快速伸缩复合训练和药球训练应该作为上肢爆发力训练的重要内容，这是因为两者都可以增加伸长 - 缩短周期，从而随着时间的推移增强爆发力和相应能力。

肩袖力学

在爆发性运动期间，肩关节肌肉有多种用途，包括关节的动态稳定、力的产生和在整个运动范围结束时的离心减速[20, 23, 29]。与其他关节不同，盂肱关节在很大程度上是不稳定的，这是因为它只有一小部分与关节窝相连，周围肌肉组织的目的主要是提供稳定，而不是产生动力。这些肌肉的独特功能和关节的解剖结构，造成了肩关节周围结构的紧张度较高，出现撞击和肌腱炎的风险较高[20]。肌肉的重复动作和过度使用带来的肌肉不平衡性，都是损伤产生的因素[23]。然而，尽管肩部会发生损伤，但是很少有研究专门针对可能有助于降低运动员损伤的体能训练计划、训练技巧和训练适应性[23]。目前的研究都是高度专业化的，并且都会使用一些临床设备，如现在还不能为大众所使用的等速仪器[16]。或许最常见的对于肩袖力学的一般性建议，是为了解决可能导致受伤的肌肉不平衡性[12, 23]。

教练和运动员应该考虑以下几点。

▶ 尽管许多爆发力训练的负重较低，但离心部分较强的上肢练习还是应被归类为高强度练习。需要配合使用的辅助负重和弹力带训练可以增加肩关节的离心负重，训练量不宜过大。虽然弹力带也增加了运动的阻力，这有助于运动的减速，但也会增加离心力，从而增加损伤的可能性。这些设备对于肩关节训练的急性和慢性影响尚未得到关注。

▶ 卧推和药球等练习可以减少，但不用完全否定。

▶ 菱形肌和背阔肌没有爆发力练习，它们的主要功能是用于稳定关节。如果运动员的定期运动训练涉及重复性的外旋或推动动作，那么上肢前后之间的肌肉不平衡性可能会加剧。虽然一些爆发力练习涉及内外旋转的肩部肌肉，但很少有爆发力训练会调动三角肌后束、菱形肌和背阔肌发挥作用。在进行上肢爆发力练习计划时，平衡推拉肌肉群的体积，或解决运动员常规力量训练中的肌肉体积不均等问题，这或许可以防止导致肩袖损伤的肌肉不平衡性[23]。

旋转练习

有文献研究了等长收缩核心力量与损伤预防和运动表现水平的关系[14, 24, 27, 28]。这种关系，以及动态腹部训练加剧下背痛的问题，使我们有必要专门进行等长收缩核心练习，如练习平板支撑动作来提高腹部力量[27]。然而，关于躯干肌肉在运动表现水平中的作用的研究表明，外侧核心肌肉组织（例如腹内外斜肌）的动态训练允许来自下肢力量的有效转移，并且可以促进上肢爆发力的提升[15, 31]。虽然有运动表现水平的研究表明，运动员应该训练他们在运动中展示出的动作，但是从业者也应该单独评估运动员的下背痛损伤史和训练状态，然后再选择相应的练习。此外，还需要谨慎考虑动量转移的特定运动模式。例如，下肢力量缺陷会破坏动力链，导致肩部撞击综合征[20, 23]。

上肢爆发力训练

为上肢爆发力训练计划选择训练项目要考虑诸多因素，其中包括负重、运动员的训练经验和运动类型。为了更好地利用训练项目，本章对其进行了分类介绍，如弹震式训练、抗阻训练的衍生（快速伸缩复合训练）或奥林匹克举重训练。传统上将弹震式训练定义为阻力离开运动员双手或运动员离开地面的运动，而无须在肌肉向心收缩动作期间减速（例如卧推）。抗阻训练的衍生练习，例如使用弹力带完成的训练也包含在这一类别中，这是因为它们与弹震式训练共同提高了离心收缩动作期间的负重。快速伸缩复合训练通常在本质上也属于弹震式的，但一般使用药球。例如，向前或深度跳跃等训练是弹震式的（运动员离开地面并且向心部分不减速）。然而，快速伸缩复合训练也试图通过增强离心部分来改善伸长 - 缩短循环。奥林匹克举重系列是作为奥林匹克举重训练的主要部分所使用的变化或技术（参见第七章）。

在这些类别中，训练会进一步被细分为初级、中级和高级水平。初级训练会使用相对简单的运动模式，以低强度的方式进行。中级水平的训练由于离心部分增多，所以使用更复杂的运动模式或中等强度。高级水平训练会使用复杂的运动模式，增加离心负重的模式。

弹震式和抗阻训练的衍生

跳起俯卧撑

级别：初级

动作

1. 俯卧撑姿势，将身体撑到最高处。头部处在中立位置，双臂伸直［图 5.1（a）］。

2. 完成一次完整的标准俯卧撑动作［图 5.1（b）］，接着双臂突然发力，使双手离开地面［图 5.1（c）］，然后落在与原来相同的位置。

3. 在双手落地后，立即开始下一次重复动作。

变化方式

弹力带俯卧撑和深度俯卧撑。

图 5.1 跳起俯卧撑：（a）起始姿势；（b）反向运动结束姿势；（c）弹震式向心运动后的姿势

弹力带俯卧撑

级别： 中级

动作

1. 俯卧撑姿势，一只手握住弹力带或阻力管的一端，将弹力带或阻力管绕过上背和三角肌后束，另一只手握住弹力带或阻力管的另一端［图 5.2（a）］。

2. 完成一次标准的俯卧撑动作［图 5.2（b）］。

图 5.2 弹力带俯卧撑：（a）起始姿势；（b）反向运动结束姿势

变化方式

通过离开地面增加训练强度，类似于跳起俯卧撑。

卧推

级别： 中级

动作

1. 双脚置于地面，仰卧在长凳上，头部、双肩、上背部与臀部紧贴长凳。最理想的是，双脚尽可能靠近身体的中心，以利于腿部的动作。

2. 双手紧握杠铃，双手握距略宽于肩宽，肘部完全伸展［图5.3（a）］。

3. 一名防护人员应该帮助运动员从支架上取出杠铃并将其放在运动员胸部中央的上方。

4. 届时，降低杠铃在动作的底端，两侧肘部应该向身体稍微收拢［图5.3（b）］。

5. 伸肘并将杠铃向上推。

6. 训练期间保持身体紧贴长凳。

7. 训练结束时，防护人员应帮助运动员将杠铃放到支架上。

图5.3 卧推：（a）起始姿势；（b）结束姿势

弹力带卧推

级别： 高级

动作

1. 使用与标准杠铃卧推相同的形式进行练习（图 5.4）。

2. 在杠铃两侧靠近杠铃片内侧的地方安装环状弹力带（阻力管提供的阻力不能满足此训练的强度）。

3. 将弹力带的另一端连接到杠铃支架上（较新的器械在靠近地面的平台附近有挂钩）或连接到地板上的哑铃上。如果使用哑铃，它们应该足够重，不会在运动过程中被带起。通常，哑铃总重量应该大于杠铃重量。

4. 防护人员的职责与标准杠铃卧推相似。然而，弹力带会增加张力，在防护人员的手离开杠铃时，可能带来更多的不稳定。防护人员应将杠铃平稳地放到运动员的双手上。另外，由于存在弹力带可能突然被拉断或者哑铃突然滚动的风险，因此防护人员面临的风险更大。

5. 在运动员将杠铃举起到标准的起始位置时，应尽可能保持弹力带垂直。

图 5.4 弹力带卧推：（a）起始姿势；（b）反向运动结束姿势

6. 弹力带将增加离心负重，并在向心运动结束时产生更大的阻力，以帮助减慢运动速度。如果运动员没有完全控制杠铃，这种张力可能会导致杠铃发生摇摆，并且在运动结束时产生回弹效应。

变化方式

可以通过改变杠铃片的重量、弹力带的长度和厚度来调节训练强度。教练和运动员应将此视为一项爆发性运动，因此应选择可以保证运动员以最大速度移动的负重和弹力带。

史密斯架卧推

级别： 高级

动作

1. 大多数史密斯架都配备了安全锁或杠铃架，可以安放在胸部以上或两侧，这意味着杠铃不会接触运动员的胸部。如果运动员和防护人员都未能抓住杠铃，那么杠铃会落到运动员的身上，为防止这种情况的发生，请将安全锁置于一定高度。

2. 此训练需配备一名防护人员。

3. 起始姿势与标准平板杠铃卧推的起始姿势相同［图5.3（a）］。防护人员帮助运动员将杠铃从杠铃架上取下。

4. 运动员弯曲肘部并将杠铃朝胸部降低。

5. 在动作底部快速伸展两侧肘部向上推举杠铃，直至双臂伸直。

6. 杠铃向下移动，开始下一次重复动作。

7. 在整个运动过程中，防护人员应高度关注运动员的表现，以帮助其握住杠铃。

变化方式

可以应用连接杠铃和在杠铃开始下降后自动抓住杠铃的装置；然而，这些也会使训练失去优化离心负重的作用。

弹力带站姿划船

级别：初级

动作

1. 将弹力带系到挂钩上或牢固地缠绕在稳定的杠铃架上，弹力带的高度大约与胸部持平。

2. 站立，双脚分开，间距大约与肩同宽，双手抓住弹力带的两端。

3. 半蹲，双臂完全伸展，保持弹力带绷直，但不拉伸［图5.5（a）］。

4. 在整个运动范围内完全弯曲两侧肘部，以进行"划船"运动［图5.5（b）］，然后快速恢复到起始姿势，并开始下一次重复动作。

图5.5 弹力带站姿划船：（a）起始姿势；（b）反向运动结束姿势

变化方式

• 训练强度取决于所用弹力带的厚度和长度，以及运动员与弹力带的距离。

• 这个训练可以像杠铃或哑铃划船练习一样进行变化。

瑞士球滚动

级别： 初级

动作

1. 俯卧在瑞士球上，双臂伸展，双腿弯曲，脚尖着地［图 5.6（a）］。

2. 迅速伸展双腿，同时躯干在瑞士球上滚过。

3. 双手碰到地面，双臂呈屈肘姿势［图 5.6（b）］。

4. 快速伸展肘部，滚回起始姿势。

图 5.6　瑞士球滚动：（a）起始姿势；（b）反向运动结束姿势

卧拉

级别: 中级

动作

1. 俯卧在长凳上,双手分开比肩宽稍宽,反握杠铃 [图 5.7 (a)]。

2. 将长凳高度设置到运动员能够将杠铃放在悬垂位置的高度,并且杠铃不接触地面。

3. 将杠铃从悬垂位置拉起,拉到下胸部,直到它可以轻触长凳底部,此时肘部朝上。头部与长凳始终保持接触 [图 5.7 (b)]。

4. 以可控的方式降低杠铃,直到肘部完全伸展而杠铃不接触地面。

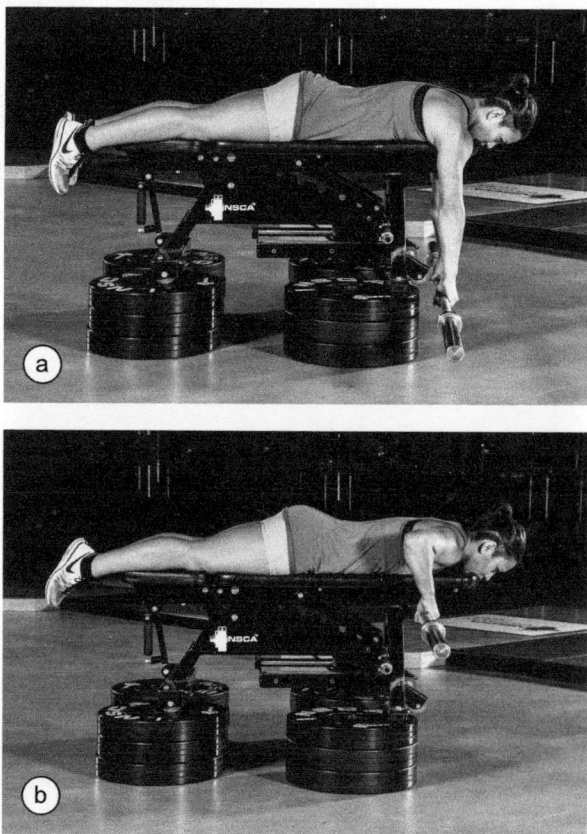

图 5.7 卧拉:(a)起始姿势;(b)反向运动结束姿势

深度俯卧撑

级别： 高级

动作

1. 从俯卧撑底端位置开始，双手放在肩部两侧的加高平台上（两侧加高平台等高）。通常情况下，加高平台的高度为5～15厘米［图5.8（a）］。平台高度取决于训练强度、运动员经验和手臂长度。高平台会造成更大的离心负重，更适合比较有经验的运动员。

2. 快速发力伸展双臂，并将双手从平台上移开。

3. 双臂屈肘，双手落于两侧平台之间的地面上［图5.8（b）］。

4. 快速发力伸展双臂，以使双手离开地面［图5.8（c）］，然后落回到平台上。之后再伸展双臂，双手落到地面上，开始下一次动作。

变化方式

- 从俯卧撑底端位置开始，身体两侧各放置一个药球，双手放在药球顶部（与上胸部对齐）。
- 双臂伸展，将双手从药球上移开，落到地板上（分开大约与肩同宽），完成一个俯卧撑动作。
- 用力伸展双臂以使双手离开地面，然后再返回到药球上面。
- 药球高度取决于训练强度、运动员经验和手臂长度。

图5.8 深度俯卧撑：（a）起始姿势；（b）反向运动结束姿势；（c）弹震式向心运动后的姿势

胸前传球

级别： 初级

动作

1. 站立，双脚分开，间距大约与肩同宽。

2. 双手握住药球，将其放在胸部中心位置正前方［图5.9（a）］。

3. 在投掷之前通过弯曲双肘来进行一次反向运动，同时略微弯曲两侧膝盖和髋部，产生下肢反向运动［图5.9（b）］。

4. 伸膝伸髋，同时双臂完全伸展并向前抛出药球［图5.9（c）］。

图5.9 胸前传球：（a）起始姿势；（b）反向运动结束姿势；（c）弹震式向心运动后的姿势

变化方式

- 与搭档尽可能快地进行胸前传球训练，这会增加离心负重，优化伸长 - 缩短循环。

- 对于三角肌训练，请将药球从胸部中心位置向上直接抛向空中。运动前确保没有其他人在附近区域，以防投掷出现失误，并且必须准备在球下降时接球。

- 在没有搭档的情况下训练，请对着墙壁投掷一个更大的软抛（不反弹）药球。这种球可以减少反弹效应。

- 双脚始于起始站立姿势。在将球抛出时，一条腿在前用力向前跳起，类似在篮球中的向前传球。这是一个中级水平的训练 ［图 5.9 (d)］。

- 使用反弹器进行练习，如垂直安装的蹦床（中级水平）。

图 5.9（续） 胸前传球：（d）胸前传球抛出球时，向前跳的变化姿势

铲抛球

级别： 初级

动作

1. 站立，双脚分开，间距大约与肩同宽。

2. 双手托住药球，药球高度与腹部位置同高，双臂完全伸展 [图 5.10（a）]。

3. 通过屈髋屈膝到接近半蹲姿势来进行反向运动 [图 5.10（b）]。

4. 伸髋伸膝，同时以快速和可控的方式将球抛向上方 [图 5.10（c）]。

图 5.10 铲抛球：（a）起始姿势；（b）反向运动结束姿势；（c）弹震式向心运动后的姿势

侧投（高位和低位）

级别： 中级

动作

1. 站立，双腿分开，间距大约与肩同宽。

2. 双手握住药球，双臂前伸［图 5.11（a）］。

3. 躯干向一侧旋转，同时膝关节和髋关节屈曲，并将药球拉至大腿水平（低位）［图 5.11（b）］。

4. 伸髋伸膝，同时向相反方向旋转，将球向侧上方投出［图 5.11（c）］。

5. 反方向重复该动作。

图 5.11 侧投（高位和低位）：（a）侧投（高位和低位）起始姿势；（b）低位侧投反向运动结束姿势；（c）低位侧投弹震式向心运动后的姿势

变化方式

- 在高位侧投的变化中，将药球放在与躯干中间位置持平的高度，并将药球直接向侧面投出而不是稍微向上投出 [图 5.11（d）（e）]。
- 与搭档合作快速传球。
- 高位将更大的软抛药球投向墙壁回弹（与墙壁的距离取决于个人能力，通常为 0.6～1 米）。
- 使用反弹器进行练习，如垂直安装的蹦床。

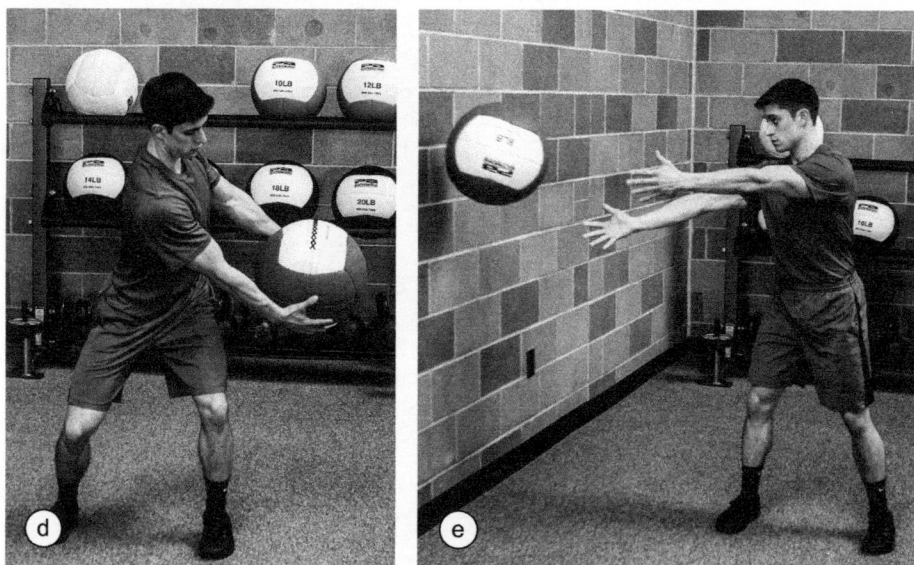

图 5.11（续） 侧投（高位和低位）：（d）高位侧投反向运动结束姿势；（e）高位侧投弹震式向心运动后的姿势

过顶投掷

级别：中级

动作

1. 站立，双腿分开，间距大约与肩同宽。

2. 双手握住药球，并将其放在身体前侧，双臂伸直［图 5.12（a）］。

3. 双臂上举，将药球轻轻抬升至头后的位置［图 5.12（b）］。

4. 双臂发力，将药球投向墙壁（确保药球在头上方时抛出药球）［图 5.12（c）］。

5. 将药球对准墙上的一个位置，以便当药球反弹时仍会返回到头顶上方的手上。

图 5.12　过顶投掷：（a）起始姿势；（b）反向运动结束姿势；（c）弹震式向心运动后的姿势

变化方式

- 改变投掷距离代替使用对墙反弹（初级水平）。
- 不要将药球从头顶上抛出，而要保持与药球的接触并向地面猛击球，同时屈髋屈膝，保持大约四分之一蹲姿。这是一种初级水平的变化方式，通常称为药球猛击。使用软抛药球以保证最小反弹。
- 在头顶投掷期间两腿分开，发力前跳；保持反弹意识（高级水平）［图5.12（d）］。
- 使用反弹器进行练习（中级水平）。

图 5.12（续） 过顶投掷：（d）过顶投掷药球时，向前跳的变化姿势

双手伐木式投掷

级别： 中级

动作

1. 站姿，双腿分开，间距大约与肩同宽。

2. 双手握住药球，将其放在胸部中心位置的正前方［图 5.13（a）］。

3. 类似于低位侧投，躯干向右旋转，同时屈髋屈膝，并将药球降至膝关节水平位置（双臂应完全伸展至药球位于该位置），左腿出现更大程度的膝关节屈曲［图 5.13（b）］。

4. 伸膝伸髋，躯干向左侧逐渐旋转，同时将药球沿着圆弧形移动，当药球在头部右侧的位置时结束移动［图 5.13（c）］。

5. 躯干继续向左侧旋转，同时将药球朝着左侧地面用力投掷［图 5.13（d）］。

6. 反方向重复该动作。

变化方式

- 使用软抛药球，限制反弹情况。

- 如果使用标准药球，接住反弹的药球并立即再次开始该动作（高级水平）。

- 开始练习时可以将药球控制在头顶右侧；然后以类似伐木的方式将药球向地面投掷（初级水平）。

- 在所有的变化方式中，将药球向斜前方投掷。

- 使用大锤和大一点的轮胎进行高级水平的变化练习。大锤取代了球，但沿着同样的运动路线，击打位于它侧面的大轮胎（但要稍微偏离中心，使大锤不会弹回到运动员脸上）。大轮胎是作为回弹装置使用的，也可以传递动量。小心不要让大锤击打轮胎边缘，这会导致轮胎反弹。另外，请勿在击打轮胎时松开大锤的手柄。大锤重 1~9 千克。大锤的重量可以反映运动员的能力。

图 5.13 双手伐木式投掷：（a）起始姿势；（b）反向运动结束姿势；（c）将球投掷前，髋关节和膝关节伸展姿势；（d）将球朝着地面投掷的姿势

仰卧起坐抛球

级别： 高级

动作

1. 开始时，身体呈仰卧起坐姿势，双膝弯曲，双脚平放到地面上。双肘略微弯曲，手握药球，将其放在胸前中心处［图 5.14（a）］。

2. 搭档站在距离运动员 0.3~1 米远的地方，做好接球准备。

3. 完成一次标准的仰卧起坐动作，起身的同时双臂肘部伸展，快速发力将药球投给搭档［图 5.14（b）］。

4. 运动员降低身体恢复起始姿势，在此过程中，搭档进行胸前传球动作［图 5.14（c）］，将药球抛回运动员的手上［图 5.14（a）］。

图 5.14 仰卧起坐抛球：（a）起始姿势；（b）将药球抛出后的姿势；（c）搭档进行胸前传球后的姿势

变化方式

两个搭档分别站在运动员左侧和右侧，在仰卧起坐运动中做一个轻微旋转动作，并将药球抛向右侧的搭档，然后接住右侧搭档的传球，并向左侧重复该动作［图 5.14（d）］。

图 5.14（续） 仰卧起坐抛球：（d）仰卧起坐抛球动作抛出球时，躯干向站在两侧的搭档扭转时的姿势

落球

级别： 高级

动作

1. 开始时，运动员仰卧在地面上，搭档站在其头部旁边的箱子上。

2. 运动员朝着天花板完全伸展双臂［图 5.15（a）］。

3. 搭档双手握住药球，将其垂直落到运动员的双手上。

4. 运动员在抓到药球后，立即弯曲肘部，将药球放在胸部水平位置［图 5.1（b）］。

5. 运动员用力伸展双臂，将药球垂直向上抛掷，让搭档接住药球［图 5.15（c）］。

图 5.15 落球：（a）起始姿势；（b）反向运动结束姿势；（c）弹震式向心运动后的姿势

俄罗斯转体

级别: 高级

动作

1. 开始时端坐在地面上。屈髋屈膝,躯干稍向后仰,双脚平放在地面上。

2. 双手持药球,身体向右侧扭转药球位于髋部右侧[图 5.16(a)],以此为起始姿势。

3. 快速向左侧旋转,保持双臂接近完全伸展,以使药球在身上经过一个圆弧的轨迹,与左侧地面接触[图 5.16(b)]。

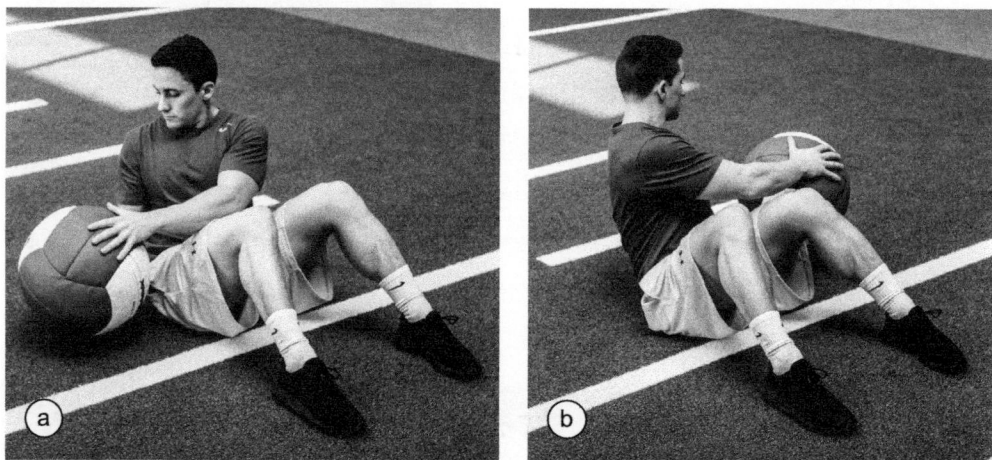

4. 回到右侧重复一次该动作。

图 5.16 俄罗斯转体:(a)起始姿势;(b)向心运动中的姿势

变化方式

该训练也可以使用绳式爆发力球进行。如果使用绳式爆发力球,允许球进行一次小的反弹,制造较短的分期阶段(触地时间)以便减速。

结论

提升上肢爆发力比较复杂。教练和运动员在计划和选择训练项目时，应考虑运动员的水平（包括初级、中级和高级）。另外，一些辅助训练可以增强爆发力提升的本质特性，如弹力带辅助训练和快速伸缩复合训练。然而，相关研究文献既没有清晰地说明使用这些辅助训练的长期效果，也没有提供确定训练强度的具体证据。目前被广泛应用的建议包括以 1RM 的 30%～60% 作为适当的负荷进行训练，以及在训练中使用弹震式训练和快速伸缩复合训练，可以优化运动员爆发力的提升。另外，建立上肢和下肢的力量基础，可能会减少损伤，并且可以更好地改善特定体育活动（如传球、投球和投篮）中的动量传递效率。

下肢爆发力训练

杰里米·M. 谢泼德（Jeremy M. Sheppard），博士

对于许多运动项目来说，下肢爆发力都是一项重要的运动素质。不同的运动项目可以通过多种活动表现下肢爆发力。无论是否有助跑（例如排球、篮球和跳高），垂直纵跳都是下肢爆发力常见评估方式。但是，在每次跑步运动中，以及需要大量使用下肢的运动（例如冰球、骑行、滑雪和滑板运动）中，提升加速度和速度都需要良好的下肢爆发力。教练和运动员应该意识到这些任务在训练中的独特需求。一个运动员拥有良好的力量，但其下肢爆发力对于铲球（例如橄榄球和足球）以及任何其他需要对抗较大阻力的运动（例如雪橇启动、橄榄球争球）而言，都是很重要的。运动员可以根据其需求和运动的实际应用，从各种训练项目中选择合适的进行训练。

有效的下肢爆发力，不应该只是被视为快速施加力量的手段；运动员必须同时发展其爆发力和动作技巧才能有效地缓冲力量。考虑到这个因素，特定的训练也应该重视提升爆发力的落地技能，并学习以渐进的方式减少力量。在落地时，理想的情况是膝盖在脚的上方对齐，而不是向内，而躯干位于支撑面之内，胸部不越过脚趾。

为了在其他运动环境中保持效果，力的吸收是快速伸长 - 缩短循环（例如足球运动中的跑步和转向）和后续向心运动的一部分。对于这些情况，快速伸长 - 缩短循环增强式活动训练了力的吸收和产生，确保了一定的运动表现水平。然而，无论力的吸收时间是相对较长（例如体操运动员从高杠上落地）还是较短（例如足球中的快速拦截动作），对于所有运动来说，增强用于吸收力的下肢基本爆发力都是至关重要的。此外，规范训练动作以减少损伤，并优化

运动表现水平也至关重要，并且所有训练都必须考虑到这一点。

本章介绍了提升下肢爆发力表现需要的关键训练。然而，为了更好地掌握这些内容，请结合其他章节中的相关内容来学习，特别是第五章和第七章，因为这两章中的训练方法对于增强下肢爆发力以及力量的吸收能力来说非常有效。为了便于参考，本章中的内容根据训练目的分为3类：力量缓冲训练、快速伸缩复合训练和弹震式训练。

力量缓冲训练

学习落地和保持稳定的技巧是有效的力量缓冲训练计划的一部分。事实上，在强调双腿跳训练之前优先考虑落地技巧的练习是明智的。对变向及多向速度要求较高的运动来说，在掌握正确的缓冲能力的基础上发展爆发力，对于预防损伤和提高竞技水平来说至关重要。按此顺序优先考虑发展运动技能，确保运动员在技术上和体能上做好准备，以适应落地和变向运动的高要求。在所有情况下，运动员都应以发展有效的生物动力为目标，尽可能早地强调控制、动作和力量（参见第四章），以确保在相关力量缓冲任务中提升所需要的适当的结构性力量、稳定性、范围和运动。

力量缓冲训练的许多好处与控制身体姿势和缓冲力的能力有关。这些技能需要定期加以关注，让运动员几乎每天练习几组重复次数不多的下肢练习活动（1～2次训练，2～3组动作，每组2～3次重复）。总运动量并不大，这是因为虽然这些是技能训练，但是在一些训练中产生的力量，特别是高处落地中产生的力量可能相对较高。考虑到这一点，当增加落地高度、运动量和复杂性时，运动质量应当是首要考虑因素。

高处双腿落地

目标

发展两腿落地缓冲的能力。

动作

1. 从箱上跳下的冲击力主要通过髋、膝、踝的活动来缓冲（图6.1）。

2. 落地时脚与地面接触尽量保持稳定，落地时越稳定越能表明冲击力得到了较好的缓冲。

3. 落地高度的调整只能以较小的幅度（例如10厘米）逐步增加，例如从20～30厘米。根据大多数运动员的运动能力，落地高度上限为70～80厘米。

图 6.1　高处双腿落地

高处单腿落地

目标

发展单腿落地缓冲的能力。

动作

1. 和高处双腿落地的过程一样，区别是用一条腿落地（图6.2）。

2. 除非运动员具有出色的落地能力，否则只能使用保守的训练高度，从10厘米的高度开始单腿落地训练，高度每次增加5～10厘米，上限为40厘米。

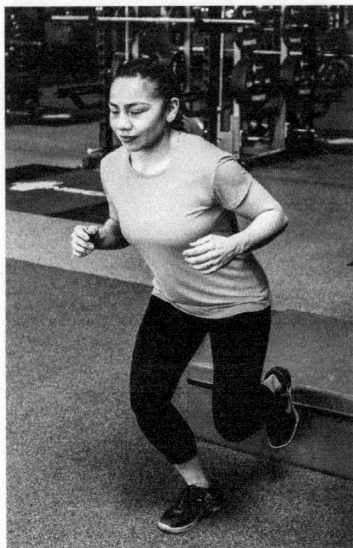

图 6.2　高处单腿落地

向前跳

目标

发展水平跳落地时缓冲的能力。

动作

1. 运动员进行双腿向前跳动作
[图6.3（a）]，双腿落地缓冲 [图6.3
（b）]。

2. 运动员也可以进行双腿向前
跳，然后单腿落地 [图6.3（c）]。

图6.3 向前跳：（a）起始姿势；（b）双腿落地姿势；（c）单腿落地姿势

3 次和 5 次向前跳

目标

以较高速度水平落地，发展落地缓冲的能力。

动作

1. 在 3 次重复动作中，进行两次弹震式跳跃运动，然后进行最终的落地缓冲。在 5 次重复动作中，进行 4 次弹震式跳跃运动，然后第 5 次进行落地缓冲。

2. 这个动作可以变化为双腿前跳、双腿落地［图 6.4（a）］，或者双腿前跳、单腿落地［图 6.4（b）］。

3. 运动员也可以在整个运动过程中进行单腿前跳［图 6.4（c）］。

图 6.4 3 次和 5 次向前跳：（a）双腿前跳、双腿落地；（b）双腿前跳、单腿落地；（c）单腿前跳

侧跳

目标

发展侧面运动落地缓冲的能力。

动作

1. 运动员双脚着地进行侧跳 [图 6.5（a）]，然后双腿落地屈髋屈膝 [图 6.5（b）] 以缓冲落地时的冲击力。

2. 运动员也可以进行双腿侧跳，然后单腿落地缓冲落地时的冲击力。

图 6.5　侧跳：（a）双腿侧跳；（b）双腿落地

"Z" 字形跳跃

目标

发展落地时的控制力和协调力。

动作

1. 运动员以"Z"字行路线进行跳跃，在进行下次动作之前将每次落地动作都保持 2~3 秒（图 6.6）。

2. 为了使训练更加流畅地进行，只须在每个位置进行短暂停留。

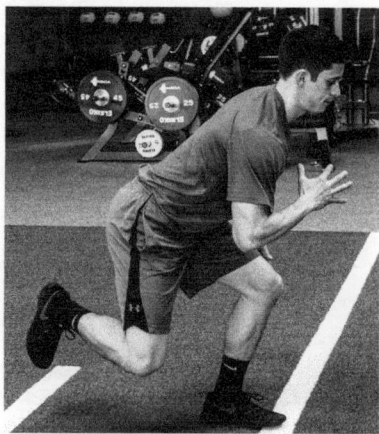

图 6.6　"Z"字形跳跃

3 次和 5 次侧跳

目标

发展侧向运动高速落地时的缓冲能力。

动作

1. 在 3 次重复动作中，进行两次侧向弹震式跳跃运动，然后进行最后的落地缓冲。在 5 次重复动作中，进行 4 次侧向弹震式跳跃运动，然后第 5 次进行落地缓冲。

2. 这个动作可以变化为双腿侧跳、双腿落地 [图 6.7 (a)] 或者双腿侧跳、单腿落地 [图 6.7 (b)]。

3. 运动员也可以在整个运动过程中进行单腿侧跳 [图 6.7 (c)]。

图 6.7 3 次和 5 次侧跳：(a) 双腿侧跳、双腿落地；(b) 双腿侧跳、单腿落地；(c) 单腿侧跳

侧向高处落地

目标

发展侧向运动的落地缓冲能力。

动作

1. 从跳箱跳下落地时主要通过屈膝屈髋的动作来缓冲地面的冲击力（图6.8）。

2. 落地时应保持稳定。

3. 根据运动员的运动能力，落地高度从较低（例如10厘米）逐渐增加到30～40厘米。

图6.8 侧向高处落地

快速伸缩复合训练

快速伸缩复合训练强调从离心（肌肉拉长）到向心（肌肉收缩）运动（称为伸长-缩短循环）的快速转换。将此类训练纳入提升下肢爆发力的训练计划，特别适用于需要快速转变运动方式（如变向、变速）的运动。

在以伸长-缩短循环为基础的运动中，由于离心（拉伸）负重的作用，会导致离心力、反射刺激和弹性作用大于正常值的出现。在训练环境中，这种现象可以进一步放大，甚至进一步突出离心伸长-缩短循环活动，例如跳蹲（反向双腿跳）动作练习。

快速伸缩复合训练应该加强运动所需的特性，如爆发力或力量，而不应该以模仿体育运动为目的。然而，还是应该使用快速伸缩复合训练来发展与体育运动相关的伸长-缩短循环能力。例如，优秀的排球运动员只需通过专项练习和比赛就可以每周进行1000~4000次反向跳跃（阻力跳跃、跳传和起跳扣球）。添加一些反向双腿跳运动，只会增加已有训练量。因此，体能训练教练必须仔细考虑快速伸缩复合训练的用途和目的，并根据运动员的需求和其他训练考虑因素，针对特定的身体素质制订训练计划。

快速伸缩复合训练非常有效。但这并不意味着越多就越好。相反，低频率（每周2~3次）和低训练量（3~6组训练，每组2~5次重复）最为合适。无节制的快速伸缩复合训练是没有必要的。充分利用训练计划需要掌握训练本身的动作。对于大多数运动员来说，在任何时候进行2~3个快速伸缩复合训练动作，就足以满足该运动项目的需求，并从该训练收获相当大的益处。

跳蹲（反向双腿跳）

目标

使用伸长 - 缩短循环来发展下肢爆发力。

动作

1. 以站立姿势开始动作，双脚分开，间距大约与肩同宽。

2. 深蹲到合适的位置［图 6.9(ａ)］，双腿迅速蹬伸跳离地面［图 6.9(ｂ)］。

3. 可以选择摆动手臂或不摆动手臂进行此训练。

图 6.9 跳蹲（反向双腿跳）：（ａ）下蹲到合适的位置；（ｂ）双腿跳姿势

深蹲跳

目标

发展下肢爆发力。

动作

1. 屈髋屈膝深蹲，并以该下蹲姿势保持 2～3 秒 [图 6.10（a）]。

2. 双腿发力，尽可能高地向上跳跃 [图 6.10（b）]。

图 6.10 深蹲跳：（a）保持下蹲的姿势；（b）跳得尽可能高的姿势

收腹跳

目标

发展运动员的下肢爆发力。

动作

1. 以一定角度的下蹲姿势开始，进行一次尽可能高的垂直纵跳动作，然后在空中双膝屈曲，小腿与大腿保持垂直（图6.11）。

2. 当身体下落时，向下伸展双腿。

3. 重复跳跃，收腹，伸直双腿。落地时，双脚爆发式接触地面，蹬地加速。

图6.11　收腹跳：（a）起始姿势；（b）跳起姿势

单腿收腹跳

目标

发展运动员的下肢爆发力。

动作

1. 该动作和双腿收腹跳相似，不同之处是用一条腿完成动作，需要运动员有更大的力量和更高的技巧。

2. 先进行一次双腿跳，并在空中屈膝。

3. 身体下落，使用单腿落地和起跳。

双腿跳深

目标

加大离心负重，以发展下肢爆发力。

动作

1. 以站立在箱子或平台上为起始姿势。

2. 从高处跳落到地面上，尽可能高地进行双腿跳动作（图 6.12）。落地后尽可能地保持身体稳定。

3. 运动员可以尝试从多个起始高度（例如 10～50 厘米）跳跃来确定能够引发最高跳跃成绩的起始高度。从最佳高度进行训练，然后再以比最佳高度高出 10 厘米的高度进行此训练。

图 6.12　双腿跳深：（a）从箱子上跳下；（b）跳至最高点

变化方式

在弹跳式深度跳跃中，从较低的高度跳落（通常比深度跳低 25%～50%），并尝试将触地时间缩到最短。

增强式离心负重双腿跳

目标

通过增加负重来提供额外刺激，以增强下肢爆发力。

动作

1. 站姿，双脚分开，间距大约与肩同宽，双臂在身体两侧伸直，每只手握住一个哑铃（总体额外负重为体重的 20%～40%）。

2. 屈膝下蹲，使哑铃降低到双膝高度，双手释放哑铃，然后迅速发力进行双腿跳（图 6.13）。

图 6.13 增强式离心负重双腿跳：（a）下蹲姿势；（b）尽可能高地双腿跳姿势

辅助跳

目标

为双腿跳提供超速刺激，以增加双腿跳速度的长期适应。

动作

1. 以站立姿势开始，将弹力带或弹力绳套在上臂上，双手抓弹力带或弹力绳［图 6.14（a）］。

2. 下蹲，同时拉伸弹力带或弹力绳，为随后的跳跃动作蓄力，然后借力进行双腿跳［图 6.14（b）］。

图 6.14 辅助跳：（a）起始姿势；（b）双腿跳姿势

跳箱

目标

发展下肢爆发力，并使训练方式多样化。

动作

1. 运动员以屈膝半蹲的姿势面对箱子站立［图6.15（a）］。箱子的高度取决于运动员的能力。

2. 从地面向箱子跳跃，然后双脚落在箱子上［图6.15（b）］。

注意： 关于这个练习的一种批判是，在许多运动中并没有这种运动模式；然而，一些运动（如冲浪、滑板、单板滑雪、跑酷和奥林匹克举重等）包含抱膝后下肢伸展的跳跃运动。运动员和教练应考虑某个特定运动背景下的具体要求和减小落地时峰值力的潜在益处。

图6.15 跳箱：（a）下蹲姿势；（b）下落姿势

跳深接跳箱

目标

在获得与跳深练习相同的益处的同时，降低跳跃时触地的冲击力。

动作

1. 先站在第一个箱子的边缘，然后向前迈步准备下落（前脚离开箱子，后脚仍然在箱子上）[图6.16（a）]。

2. 从第一个箱子下落于两个箱子之间 [图6.16（b）]。

3. 双脚触地后立即尽最大努力跳至第二个箱子上 [图6.16（c）]。两个箱子的高度取决于运动员的能力。

图6.16 跳深接跳箱：（a）起始姿势；（b）落地姿势；（c）落到箱子上的姿势

纵向分腿跳

目标

从弓箭步姿势开始，发展下肢爆发力。

动作

1. 以分腿站立（弓箭步）的姿势开始此训练［图 6.17（a）］。

2. 向上进行双腿跳，落地前在空中交换双腿的前后位置［图 6.17（b）］。

图 6.17 纵向分腿跳：（a）弓箭步姿势；（b）双腿跳姿势

脚踝弹跳（POGO）

目标

发展下肢爆发力和踝关节刚性。

动作

站直，向上双腿跳，主要通过脚踝发力来推动身体，同时脚踝主动背屈。尽量保持双腿伸直或者使用最小的膝关节和髋关节弯曲度，来进行原地上下跳（图 6.18）。

图 6.18 脚踝弹跳（POGO）

跳远

目标

发展运动员下肢水平方向运动的爆发力。

动作

1. 跳远或水平方向跳跃，是一种典型的以伸直姿势开始、双脚平行站立并主动摆臂的反向运动。

2. 尽可能远地进行双腿跳动作，双脚同时落地（图6.19）。

图6.19　跳远

负重重复性跳远

目标

通过增加负重来提供额外刺激，以发展下肢爆发力。

动作

1. 和之前的跳远训练起始姿势相似，但是需要两只手分别握一个哑铃。开始时选用较低重量的哑铃，每个哑铃几千克。

2. 双腿发力，尽可能远地向前跳（图6.20）手持重物通过双臂的挥动产生额外动量，以帮助运动员跳到比标准跳远更远的距离。

3. 双脚落地后，快速向前弹跳重复此动作，完成规定的重复次数。

图6.20　负重重复性跳远

跳深接跳远

目标

发展运动员下肢的垂直和水平方向运动的爆发力。

动作

1. 运动员先进行一次跳深动作。

2. 在落地后迅速进行双腿跳远动作。

变化方式

可以将此训练方式变为跳深接加速冲刺的水平单腿跳（从较低高度开始）。

双腿跳

目标

发展运动员下肢的水平方向运动的爆发力。

动作

1. 屈膝下蹲，然后双腿发力向前跳跃（图 6.21）。

2. 按照规定的重复次数来进行此训练。

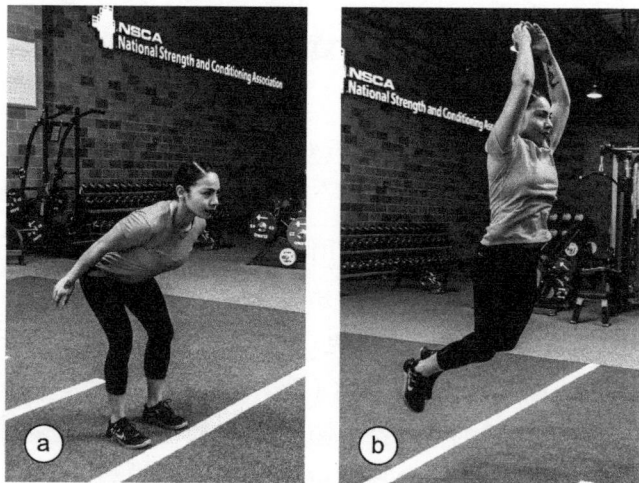

图 6.21 双腿跳：（a）起始姿势；（b）双腿跳姿势

变化方式

运动员可以单腿重复此动作，也可以单腿或者双腿跳到指定重复次数，然后加速冲刺（例如，5 次单腿跳之后 20 米加速冲刺）。

斜面跳

目标

通过斜面增加下肢弹性势能和下肢水平方向运动的爆发力。

动作

1. 站立在斜面底部，双腿跳上斜面。

2. 按规定次数重复此动作。

跳跃前进

目标

发展运动员的下肢水平方向运动的爆发力。

动作

1. 跳跃前进过程中不断换腿跨步（图 6.22）。

2. 在训练过程中，努力优化腾空时间。

3. 通常此训练的距离为 20～40 米，但可以延伸此距离提升持续爆发力。

图 6.22　跳跃前进：（a）跨右腿；（b）跨左腿

斜面跳跃前进

目标

在发展运动员下肢水平方向运动的爆发力的同时减少落地冲击力，斜面提供了更多的阻力，减小了着地时的冲击力。

动作

1. 在倾斜度小的斜面上进行标准的跳跃前进训练。

2. 通常，此训练的距离为 20～30 米，但可以延伸此距离提升持续爆发力。

"Z"字形跳跃前进

目标

发展运动员的下肢水平和侧面方向运动的爆发力，这个动作又被称为"滑冰跳"，因为它与滑冰时的运动模式相似。

动作

1. 尽可能快和有力地向斜前方沿"Z"字形换脚跳跃前进（图 6.23）。

2. 此动作训练的距离通常为 20～40 米。

图 6.23 "Z"字形跳跃前进：（a）跨右腿；（b）跨左腿

弹震式训练

弹震式训练指运动施加的阻力超出体重的训练。这些训练大都属于中级到高级水平，只有在运动员能够正确完成如蹲跳或反向运动跳跃等训练之后，才能进行弹震式训练。这些训练的负重通常较小，可以让运动速度比接近最大负重的阻力训练和奥林匹克举重训练快（尽管这些方法对于发展爆发力来说非常重要）。弹震式训练提供了多种负重，旨在针对不同的力量和速度范围。尽管负重阻力训练以获得最大力量的能力为目标，而快速伸缩复合训练的目标是能够在相对较小的负重下快速进行伸长 - 缩短循环活动，但弹震式训练还是可以在适度负重下增强爆发力。弹震式训练还可以迅速提升运动员的力量。

负重双腿跳是最常见的下肢弹震式训练。它可以在伸长 - 缩短循环参与或者不参与的情况下进行，以满足特定的体育需求。加重离心负重的蹲跳也是一种有效且相对常见的发展下肢爆发力的练习，这是因为离心动作中的附加刺激会产生比正常向心爆发力输出更大的爆发力。

下蹲运动（例如后蹲和前蹲）是公认的最好的力量训练方式之一。然而，与正常条件相比，在通过使用力量举重弹力带或重链施加适当的阻力时，将杠铃负重降低 20%～50%，会增加加速阶段的爆发力。在向心动作期间，无论是弹力带拉伸还是重链从地板上展开，整个运动向心部分的阻力都会增加。因此，运动员必须在更长的时间内施加力量。总的来说，这种运动是一种高效的下肢爆发力训练。

教练员可以通过多种方式在训练周内计划弹震式训练。一种方法是每周对所有弹震式练习专门进行一次训练，进行 5～6 个练习动作，每个 3～5 组，重复 3～5 次。还有另一种方法是在每周或每次训练课程（每周 2～5 次）中更频繁地完成较少量的弹震式训练（1～2 个练习动作，重复 3～5 次）。第九章和第十章给出了具体的训练计划示例。无论如何，与所有以速度为基础的训练一样，关注运动和输出质量（负重下的爆发力和速度）对于训练计划的成功实施至关重要。

颈后深蹲

目标

发展运动员的下肢力量和爆发力。

动作

1. 开始此动作时，双手握住杠铃，握距比肩宽，将杠铃放在肩部后侧的位置上。脚尖略朝外，挺胸，头部稍微向上倾斜［图 6.24（a）］。

2. 屈髋和屈膝降低身体重心，通常降至大腿平行于地面［图 6.24（b）］。

3. 伸髋伸膝回到起始姿势，同时将身体保持中立位。

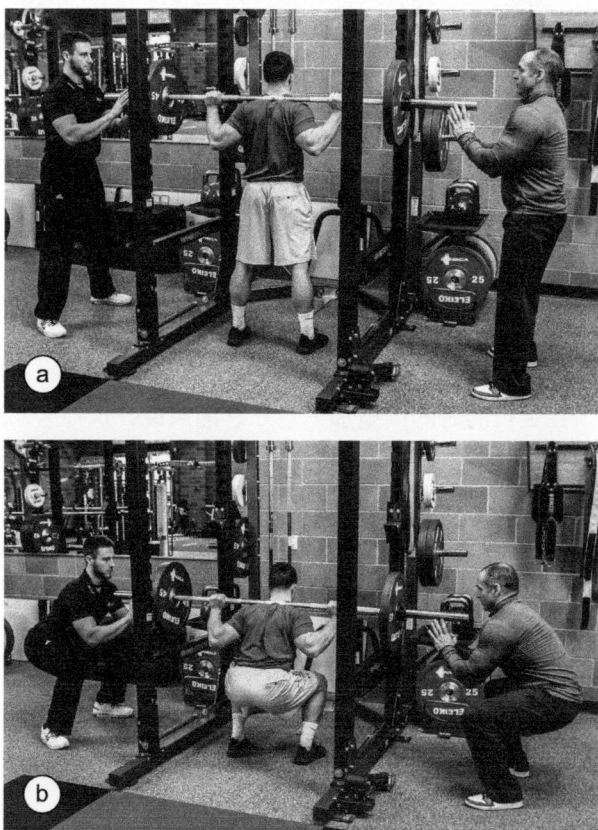

图 6.24 颈后深蹲：（a）起始姿势；（b）下降到底端的姿势

颈前深蹲

目标

发展运动员的下肢力量和爆发力。

动作

1. 开始此动作时，将杠铃放在身前肩部前侧的位置上（手臂平行或交叉）。挺胸部，头部稍微向上倾斜［图6.25（a）］。

2. 屈髋屈膝降低身体重心，通常降至大腿平行于地面［图6.25（b）］。

3. 伸髋伸膝回到起始姿势，同时将身体保持在中立位置。

注意： 在进行颈后深蹲和颈前深蹲时，要考虑采用一些安全有效的技巧。例如，配备两名防护人员，分别站在杠铃的两端。

图6.25 颈前深蹲：（a）起始姿势；（b）下降到底端的姿势

负重蹲跳

目标

使用伸长 - 缩短循环来发展下肢爆发力以及承受外部负重的能力。

动作

1. 通过杠铃或加重衣施加负重，通常，这种负重为运动员体重的 10%～50%。在某些情况下需要加大负重来满足专项运动中更高的力量需求。

2. 下蹲，然后进行垂直纵跳（图 6.26）。

注意： 在进行负重蹲跳运动时，正确的技术对于安全至关重要，因此，在使用负重之前，请确保在自重（无负重）跳蹲中动作的标准性。

图 6.26 负重蹲跳：（a）下蹲姿势；（b）垂直纵跳姿势

负重深蹲跳

目标

在不使用伸长 - 缩短循环时，发展运动员的下肢爆发力和承受外部负重的能力。

动作

1. 此训练的负重通常为运动员体重的 10%～50%，可以使用杠铃或加重衣来施加负重。在某些情况下，可以使用更大的负重。

2. 在将动作变为垂直纵跳之前，下降身体，并将最底部的姿势保持 2～3 秒。

注意： 在进行杠铃负重的深蹲跳运动时，正确的技术对于安全至关重要。此训练需要配备一名防护人员。

弹力带或链条深蹲

目标

发展运动员的下肢力量和爆发力。

动作

1. 将运动员通常用于特定重复计划的杠铃负重降低 20%～50%，来进行颈前深蹲或颈后深蹲。通过使用加厚弹力带或加重链条来增加更多的适应性阻力。

2. 增加负重将延长运动员负重做动作时加速的时间。

3. 选择的杠铃和弹力带（厚度）或链条（重量）负重应满足训练的主要需求。较小的负重会产生更高的移动速度，而较大的负重会产生更大的力量。

离心负重深蹲跳箱

目标

使用伸长 - 缩短循环来发展下肢爆发力和承受离心负重的能力。

动作

1. 使用哑铃（运动员体重的 15%～25%）来增加负重。

2. 运动员双手各持一只哑铃站立，下蹲，将哑铃降低到底端位置，释放哑铃，然后双腿跳到箱子上（图 6.27）。

图 6.27 离心负重深蹲跳箱：（a）起始姿势；（b）释放哑铃的姿势；（c）双腿跳到箱子上的姿势

拉雪橇

目标

发展运动员的下肢水平方向运动的爆发力。

动作

1. 拉雪橇需要一个带子和一个可负重的雪橇，运动员在加速冲刺的同时拉动雪橇（图 6.28）。

2. 根据运动员的目标选择负重和距离。较短的距离（例如 10～30 米）可以获得高质量的训练效果。负重不应太大，否则会破坏跑步机制。

注意： 雪橇和地面之间的摩擦力会影响负重。

图 6.28 拉雪橇

推雪橇

目标

发展运动员的水平爆发力。

动作

1. 推雪橇和拉雪橇的训练方式很相似，但是运动员需要推动雪橇来使雪橇加速向前（图 6.29）。

2. 推雪橇适用于不使用手臂力量而使用腿部水平方向爆发力的运动（如美式橄榄球和英式橄榄球）。

图 6.29 推雪橇

抗阻性多方向加速训练

目的

发展下肢的多方向爆发力。

动作

1. 将弹力带绕过腰部，让搭档拉住弹力带，或者将弹力带固定在外部物体上，然后进行篮球运动中的横向折返跑（侧滑步）或者排球运动中的横向箭步走训练（图 6.30）。

2. 该动作适用于进行变向的运动项目，包含前进、横向和后退等方向。

注意： 运动的距离取决于运动类型。

图 6.30 抗阻性多方向加速训练

结论

对于发展下肢爆发力，教练员和运动员可以采用多种有效的训练方法。在选择训练动作和方法时，需要考虑两个主要因素。第一，必须考虑到运动员从事的体育项目和运动环境，从而使训练可以更加贴近实际比赛的需求。第二，通过了解运动员的优势和劣势，分析其可以改善或者增强的方面。将这两个因素结合起来考虑，有助于教练员和运动员为下肢爆发力训练做出恰当的决策，并制订合理的训练计划。

全身爆发力训练

亚当·斯托雷（Adam Storey），
博士

竞技举重运动需要运动员在比赛中做两种多关节、全身性的动作：抓举和挺举。这些动作要求运动员以爆发性的方式运用很大的力量，以连续的动作将杠铃从地面举至超过头顶的位置或者肩部位置。研究表明，在做这些动作的过程中，举重运动员能够产生绝对峰值爆发力和相对峰值爆发力输出[8-11]。

尽管这两种竞技动作是竞技举重运动员训练方案的基础，但是训练中还应包括其他几种补充训练动作，它们与上述两种训练动作有着相似的运动模式（如高抓和悬垂高抓、高翻和悬垂高翻、宽拉和窄拉、颈前深蹲和颈后深蹲）[16]。这些补充训练通常被纳入其他力量和爆发力训练计划，因为举重和跳跃运动（即踝关节、膝关节和髋关节爆发性伸展）的推进阶段之间存在运动的相似性[2, 3, 6, 7, 12, 13]。由于这些训练的举重能力与跳跃、短跑[1, 3, 4, 13, 17]和敏捷性测试[13]期间的爆发力输出之间存在着显著的关系，因此它们也被经常使用。

在抓举和挺举期间，举重运动员能够在1RM[5, 14, 15]的70%～80%的负重下产生峰值爆发力，这证明在高负重条件下产生峰值爆发力的能力得到提高。因此，需要产生较高的峰值爆发力输出，以抵御较大的外部负荷的运动员（例如摔跤、雪橇和美式橄榄球运动员），可能会从高负重的举重式训练中获益。

本章详细介绍了从举重衍生的全身爆发力训练的目的和教学过程。由于这些运动的高速性和复杂性，没有经验的举重运动员在尝试学习这些举重运动时，应寻求经过认证的体能训练专家的指导。此外，举重运动员应该确保他们在增加负重之前能够正确地完成这些训练。

全身爆发力训练过程中的关键

本章中概述的训练使用以下术语进行描述。

钩握杠铃

当抓住杠铃时，食指和中指包裹在拇指的顶部，以便对拇指和杠铃施加压力（图7.1）。在奥林匹克举重的发力拉动阶段，钩握可以最大限度地减少运动员握杠失败的概率。

图7.1 钩握杠铃

抓举相关训练动作的手握位置

在与抓举有关的训练中，使用反手宽握（也称为内旋）。双手握杠的距离宽度取决于运动员的手臂长度、肩部柔韧性和健康状态。确定抓举动作握杠铃的最佳宽度的简单方法是测量从肩部外侧到对侧手臂握拳末端的长度，对侧手臂与身体成90°外展（图7.2）。抓举相关训练测量的距离为抓杠时双手食指之间的距离。另一种方法是肘到肘法（也被称为稻草人法）。

图7.2 抓举动作握杠铃的最佳宽度

直臂过顶位置

身体直立，将杠铃举过头顶，以恢复姿势站立。杠铃位于运动员耳朵的上方和后方。从侧面看时，运动员的耳朵不应该被手臂挡住（图7.3）。杠铃应该在手掌中，手腕略微伸展。

爆发力变式

高抓和高翻被归类为在大腿水平位置上方的运动。如果举重运动员下降到大腿水平位置以下，那么该动作分别被认为是完全的深蹲抓举和完全的深蹲高翻。尽管完全的深蹲变化能够使优秀运动员的负荷提升约20%，并因此成为他们在奥林匹克举重比赛中展现出较高竞技水平的原因，但与爆发力变化相比，他们需要更高程度的技术掌握度、灵活性和力量。

图7.3　抓举与挺举相关训练动作的过顶位置

悬垂变式

悬垂指的是在膝关节上方的开始位置。如果训练没有说明悬垂的位置，则假定该动作是从地面开始的。

拉的变式

抓举和高翻训练的拉动变化强调下肢的三关节伸展，紧接着是迅速发力的提肩动作。除快速抓举和快速拉变式以外，手臂应保持放松状态，不要主动地试图向上拉杠铃；在运动员完成下肢三关节伸展和上肢提肩后，开始弯曲肘部。当杠铃达到最高点后，运动员屈髋屈膝，并将杠铃放低回到起始位置。

抓举的相关训练动作

悬垂高抓

目的

在垂直平面上发展爆发力。这个动作比从地面上高抓的技术要求低。

动作

1. 使用反手宽握、钩握的方式握住设置在大腿中部高度的杠铃架（或杠铃垫块）上的负重杠铃。

2. 面向前方，双脚分开，间距在髋宽和肩宽之间。

3. 膝盖略微弯曲，脊柱保持中立位，屈髋，躯干前倾，让杠铃沿大腿向下移动到膝盖上方的起始位置（即悬垂位置）[图 7.4（a）]。在这个位置，肩部应该在杠铃上方，双肘方向朝外，面朝前方。

4. 快速伸展髋关节、膝关节和踝关节，同时保持肩部位置在杠铃上方。

5. 让杠铃沿大腿向上滑动，以确保其尽可能靠近身体。

6. 当下肢关节达到完全伸展时，迅速提肩。

7. 当肩部达到最高点时，肘部弯曲，开始拉动杠铃使其高于身体 [图 7.4（b）]。

8. 同时屈髋屈膝，成四分之一蹲，并继续拉动杠铃高于身体。

9. 杠铃逐渐向上超过头顶高度，直到以直臂过头姿势抓住杠铃。

10. 将杠铃保持在直臂过顶位置 [图 7.4（c）]，恢复到站立姿势，保持一定时间。

11. 以受控制的方式，通过肘部弯曲来降低杠铃，并减少肩部的肌肉紧张度，逐渐将杠铃降低到初始高度。

图7.4 悬垂高抓：（a）起始姿势；（b）髋关节、膝关节和踝关节三关节伸展；（c）直立姿势

垫块高抓

目的

在垂直平面上发展爆发力。

动作

1. 使用反手宽握、钩握的方式握住一个位于一组垫块上的负重杠铃。垫块的高度应该使杠铃位于膝盖以上。

2. 在起始位置，肩部应该在杠铃上方，双肘方向朝外，面朝前方［图 7.5 （a）］。

3. 垫块高抓［图 7.5 （b）（c）］请参考悬垂高抓的步骤。

注意： 使用不同高度的垫块，来关注运动的不同阶段或使训练更多样化。例如，低垫块可以让杠铃的起始位置恰好位于膝盖水平以下，这将使运动员能够专注于第一次拉动（即从地面到膝关节以下）到第二次拉动（即从膝关节以上到髋关节和膝关节最大伸展位置）之间的过渡阶段。相反，较高的垫块可以让负重杠铃位于大腿中部的起始位置，使运动员可以重点关注髋关节和膝关节的快速伸展。

图 7.5 垫块高抓

地面高抓

目的

在垂直平面上发展爆发力。

动作

1. 负重杠铃位于地面上。

2. 站姿，杠铃靠近小腿，屈髋屈膝，俯身，并使用反手宽握、钩握的方式握住杠铃。

3. 双脚分开，间距介于髋宽和肩宽之间。双脚略微外展。

4. 降低臀部，挺起胸部，肘关节向外，眼睛稍向上看，头部位置与脊柱对齐，保持脊柱中立位，肩部必须在杠铃上方［图7.6（a）］。

5. 伸膝伸髋开始运动，将杠铃从地面上提起，同时保持杠铃靠近小腿。这个训练的初始阶段，杠铃不超过膝盖，沿小腿滑动，被称为第一次拉动。在这个阶段，保持脊柱中立位，肩部在杠铃上方。

6. 当杠铃上升到膝盖位置时，开始第二次拉动，使它能够沿大腿滑动。

7. 迅速伸展髋关节、膝关节和踝关节（三关节伸展）。这个阶段的爆发式动作可能会导致双脚离开地面。

8. 随着下肢关节完全伸展，肩部迅速提起［图7.6（b）］。

9. 当肩部达到最高点时，肘部开始弯曲拉动杠铃高于身体。

10. 同时屈髋屈膝，成四分之一蹲，同时继续用力拉动杠铃高于身体。

11. 杠铃逐渐向上超过头顶高度，直到以直臂过顶姿势抓住杠铃［图7.6（c）］。

12. 将杠铃保持在直臂过顶位置，恢复到站立位置，保持一定时间［图7.6（d）］。

13. 有控制地通过肘部弯曲来降低杠铃，并减少肩部的肌肉张力，逐渐将杠铃下降到地面。

图7.6 地面高抓：（a）起始姿势；（b）髋关节、膝关节、踝关节三关节伸展；（c）抓举；（d）直立姿势

大重量地面宽拉

目的

在动作的第二个拉动阶段期间，发展从地面拉起的力量和爆发力。

动作

1. 运动员呈站姿，负重杠铃位于地面上。

2. 双脚分开，间距大约与肩同宽。脚和膝盖略微外展。

3. 屈髋屈膝，俯身，使用反手宽握、钩握的方式握住杠铃。保持脊柱中立位，同时，肩部必须保持在杠铃上方的位置［图 7.7（a）］。

4. 伸膝伸髋，同时保持杠铃沿小腿滑动且不超过膝盖，从地面上提起杠铃开始运动。这个阶段是第一次拉动。脊柱保持在中立位，肩部在杠铃上方。

5. 当杠铃升至膝盖位置时，开始第二次拉动，使其沿大腿滑动。

6. 快速伸展髋关节、膝关节和踝关节（三关节伸展），肩部与杠铃在一条直线上，肘关节指向身体两侧［图 7.7（b）］。

7. 让杠铃沿着大腿滑动，以确保它尽可能地靠近身体。

8. 当下肢的关节达到完全伸展时，快速提肩［图 7.7（c）］。

9. 让肘关节以一种自然的、放松的方式弯曲，从而使杠铃在垂直平面上升过程中保持接近身体。

10. 在杠铃达到最高点后，屈髋屈膝，将杠铃降低到地面上的起始位置。在这个阶段，脊柱保持中立位，肩部在杠铃上方。

注意： 在这个训练中，手臂应该保持放松，并且不要在最高伸展阶段主动尝试拉动杠铃。强调下肢的三关节伸展，紧接着是突然发力的提肩。

图7.7 大重量地面宽拉：（a）起始姿势；（b）髋关节、膝关节、踝关节三关节伸展；（c）提肩

大重量垫块宽拉

目的

在动作的第二个拉动阶段发展爆发力。

动作

1. 使用反手宽握、钩握的方式，从一组垫块上握住杠铃。垫块的高度应使杠铃位于膝盖上方。

2. 在起始位置，肩部应在杠铃上方，双肘方向朝外，面朝前方［图 7.8（a）］。

3. 迅速伸展髋关节、膝关节和踝关节（三关节伸展），肩部与杠铃在一条直线上，肘关节指向身体两侧［图 7.8（b）］。

4. 让杠铃沿大腿向上滑动，以确保其尽可能靠近身体。

5. 当下肢关节完全伸展时，迅速提肩。

6. 自然屈肘，从而使杠铃在垂直平面上升时保持接近身体。

7. 在杠铃达到最高点后，屈髋屈膝，将杠铃降低到垫块上的起始位置。

注意： 使用不同高度的垫块可以关注不同训练阶段，或者使训练更加有针对性（例如，可匹配特定运动项目起始位置的关节角度）。另外，在这个训练中，手臂应该保持放松状态，在伸髋最后阶段，不要积极地去尝试拉杠铃杆。

图 7.8 大重量垫块宽拉：（a）起始位置；（b）髋关节、膝关节、踝关节三关节伸展

地面快速宽拉

目的

在垂直平面上发展爆发力。这个训练还可以使运动员在达到过顶位置之前，能够有效地训练从第二次爆发性拉动，到"下拉杠铃"阶段的过渡时机和力学机制。

动作

1. 要从地面完成快速宽拉，请参阅大重量地面宽拉的步骤。

2. 当肩部到达最高点时，屈肘，迅速拉起身体至杠铃下方，迅速将脚移动至接铃位置。在这个阶段躯干保持相对直立，胸部不应靠在杠铃上（图7.9）。

3. 运动过程中尽量保持杠铃靠近身体，并强调动作的速度。因此，运动的速度在很大程度上决定了应该使用的负重。

4. 在完成快速拉阶段后，屈髋屈膝，使杠铃回到起始位置。在这个阶段，脊柱保持中立位，杠铃在肩部下方。

注意： 这个动作对那些因为受伤或关节灵活性问题不能在过顶接铃位置伸直手臂的运动员是理想的练习。

图7.9 地面快速宽拉

垫块快速宽拉

目的

在垂直平面上发展爆发力。

动作

1. 使用反手宽握、钩握的方式，从一组垫块上握住负重杠铃。垫块的高度应使杠铃位于膝盖水平的上方。

2. 在起始位置时，肩部应该在杠铃上方，双肘方向朝外，面朝前方。

3. 迅速伸展髋关节、膝关节和踝关节（三关节伸展），肩部与杠铃在一条直线上，肘关节向外指向身体两侧。

4. 在完成快速上拉之后（图 7.10），请参阅地面快速宽拉步骤。

5. 在完成快速拉起阶段中，屈髋屈膝，使杠铃下降至垫块上起始位置。在这个过程中，脊柱保持中立位，肩部在杠铃下方。

图 7.10　垫块快速宽拉

注意： 这个动作速度较快、动作较复杂，请勿在疲劳的情况下进行。在整个过程中必须保持正确的姿势。

单臂哑铃抓举

目的

在垂直平面上发展爆发力。这个动作比杠铃抓举变式的技术要求低。

动作

1. 双脚分开，间距大约与肩同宽，将一个哑铃置于双脚之间的地面上。脚和膝盖略微外展。

2. 屈髋屈膝下蹲，单手反手抓握哑铃。肩部在哑铃上方，手臂完全伸展［图 7.11（a）］。运动员也可以从悬垂位置开始训练，将哑铃提升到膝盖水平，而不是从地面开始。

3. 快速伸展髋关节、膝关节和踝关节开始向上运动，同时保持肩部在哑铃上方位置。

4. 让哑铃在垂直平面上移动上升，同时尽可能靠近大腿。

5. 当下肢关节达到完全伸展时，抓握哑铃的一侧迅速提肩。将另一只手放在另一侧的臀部上，或者保持在身体另外一侧。

6. 当肩部达到最高点时，弯曲肘部以拉动哑铃使其高过身体［图 7.11（b）］。这个阶段的爆发性可能会导致脚离开地面。

7. 同时屈髋屈膝，成四分之一蹲，继续用力拉动哑铃高过身体。

8. 哑铃逐渐向上超过头顶高度，直到以直臂过顶姿势抓住哑铃，此时哑铃位于运动员耳朵的后上方［图 7.11（c）］。从侧面看，运动员的耳朵不被手臂遮挡。将另一只手放在另一侧的臀部上或者将另一只手伸出获得平衡。

9. 保持哑铃位于直臂过顶位置，恢复到站立姿势，保持一定时间。

10. 有控制地将哑铃降低到肩上，然后到大腿，最后放到地面上。在哑铃抓举的悬垂变式训练中，在重复动作之间，哑铃不放回地面。

图 7.11 单臂哑铃抓举

高翻相关的训练动作

悬垂高翻

目的

在垂直平面上发展爆发力。悬垂高翻比从地面上高翻的技术要求低。

动作

1. 使用反握方式（握距稍宽于肩宽）握住位于大腿中部高度的杠铃架（或一组垫块）上的负重杠铃。

2. 双脚分开，间距大约与肩同宽，脚尖略朝外。

3. 轻微屈膝、屈髋使躯干前倾，杠铃沿大腿移动至刚好位于膝盖上方［图 7.12（a）］。在这个位置，肩部应该在杠铃上方，双肘方向朝外，头部与脊柱在一条直线上。

4. 快速伸展髋关节、膝关节和踝关节开始向上运动，同时保持肩部位于杠铃上方。

5. 让杠铃沿着大腿滑动，以确保它尽可能接近身体。

6. 当下肢关节达到完全伸展时，迅速提肩。

7. 当肩部达到最高点时，弯曲肘部使杠铃在垂直平面继续上升［图 7.12（b）］。这个阶段的爆发性可能会导致脚离开地面。

8. 屈髋屈膝，成四分之一蹲，继续用力拉动杠铃使其高于身体。

9. 当杠铃接近肩部高度时，迅速屈肘、翻腕，使杠铃沿弧形轨迹移动到肩部前方［图 7.12（c）］。

10. 在抓握的位置，躯干几乎是直立的，肩部略微在臀部前方。头部保持在中立位。

11. 将杠铃置于肩部前方，恢复到直立姿势［图 7.12（d）］。

12. 有控制地降低肘部，从肩部放下杠铃，然后慢慢地将杠铃降低到大腿起始位置。

图 7.12　悬垂高翻：（a）起始姿势；（b）髋关节、膝关节、踝关节三关节伸展，提肩，肘部弯曲；（c）高翻；（d）直立姿势

垫块高翻

目的

在垂直平面上发展爆发力。

动作

1. 使用反握的方式（握距稍宽于肩宽）握住一组垫块上的负重杠铃。垫块的高度应使杠铃位于膝盖上方。

2. 在起始位置时，肩部在杠铃上方，双肘方向朝外，头部与脊柱在一条直线上［图7.13（a）］。

3. 要完成垫块高翻［图7.13（b）、（c）］，请参考悬垂高翻的步骤。

4. 在完成动作恢复阶段，有控制地降低肘部，从肩部放下杠铃，然后慢慢地将杠铃降低到垫块上。

注意: 使用不同高度的垫块，以便运动员可以专注于训练的不同阶段。

图7.13 垫块高翻:（a）起始姿势;（b）髋关节、膝关节、踝关节三关节伸展，提肩，肘部弯曲;（c）直立姿势

地面高翻

目的

在垂直平面上从地面发展爆发力。

动作

1. 负重杠铃置于地面上。

2. 站姿，双脚分开，间距大约与肩同宽，脚尖朝前或略朝外。屈髋屈膝、俯身，双手反握杠铃，使杠铃大致位于双脚正上方的位置。

3. 为了达到一个理想的起始姿势，握距比肩略宽，向内旋转，钩握，降低臀部，挺胸，肘关节指向外侧，眼睛稍向上看。保持背部挺直，同时，肩部在杠铃的上方［图 7.14（a）］。

4. 伸膝伸髋，开始第一次拉动（杠铃沿小腿滑动），同时保持肩部在杠铃上方。动作过程中，肩部抬起之前，臀部不能先抬起，躯干与地面的角度保持不变。

5. 当杠铃升至膝盖位置时，开始第二次拉动，使它沿大腿向上滑动。

6. 迅速伸展髋关节、膝关节和踝关节，肩部与杠铃在一条直线上，双肘方向朝外。

7. 当下肢关节达到完全伸展时，迅速提肩。

8. 当肩部达到最高点时，弯曲肘部使杠铃在垂直平面继续上升。这个阶段的爆发性可能导致脚离开地面［图 7.14（b）］。

9. 屈髋屈膝，成四分之一蹲，同时继续用力拉动杠铃。

10. 当杠铃接近肩部高度时，迅速屈肘、翻腕，使杠铃沿弧形轨迹移动到肩部前方［图 7.14（c）］。

11. 翻上之后，躯干几乎直立，肩部稍微在臀部前面，头部处于中立位。

12. 将杠铃放在肩部的前方，然后恢复到直立姿势。

13. 有控制地降低肘部，从肩部放下杠铃，然后慢慢地将杠铃放到地面。

图 7.14 地面高翻:(a)起始姿势;(b)髋关节、膝关节、踝关节三关节伸展,提肩,肘部弯曲;(c)高翻姿势

大重量地面窄拉

目的

在第二个拉动阶段发展脱离地面的力量和爆发力。

动作

1. 负重杠铃位于地面上。

2. 双脚分开，间距大约与肩同宽，脚略微向前向外，屈髋屈膝、俯身，双手反握杠铃，使杠铃大致位于双脚正上方的位置。

3. 为了达到一个理想的起始姿势，握距比肩略宽，向内旋转，钩握，降低臀部，挺胸，肘关节指向外侧，眼睛稍向上看。保持背部挺直，同时，肩部必须保持在杠铃上方。

4. 伸膝伸髋开始第一次拉动（杠铃沿小腿滑动），肩部位于杠铃上方［图7.15(a)］。动作过程中，肩部抬起之前，臀部不能先抬起，躯干与地面的角度保持不变。

5. 当杠铃升至膝盖位置时，开始第二次拉动，使其沿大腿滑动。

6. 迅速伸展髋关节、膝关节和踝关节，同时肩部与杠铃保持在一条直线上，双肘方向朝外。

7. 当下肢关节达到完全伸展时，迅速提肩［图7.15（b）］。

图7.15　大重量地面窄拉：（a）第一次拉动；（b）髋关节、膝关节、踝关节三关节伸展，提肩

8. 当肩部达到最高点时，自然屈肘，这使得杠铃在垂直平面上升时，能够贴近身体。

9. 在杠铃达到最高点后，屈髋屈膝，将杠铃降低到地面的起始位置。在这个阶段，脊柱保持中立位，肩部在杠铃上方。

注意： 在训练过程中，保持双臂放松。在最后的伸展阶段，不要积极地尝试去主动拉杠铃杆。

大重量垫块窄拉

目的

在第二个拉动阶段发展爆发力。

动作

1. 使用反握的方式（握距稍比肩宽），握住一组垫块上的负重杠铃。垫块的高度应使杠铃位于膝盖上方。

2. 在起始位置时，肩部在杠铃上方，双肘方向朝外，头部与脊柱在一条直线上。

3. 迅速伸展髋关节、膝关节和踝关节，同时肩部与杠铃保持一条直线，肘部指向两侧。

4. 让杠铃沿大腿向上滑动，以确保其尽可能靠近身体。

5. 当下肢关节达到完全伸展时，迅速提肩。

6. 自然屈肘，使杠铃继续上升，但不超过头顶。

7. 在杠铃达到最高点后，屈髋屈膝，将杠铃降低到垫块上的起始位置。在这个阶段，脊柱保持中立位，肩部在杠铃上方。

地面快速窄拉

目的

在垂直平面上从地面发展爆发力。

动作

1. 要完成地面快速窄拉，请参考大重量地面窄拉的步骤。

2. 当肩部到最高点时屈肘，脚迅速进入接铃位置（图7.16）。在这个过程中，躯干应保持相对直立，胸部不应靠在杠铃上。

3. 在这个动作过程中，尽量保持杠铃靠近身体，并且强调爆发性的第二次拉动阶段。

4. 在完成快速拉阶段后，屈膝降低臀部，将杠铃放置起始位置。在这个阶段，脊柱保持在中立位，肩部在杠铃上方。

图7.16 地面快速窄拉

注意： 对于因受伤或功能性问题而无法达到高翻抓举位置的运动员，此训练非常适用。但是，如果运动员在高翻相关训练的第二次拉动过程中，躯干不能完全伸展，不建议使用此训练，因为它可以强化不良技术习惯。运动员在训练时应避免过度使用手臂。由此产生的运动速度很大程度上决定了可以使用的负重。疲劳时不要进行此训练，因为整个训练过程中必须始终遵守正确的技巧。

垫块快速窄拉

目的

在垂直平面上发展爆发力。

动作

1. 使用反握的方式（握距稍比肩宽）握住一组垫块上的负重杠铃。垫块的高度应使杠铃位于膝盖上方。

2. 在起始位置时，肩部在杠铃上方，双肘方向朝外，头部与脊柱在一条直线上 [图 7.17（a）]。

3. 迅速伸展髋关节、膝关节和踝关节（三关节伸展），同时肩部与杠铃保持一条直线，肘部指向两侧。要完成垫块快速窄拉 [图 7.17（b）（c）]，请参阅地面快速窄拉的步骤。

4. 完成快速窄拉后，膝关节和髋关节弯曲，将杠铃降低到垫块的起始位置。在这个阶段，脊柱应保持中立位，肩部在杠铃上方。

注意： 这个动作速度较快、动作较复杂，请勿在疲劳的情况下进行。在整个过程中必须保持正确的姿势。

图 7.17 垫块快速窄拉：（a）起始位置；（b）髋关节、膝关节、踝关节三关节伸展，提肩；（c）杠铃到达最高点

挺举相关训练动作

杠铃推举

目的

发展过顶力量和爆发力。

动作

1. 使用反握的方式（握距稍宽于肩）握住杠铃，将杠铃放置于肩部，类似于高翻接铃位置［图 7.18（a）］。

2. 双脚分开，与肩同宽，双脚稍微外展。

3. 屈髋屈膝，下蹲。下降幅度相对较小，不超过四分之一蹲位［图 7.18（b）］。

图 7.18 杠铃推举：（a）起始姿势；（b）下降；（c）发力阶段结束

4. 在下降的最低点，通过伸展髋关节、膝关节和踝关节发力，向上举起杠铃。

5. 使用腿部驱动产生的动量，用力将杠铃推过头顶，继续这个动作，当杠铃经过脸部时，头部从下巴内收姿势变为稍微向前的姿势［图 7.18（c）］。

6. 在直臂过顶位置，杠铃应稍微在耳朵后方。

7. 通过逐渐减小手臂的肌肉张力来降低杠铃，使杠铃受控制地下降到肩部，同时屈髋屈膝以缓冲冲击力。

注意： 在将杠铃推过头顶时，身体保持直立。这与下面将要介绍的杠铃挺举不同。

杠铃挺举

目的

发展过顶力量和爆发力。

动作

1. 使用反握的方式（握距稍宽于肩）握住杠铃，将杠铃放置于肩部，类似于高翻接铃位置［图 7.19（a）］。

2. 双脚分开，与肩同宽，双脚稍微外展。

3. 屈髋屈膝，下蹲下降幅度相对较小，不应超过四分之一蹲位。

4. 在下降的最低点，通过伸展髋关节、膝关节和踝关节发力，向上举起杠铃。在发力到举至最高点期间，杠铃应保持垂直运动路径［图 7.19（b）］。

5. 利用腿部驱动产生的动量，爆发性地向上推动杠铃［图 7.19（c）］，继续这个动作，使其进入直臂过顶接铃位置。随着杠铃越过脸部，头部从下巴内收姿势变为稍微向前的姿势。

6. 在直臂过顶接铃位置，杠铃略微位于耳朵后方，膝关节弯曲至大约四分之一蹲位［图 7.19（d）］。

7. 将杠铃保持在直臂过顶接铃位置的同时恢复站立姿势。

8. 通过逐渐减小手臂的肌肉张力来降低杠铃，将杠铃有控制地下降到肩部，同时屈髋屈膝以缓冲冲击力。

图 7.19 杠铃挺举：（a）起始姿势；（b）下降的最低点；（c）腿部发力；（d）接铃位置

杠铃箭步挺举

目的

发展过顶力量和爆发力。

动作

1. 使用反握方式握住杠铃，握距略比肩宽，杠铃放在肩部和胸部的上部。

2. 双脚分开，间距大约与肩同宽，脚尖略朝外［图7.20（a）］。

3. 屈髋屈膝，下蹲［图7.20（b）］。下降幅度应相对较小，不得超过四分之一蹲位。

4. 在下降的最低点，通过伸展髋关节、膝关节和踝关节发力，向上推举杠铃过顶。随着杠铃越过脸部，头部从下巴内收姿势变为稍微向前的姿势。在挺举发力阶段，杠铃应保持垂直的直线运动轨迹。

5. 随着双臂推举杠铃至最高点，双腿前后分开呈箭步姿势以保持身体稳定［图7.20（c）］。

6. 在过顶接铃位置，杠铃应位于耳后。另外，后脚的脚跟应从地面抬起，将重量均匀分布在双脚上。

7. 将前脚返回到起始位置，然后将后脚返回到起始位置，身体恢复直立姿势［图7.20（d）］。

8. 通过减少手臂的肌肉张力逐渐降低杠铃，使杠铃能够受控制地降低到肩部，同时屈髋屈膝以缓冲冲击力。

图 7.20 杠铃箭步挺举：(a) 起始姿势；(b) 下蹲；(c) 发力阶段结束；(d) 直立姿势

哑铃高翻到推举

目的

发展全身伸展和过顶爆发力。

动作

1. 首先使用对握法握住一对哑铃。双脚分开，间距为髋宽到肩宽之间，脚尖略朝外［图7.21（a）］。

2. 稍微弯曲髋关节和膝关节，使哑铃高度位于大腿外侧中部。

3. 迅速伸展髋关节、膝关节和踝关节。

4. 当下肢关节完全伸展时，迅速提肩。

5. 当肩部达到最高点时，弯曲肘部，使哑铃继续向上运动，直至哑铃位于肩部前方。同时，在抓举阶段，屈髋屈膝以缓冲哑铃的冲击力［图7.21（b）］。

6. 哑铃抓举阶段结束之后，继续发力，使哑铃从肩部继续向上运动。

7. 腿部发力推动哑铃继续运动，到过顶位置［图7.21（c）］。

8. 通过逐渐减小手臂的肌肉张力来降低哑铃，将哑铃有控制地降低到肩部，同时屈髋屈膝以缓冲冲击力。

图7.21 哑铃高翻到推举：（a）起始姿势；（b）抓举阶段；（c）腿部发力，将哑铃举过头顶

结论

　　本章描述的全身爆发力训练是复杂的全身动作，对许多体育运动如跳跃、短跑和变向等具有高度的迁移作用[1, 3, 4, 13, 17]。由于这些训练的复杂性和对高速度的需求，建议在非疲劳状态下执行这些动作，以确保按照正确的技术要求执行每次重复动作。

　　本章所介绍的训练在每组位置、拉升和接铃阶段存在相似之处。因此，了解并掌握保持脊柱中立，保持杠铃靠近身体这些关键原则，提升强大的直臂过顶接铃位置，将有助于运动员掌握这些运动技术。此外，包括垫块举重或训练的简易版本（例如从悬垂位置开始），可以使运动员专注于运动的不同阶段，并使训练更加贴近他们的需求（例如，符合特定体育运动起始位置的关节角度）。

高阶爆发力训练

邓肯·N. 弗伦奇（Duncan N. French），博士

在追求肌肉爆发力水平提高的过程中，运动员和教练们都开始采用丰富多样的训练策略，这些训练策略的重点是在给定的时间常数内增强峰值瞬时爆发力（$P_{峰值}$），或者可以达到的最大爆发力（$P_{最大值}$）输出。在体育赛事中，爆发力往往被认为是运动员运动表现的决定因素[57, 96]。正如前几章所讨论的，目前许多爆发力训练方法的核心是训练的模式，例如快速伸缩复合训练、大负重抗阻训练、爆发性力量训练，以及各种跳跃、投掷、击打和弹跳动作[23, 77, 95]。然而，就像所有的体能训练一样，长时间接触相同的训练刺激，可能导致运动员的身体适应这些强加的要求，因而生理适应程度会逐渐增加，从而降低训练效果[109]。经过长期训练并且已经拥有较高肌肉力量水平的专业运动员，在接受变化过少或者负重过大的训练方案后，训练效果也表现出减弱的现象[17, 18]。在这些情况下，身体开始逐渐适应训练负荷，或者专业运动员对某种爆发力训练方法不再具有足够的敏感度，此刻就必须采用替代性训练方法或者更加高阶的训练方法。

正如前面所讨论的，机械功率来源于力与速度之间的关系。所有有效的爆发力发展计划都要通过基础方法来加以实现，而这些基础训练方法包括增强最大力量、最大收缩速度或同时增强各种体能的训练方法[10, 18, 59]。传统的大负重抗阻训练法[34]和快速伸缩复合式高速训练法[98]都被证实能够改变力 - 速度曲线的特征（第三章）。这些力 - 速度反应很可能是肌肉和肌腱超微结构的形态学改变，或者肌肉激活的神经控制适应性所导致的[19]。很显然，通过基本的训练方法可以改变影响力 - 速度曲线的组成因素；而这些变化会导致整个

力 - 速度曲线的特性随后发生改变。反之，力 - 速度关系的曲线变化也会导致机械功率乘积的上移，从而导致训练产生的最大爆发力输出出现变化（图 8.1）。

一些研究已经证明了大负重力量训练有利于肌肉产生 $P_{最大值}$[4, 17, 94]。其他研究也表明，高速训练（如快速伸缩复合训练）可以提高非连续下肢跳跃训练中的最大爆发力输出[32, 98]。然而，在体能训练的应用实践中，注重改变力 - 速度关系中某个单一影响因素，可能会产生使运动员对训练的适应度降低的风险，甚至训练将不再产生任何功效[33, 97]。相反，为了促进运动员竞技水平在一段时间内的持续提升，训练策略必须满足运动对爆发力的特定需求。因此，可以想象，单一的机械刺激或者单一的抗阻训练方法可能不适用于高水平运动员的训练[37]。在这种情况下，通过使用能够在整个力 - 速度曲线范围内产生更复杂刺激的训练方法，有可能实现针对影响运动员爆发力表现水平的结构性、局部或者整体因素的调节。因此，在正确的时间和适当的进阶中引入先进的力量训练方法可能是实现肌肉力量提升所需要的机制。

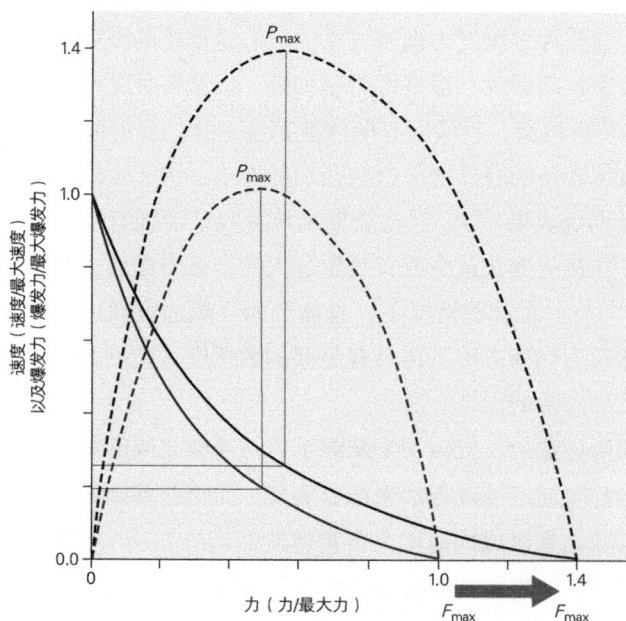

图 8.1　力 - 速度曲线各部分的改变（比如增大的最大力量）对相关爆发力输出的影响

训练理念

当传统的最大力量和力量提升速率训练方法无法产生预期的生理适应或者提高竞技水平时，从业者就必须寻找用来增强肌肉爆发力的替代方法。高阶的爆发力训练方法代表了产生训练多样性所需的生理刺激，而这些训练多样性最终能够打破训练的稳定状态，从而通过新的形态学和神经学适应促进竞技水平的持续提高[18]。在任何给定的训练方案中，都有许多机会来调整训练负重，以便使该训练负重在训练方法中被认为是更高阶的。然而，在训练达到适度进展的正确时间点，关键是要将更加复杂的训练方法引入整体体能提升训练方案中。需要注意的是，这些高阶训练方法并不是单纯地附属于基础爆发力训练方法（即提高最大力量和最大速度）；相反，高阶爆发力训练方法应该被看作是较为新颖的策略，可以根据需要对运动员的个人训练需求加以补充。在考虑采用高阶训练方法来影响并增大最大爆发力输出时，需要谨记 3 个"T"：使用的工具（tools）、采用的技术（techniques）和应用的策略（tactics）。然后可以对这些类别中的每一个进行控制，以便对整体的训练压力产生显著的刺激（图 8.2）。

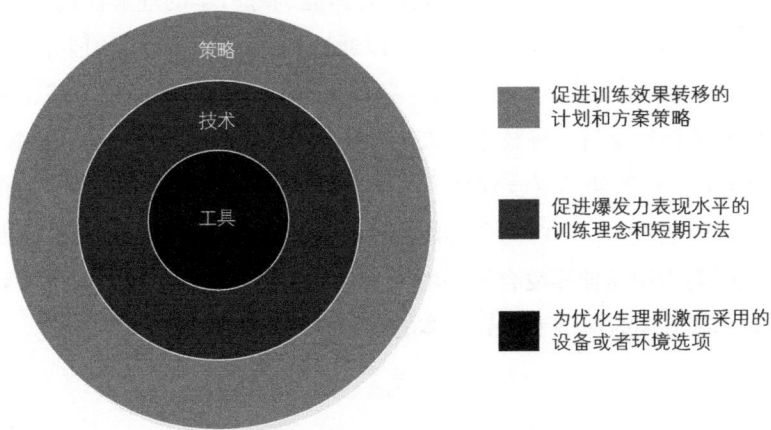

同心圆图示，从外到内依次为：策略、技术、工具

- 促进训练效果转移的计划和方案策略
- 促进爆发力表现水平的训练理念和短期方法
- 为优化生理刺激而采用的设备或者环境选项

图 8.2　高阶爆发力训练方法的组成部分：工具、技术和策略

工具

运动员或者教练为了增强训练刺激，除了可以采用爆发力训练中的传统方法之外，还可以采用其他设备或者环境选项，而这些设备或者环境选项就被称为工具。专业的体能训练人员通常将他们用来使训练变得更加具有挑战性或者更加复杂的设备，称为他们的"工具箱"。这些专业人员还会使用这一概念，对设备进行改动，来更好地反映预期的生物力学特性，并在运动员身上施加环境约束条件来挑战力 - 速度特征，他们做出改动和施加环境约束条件的方法也被视为是他们所使用的"工具"。例如，在传统的爆发力训练中，体能训练教练通常会考虑使用杠铃或哑铃来练习奥林匹克举重及变式（第七章）。这两种工具都关注髋关节、膝关节和踝关节的三关节伸展[12, 65]。然而，工具的选择极有可能会显著影响生物力学特征、运动单元的恢复和力 - 速度关系的性质[65]。

技术

爆发力训练技术是可以在给定的训练课程中加以应用，以促进肌肉爆发力的理念和方法。虽然所有的训练方法（例如，自重训练和快速伸缩复合训练）本身都可以被认为是一种技术，但我们对体能训练科学的理解在过去的 50 年中得到了长足的发展，因此我们现在可以通过训练方法所采用的训练技术对它们进行分类。例如，离心力量训练本身被普遍认为是一种训练策略，而且越来越多的科学证据支持这种技术所提供的形态和体能适应[36]。在其他领域中，"plyometrics"（快速伸缩复合训练）是一个相当常见的术语。然而，在快速伸缩复合训练的范式中，训练的分类使我们进一步认识到弹震式训练法以及那些被简单地归类为快速伸缩复合训练的技术的区别[102]。因此，在设计高阶训练方法的计划和方案时应该考虑到具体的训练技术（第三章）。

策略

高阶爆发力训练的策略可以理解为对训练方法进行全面规划的方案，它们被用在规定的训练阶段，以此来促进爆发力训练方法在运动表现上的迁移和实现。高阶训练方案是实现训练模式或训练技术可能产生的预期生理效应的核心因素。在大多数情况下，训练计划和训练方案的目的是直接调节体能和疲劳之间的关系（即超负荷和恢复）[55, 97]。这一点在采用高阶训练方法进行训练时最为明显。在训练期间，训练刺激的优化必须显而易见，由于传统的训练计划和方案未能获取更多的益处和效果，因此，我们需要引入高阶训练方法。

高阶训练的方法

任何高阶训练策略的核心都是对短期训练变量的控制和调节。体能训练专家应用不同工具、技术以及策略（3 个 "T"）的方式，会对运动员的运动表现造成非常大的影响。以下内容将对上文中提到的 3 个 "T" 进行更加详细的介绍，并将探讨哪些训练变量被证实对爆发力训练的高阶训练方法有显著影响。

高阶训练工具

为了理解为什么使用工具或者环境约束条件能够增强高阶训练方法的效果，我们必须首先研究力 - 速度特性。使用外部负重的抗阻训练方法通常被归类为以下几种。

▶ 恒定抗阻训练：在整个训练过程中外部负重保持不变[81]。

▶ 调节抗阻训练（也被称为等速抗阻训练）：在控制速度的同时使肌肉产生最大幅度的收缩[70]。

▶ 可变抗阻训练：使肌肉的力量产生能力与整个既定运动范围内的力学机制要求相匹配[106]。

在研究人体力量曲线[109]中的力矩特征（即力与关节角度之间的关系）时，这种分类就变得尤为重要。

如图 8.3 所示，我们可以将力量曲线分为 3 类：上升型力量曲线、下降型力量曲线以及钟形力量曲线[70]。上升型力量曲线的肌肉动作一般在向心阶段末期才展示出最大的力量，这时关节角度一般为最大（如颈后深蹲），而下降型力量曲线的最大力量则出现在向心肌肉动作的初期（如俯卧划船）。单关节运动，如屈臂或者腿部拉伸具有钟形力量曲线特征，力量在运动范围的中间增加到最大值，随着运动的结束而减小[106]。在特定的训练中使用影响生物力学特征的特殊设备，能够直接影响各个力量曲线的力 - 速度特性，因此会对肌肉和神经系统的刺激产生显著影响。例如，通过对训练施加可变的外部阻力，不论力量曲线的力学特征的性质如何，肌肉都可能在整个运动过程中持续产生高水平的力。

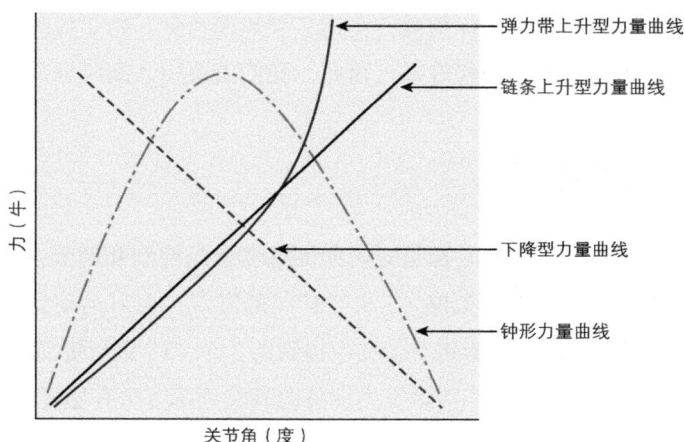

图8.3 人体力量曲线的分类

弹力带

结合负重训练使用弹性阻力是可变抗阻训练（variable resistance training，VRT）的一种形式。如图8.3所示，弹力带拉伸时的黏弹性在整个运动范围内可以提供一个渐进的，有时呈指数级增长的张力，而且不论关节角度如何[61]都会出现这种效果。弹力带可以通过改变施加在肌肉复合体上的拉伸负荷，来辅助或挑战人体的力量曲线[20, 53, 103]。在现代体能训练环境中，弹性阻力的使用正变得司空见惯。研究表明，与常规抗阻训练相比，可变阻力训练是能够更有效地增强肌肉力量和爆发力，以及整体肌电活动的方法[7, 103]。

弹力带训练在很大程度上挑战了上升型力量曲线，当弹力带完全拉伸时才会出现最大阻力。在人体生物力学中，这通常对应的是关节的完全伸展和能够产生最大力量的点[106]。这与恒定抗阻训练或负重训练不同，恒定抗阻或者负重训练中的负重在整个运动范围（range of motion，ROM）内保持不变。这是一个很重要的因素，因为肌肉的力学特性意味着在运动任务期间的各个位置存在缺陷，这是由长度和张力之间的关系导致的（即，当关节处于闭合位置时，肌动蛋白和肌球蛋白丝的重叠未能使横桥的相互作用达到最佳状态）[109]。通过对上升型力量曲线施加弹性阻力，弹力带的可变抗阻训练性质会允许肌肉系统在处于其最弱位置（如颈后深蹲的底部位置）时，施加较轻的相对负重。当肌肉的力学性能最强时（如颈后深蹲的上部三分之一处），在运动范围的某一点可以施加较大的相对负重。

实际上，随着训练动作趋向结束，弹力带产生的增量负重会通过促进高阈值运动单元的渐进式恢复，来对长度 - 张力关系进行补偿[10, 26, 54]。因此，运动单元恢复的最佳时机出现在某项运动中最具力学优势的位置[106]。这种肌肉活性的强化反映了由弹力带的黏弹性所提供的独特的神经肌肉刺激[2, 7]。

运动员在整个运动范围内加速移动负重的能力是决定爆发力大小的关键因素。在使用负重进行训练时，移动负重所需的力与保持其移动状态所需的力是不同的，这是由于系统质量所需的动量不同（即随着动量的增加，刺激会逐渐变小）。使用弹力带，能够影响某项训练的整个运动范围内可以实现的动量，因此，运动员必须对负重进行更长时间的加速移动，对负重进行加速的动作范围也会增大。在使用类似的高阶爆发力训练策略时，必须考虑到这一点。快速收缩能够增强肌肉的收缩性，任何物体的加速度与移动该物体所需的力成正比，但与其质量或惯性成反比。由于弹力带在整个运动范围内的阻力变化（即逐渐增加的张力），它们降低或消除系统动量以及促进对力的更大需求的能力，表明了这种训练方法更适用于提高爆发力表现水平所需的力 - 速度特性。

弹力带 - 抗阻训练还是辅助训练？

在使用弹力带进行可变抗阻训练时，教练和运动员可以选择各种方法。他们设置训练的方式直接影响了可能的最大爆发力输出。当弹力带与负重训练结合使用时，弹力带可能抑制或者辅助既定的训练模式。在使用弹性阻力时，将弹力带缠绕在杠铃末端，然后用重物或杠铃架的底座将弹力带固定在地面上。力矢量会产生垂直于地面的阻力[61]。在这样的训练设置中，如深蹲、肩部推举以及卧推之类的训练动作，会在杠铃位移的最低点遇到最小的阻力，而此处存在力学缺陷。这减轻了连接点的潜在影响，并且允许杠铃以更快的速度加速。随着杠铃的上移，弹力带的拉伸力和张力逐渐增加；训练中的物理因素，会随着运动单元渐进式的补充恢复，产生更高的 $P_{峰值}$[49, 70]。图 8.4 展示了一种对抗性可变抗阻训练的设置。

图 8.4 使用弹力带进行对抗性可变抗阻训练的示例

与对抗性可变抗阻训练相比，辅助性训练方法的阻力设置正好相反。在辅助性训练中，弹力带的黏弹性辅助杠铃上升对抗重力。通过在训练动作（如大负重颈后深蹲）的下降过程中将弹力带固定在一定的高度（图 8.5），弹力带将拉长，从而减少深蹲动作在底部的总负荷。弹力带的使用能够协助运动员快速离开深蹲的底部位置。随着运动员身体上升恢复站姿，弹力带的辅助作用会在整个上升过程中逐渐降低；而肌肉组织必须再一次在力学机制有利的范围内应对更多的力量产生要求。已有证据表明，辅助性可变抗阻训练能够产生更大的爆发力和速度输出，而且有报道称，作为潜在的基本力学机制，辅助性可变抗阻训练可能会提高肌肉缩短速率以及增加神经肌肉系统的活力[67, 68, 91]。

从业者只有了解训练设置如何影响生理刺激的性质，才能有效地制订可变抗阻训练技术的使用方案。当弹力带用于辅助性可变抗阻训练时，研究表明，弹力带既能补偿长度 - 张力之间的关系，又能促进高阶运动单元的渐进式恢复。的确，使用对抗性弹力带设置进行训练后，运动员的力量产生速率得到了提高[68, 86, 103]。还有报道称，对抗性弹力带训练能够延长峰值速度阶段、优化伸长 - 缩短循环（SSC），以及增加弹性储存能量。相比较而言，在竞争激烈的赛季期间，当运动员的负重水平可能受到较高疲劳程度的影响而降低，或者在加速训练阶段运动速度是主要训练目标时[106]，辅助性可变抗阻训练可能更加有

图 8.5　使用弹力带进行辅助性可变抗阻训练的示例

效。通过弹力带来辅助训练，运动员可以从运动的底部位置开始产生爆发力，从而提高该训练动作的特异性，促进高爆发力输出，并转化为运动员在许多弹震式运动中的运动表现[68, 86]。第五章和第六章概述了使用弹力带进行训练的示例。

链条

　　与通过增加弹力带带来的可变负重特性相似，使用大重量金属链条也是一种有效的方法，也能够影响抗阻训练中的力 - 速度特性。多年来，在力量和爆发力训练领域，通过加入大重量金属链条来改变一些应用广泛的抗阻训练的力量分布，已经成为了颇受欢迎的训练方法。这些辅助方法的流行已经对体能训练领域产生了深远的影响，并被广泛应用于提高运动员的运动表现。因此，市场上现在出现了许多用于这一特定训练目的的定制版链条。这种训练模式的特征能够在体育运动的范围内（即可变抗阻训练），改变针对目标肌肉或肌肉群的阻力[92]。

　　因为肌肉力量与爆发力输出密切相关，所以使用大阻力来提升肌肉爆发力是至关重要的[6]。然而，使用大阻力进行训练通常需要减缓提升负重的速度[78, 105]。缓慢的提升速度会显著削弱肌肉爆发力的表现[10, 21, 69]。因此，在高阶训练方法中，为了提高 $P_{峰值}$（峰值爆发力），运动员和教练员通常倾向于在整个运动范围内进行能够提高收缩速度的训练。如前文所述，力量曲线大致反映了在指定运动中的扭矩产生能力。在上升型力量曲线训练中，最大扭矩出现在动作的顶点附近（图8.3）；因此，从理论上讲，在杠铃从地面上升的过程中加入金属链条，应该可以产生逐渐增大的阻力，以匹配神经肌肉系统扭矩能力的变化[60, 71]。在上升型力量曲线的起始部分（如在深蹲、肩部推举和仰卧推举动作的底部），链条提供的额外负重很小，这是由于链条的重量大部分依然留在地面而不是运动员身上。因此，运动员能够更好地训练爆发力，并从训练动作的最底部开始发力，将更大的杠铃速度和动量传递给身体。随着运动范围的增大，杠铃逐渐远离地面，链条逐渐展开，不仅可以为运动员增加额外负重，还可以产生增强的肌肉刺激、更多的运动单元补充，以及更高的激活频率[8, 26]。这种出现在力量曲线初始部分的更高速度与动量的组合，能够在力量曲线的结束部分增加肌肉的活性，因此可以在指定的训练动作中逐步增大负重，产生更高的峰值爆发力输出[6]。

链条 - 强化训练刺激

越来越多的研究和现实证据表明，使用金属链条的可变抗阻训练装置，对于影响整个上升型力量曲线的负重特性至关重要。在传统的体能训练中，从业者选用了一种线性悬垂技术，也就是将链条直接固定在杠铃的任意一端，然后在地面悬垂[74]。这种线性悬垂技术导致大重量链条的大部分以静态重量悬垂。只有链条的下半部分在接触地面时才能提供可变阻力。相比较而言，许多从业人员目前正在尝试采用双环或者定位链方法。这种方法首先需要将较小的链条固定在杠铃上，然后，将另一根较重的链条穿过较小的链条。尼利等人（Neelly et al.）[74]的报告称，当使用双环法时，在颈后深蹲动作的顶部，能感受到链条重量80%～90%的负重，并在下蹲到底部时完全卸载。这意味着，在杠铃上升的过程中，链条逐渐从地面展开时，链条重量的80%～90%会逐渐增加到整体系统负重上去。相反，在线性悬垂方法中，只有35%～45%的链条总重会加入到上升型力量曲线之中，而链条的其余部分则单纯地作为静态悬垂重量[74]。这些发现表明，双环法和线性悬垂方法之间提供的可变阻力有将近两倍的差异，因此，专业人员应该意识到可变抗阻训练装置的重要性。

弹力带还是链条？

大量的研究都强调了弹力带和链条之间的差异，使用弹力带进行训练会呈现出一种曲线张力 - 变形之间的关系，而链条则呈现出线性质量 - 位移关系[6, 70, 71, 92, 103]。这些长度 - 张力关系的特征可以用来指导从业人员，以确定合适的高阶爆发力训练方法。例如，力量特征在运动结束时会产生累积效果的肌肉动作（如拳击运动中的出拳，篮球运动中的垂直跳跃），可能更适合弹力带可变抗阻训练；而需要持续施加力的动作（如橄榄球运动的并列争球，以及短跑中的起跑器起跑）可能更加适合采用链条可变抗阻训练。通过选择合适的训练方法，肌肉间的特异性可能会更接近非连续竞技运动中的力 - 速度特性。

而索里亚 - 吉拉等人（Soria-Gila et al.）[92]开展的一项研究展示了使用弹力带和链条进行的可变抗阻训练在最大肌肉力量方面的对比效果，但是他们并未开展类似的对最大爆发力适应性的全面分析，这就难以对比这些可变抗阻训练方法的优势。然而，我们并不推荐未受过专业训练的人员采用可变抗阻训练方法进行训练，原因在于该类人群使用此种训练方法获得力量特征的增强，与单独的传统负重训练是相同的[17]。另一些研究支持将可变抗阻训练作为一种高阶爆发力训练方法，与传统训练方法相比，训练有素的运动员通过可变抗阻训练能够改善自身的力 - 速度特征[2, 6, 92]。

高阶爆发力训练技术

高阶爆发力训练技术被广泛应用在运动员的日常训练环境中，并且强调与高水平爆发力输出相关的特定生物运动特征。在采用高阶训练方法时，应该考虑与所采用的训练技术相关的训练方式分类，这样做的好处是可以理清整体计划过程的要点。通过将训练的重点放在特定训练技术的实施上，可以更好地理解特定训练干预对最大爆发力输出的影响，以及它最终如何影响运动员的运动表现。

弹震式训练

简言之，区分增强肌肉力量的训练与增强肌肉爆发力的训练的关键是训练动作是否需要在整个运动范围内对负重进行加速：对负重进行加速能够产生更快的移动速度，因此产生更高的爆发力输出[3, 77]。爆发力训练是对运动员的身体或者其他负重在整个运动范围内进行加速的高速运动，这种训练的减速阶段非常有限，而且几乎没有收缩速度的减少。由于运动员通常接受教练员的指导尽可能快速地移动负重，并且常常使用相对较轻的重量来强化爆发力，因此在爆发力训练中，对加速度和运动速度的深入理解是非常重要的。然而，常规抗阻训练技术的问题在于，即使使用较轻的重量，在重复动作的后半程爆发力也会减少，以便运动员减速使杠铃达到零速度[77]。这样，运动员就可以维持其对杠铃的握力，并在整个运动范围的最后将杠铃下降低到静态位置。

当以此种传统方式进行抗阻训练时，艾略特等人[28]认为，在使用大重量训练时，24%的爆发力被用于杠铃的减速，而在轻重量训练中，52%的爆发力被用于杠铃的减速。除此之外，这种减速阶段伴随着激活的主要收缩肌肌电（EMG）活动的显著减少[28, 77]。因此，在任何一个训练动作中，完整的运动范围的四分之一实际上被用来减速，而并非产生爆发性的收缩特性。

弹震式训练指运动员在训练的整个运动范围内对负重进行加速的过程，这通常会导致负重被释放或自由移动到空间中。弹震式训练的例子见表8.1，在第五章和第六章中有更详细的描述。通过对弹震式仰卧推举训练的研究，牛顿等人（Newton et al.）[77]认为，与传统方法相比，弹震式训练产生的平均速度、峰值速度、平均力，以及最重要的平均爆发力和峰值爆发力更高。除此之外，在弹震式训练过程中，可以在高达96%的运动范围内对杠铃进行加速，从而使杠铃达到更高的峰值速度，并且使肌肉在所有向心阶段中产生张力的时间更长。在较大的负重（如大于1RM的60%）下，即使运动员较难将该负重推送

表8.1　基于力量的弹震式训练（爆发力）变化的分类

力量训练	弹震式训练（爆发力）变化
深蹲	深蹲跳
分腿深蹲	交替弓步跳
单腿蹲	单腿跳
硬拉	高翻、抓举、快速窄拉
卧推	仰卧推举
坐姿划船	卧拉
肩部推举	借力挺举
俯卧撑	拍手俯卧撑

腾空，这种发展最大爆发力输出的训练手段也会使运动员的意识优于使用传统的阻力训练方法的运动员。[16]

　　旨在提高最大爆发力输出的高阶训练，不仅需要较慢的大重量抗阻训练来增强力量，还应该包括在整个运动范围内对外界负重进行加速的高速弹震式训练[3, 75]。运动员竞技水平训练中应用最为广泛的弹震式训练包括：用于下肢训练的负重反向跳跃（countermovement jump，CMJ）（如深蹲跳），以及用于上肢训练的史密斯机推举[3, 5, 76, 77]。由于快速伸缩复合训练[32]和奥林匹克举重训练[48]通常也会有全程加速度，从本质上来说，它们也可以被视为弹震式训练。在举重运动中，杠铃的速度仅仅会受到重力的影响。例如，优秀的专业举重运动员在力量举重（颈后深蹲、硬拉以及仰卧推举）中收缩速度较为缓慢，每千克体重能够产生大约 12 瓦的爆发力[39]。相比之下，相同的举重运动员在进行奥林匹克举重动作的第二次拉动，如抓举或高翻时，平均每千克体重产生 52 瓦的爆发力[39]。这些数据很大程度上是由奥林匹克举重运动弹震式性质带来结果。在这种运动中，运动员会将杠铃加速到整个运动范围的 96%（如高翻和抓举）。在杠铃下落之前将动量转移到杠铃上，使杠铃继续上升，因此运动员可以进入抓举或者接铃的位置[100]（参见第七章）。

　　由于弹震式训练没有减速或制动阶段，因此弹震式训练的平均速度要高于非弹震式运动的平均速度。弗罗斯特等人（Frost et al.）[37]观察到弹震式训练中的运动员能够产生更大的爆发力输出，而产生更高爆发力输出的主要原因就是更高的平均速度，从而支持了上述观点。然而，莱克等人（Lake et al.）[62]对下肢弹震式训练在提高爆发力输出方面的优越性提出了质疑。通过对接受过适度训练的男性进行研究，莱克等人认为，尽管弹震式训练能够产生更高的平均速度（高出 14%），但在比较训练期间的力量产生速率时，弹震式训练方法与传统训练方法之间并没有表现出差异。这些数据继续挑战我们对与弹震式训练方法有关的运动学的理解。然而，显而易见的是，我们必须考虑对弹震式训练进行解释的方式。如果记录了瞬间峰值爆发力，我们很可能会发现，对于接受过适度训练的运动员与训练有素的高水平运动员，弹震式训练对爆发力特性的提升作用非常相近。但是，对于最大爆发力这一重要变量，弗罗斯特等人（Frost et al.）[37]认为，爆发力可以被用来区分中等水平运动员与优秀运动员。这样的比较可以让我们得出以下结论：弹震式训练方法更适用于高水平运动员，他们已经拥有高水平的肌肉力量，并且在其训练计划内需要大量复杂性和变化性，以便提高力 - 速度特性所需的适应性。

基于速度的训练

在制订高阶训练策略时，运动员和教练应考虑非连续运动技能的可训练时间，这些时间可以用来训练以产生峰值力。虽然大多数以重量为基础的力量训练通常都在数秒内完成单次重复动作，但在实际的竞技运动中，运动员很少有充足的时间来达到最大力量，而瞬时峰值力（$F_{峰值}$）大部分发生在 0.101 秒到 0.300 秒之间（表 8.2）。因此，速度特异性应该作为提升肌肉爆发力的训练的核心因素，其生理适应性很大程度上依赖于速度[54, 69]，而最大适应性出现在训练速度或者接近训练速度的节点[80]。由于近年来的技术进步和诊断技术的改进，我们深入了解非连续训练和运动模式的力 - 速度特性的机会也大大增加。因此，基于速度的训练（velocity-based training，VBT）正在成为一种流行方式，能够通过实时生物反馈来确定最佳抗阻训练的负重，该反馈报告能够显示运动员每个重复动作的表现水平。更具体地说，监测训练重复动作的速度，有助于确定训练的速度。结合从适度到大重量外部负荷时，快速做动作的意图可以在肌肉活动的向心阶段增强相对和绝对爆发力输出[84]。

为何选择基于速度的训练？

从传统来看，体能训练人员通常根据事先确定的 1RM 的百分比来确定抗阻训练的负重。许多训练动作都是在各种次最大强度（如 1RM 的 40%，颈后深蹲负重反向跳跃动作）下进行和发展的。尽管从原理来看是合理的，但是

表 8.2 非连续体育运动期间爆发力产生的时间限制

运动和动作	达到峰值力的时间（秒）	参考文献
冲刺跑	0.101（男性） 0.108（女性）	梅罗和科米（Mero and Komi）[72]
跳远	0.105～0.125（男性）	扎齐奥尔斯基（Zatsiorsky）[108]
跳高	0.15～0.23（男性） 0.14（女性）	达彭那（Dapena）[22]
跳台跳水	1.33（立定起跳） 0.15（跑动跳水）	米勒（Miller）[73]
跳台滑雪	0.25～0.30	科米和维尔玛维尔塔（Komi & Virmavirta）[58]
推铅球	0.22～0.27（男性）	兰卡（Lanka）[63]

在实践中，使用 1RM 的百分比来确定训练负重可能有些困难。除非每天设立 1RM，否则以 1RM 的特定百分比来确定训练负重的方法是有缺陷的。对 1RM 进行测试可能需要大量的时间，因此很难将其定期纳入训练计划。除此之外，1RM 测试的准确性受运动员日常动机水平的影响。此外，训练可能会导致 1RM 体能水平在一段时间内出现潜在变化，准确地获得真正的最大值可能难度较大。相比之下，基于速度的训练依赖于与杠铃或者重量移动速度有关的重复动作之间的瞬时反馈。只要运动员始终保持固定的杠铃速度阈值，就可以改变运动员在训练阶段的训练负重。因此，杠铃速度或基于速度的训练，与特定力量素质的刺激相关（图 8.6）。

研究表明，1RM 百分比的负重与对应的杠铃速度之间存在近乎完美的线性关系[41]。因此，对动作速度的监测可以用于周期训练，并促进针对爆发力表现水平所需的神经肌肉适应。通过客观测量杠铃的移动速度，而非传统的 1RM 的百分比的负重，来确定神经肌肉负荷，有助于从业者将运动速度作为支持爆发力表现水平的生理适应的挑战机制。例如，在对力量的连续区间（图 8.6）进行研究时，1RM 的 40%～60% 可以同时代表力量 - 速度特性和速度 - 力量特性，速度一般处于 0.75～1.5 米 / 秒[21]。虽然这两种特性都需要运动员表现出高水平的肌肉爆发力，但它们实际上是不同的，并且很容易通过速度来加以辨别，这是基于速度训练的一个主要优势。力量 - 速度训练被定义为尽可能快地移动适度重量的负重（即中等速度，中等负重），

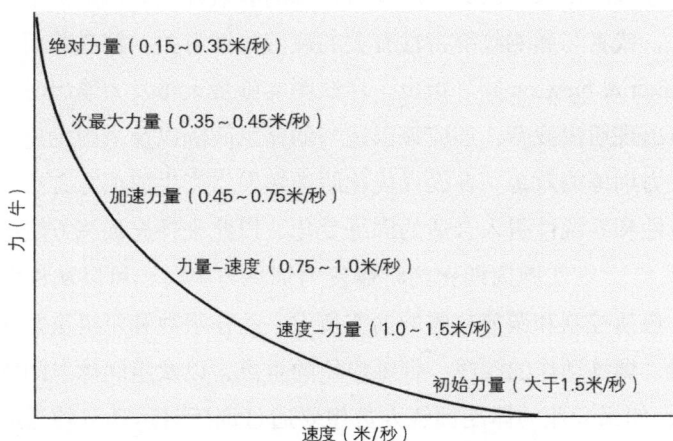

图 8.6　抗阻训练中特定力量素质与相关杠铃速度之间的关系

速度介于 0.75～1.0 米 / 秒[50, 52]。相比之下，速度 - 力量训练的速度范围一般在 1.0～1.5 米 / 秒。这种速度被描述为力量条件下的速度或者优先于力量的速度[50, 52]，因此允许运动员以更快的速度移动更轻的负重。

实际上，多项研究的结果都支持基于速度的抗阻训练的价值[9, 84, 85]。例如，兰德尔等人（Randell et al.）[85] 在一项为期 6 周的训练方案中，对一名专业橄榄球运动员深蹲跳的表现水平进行了研究。他们研究了该名运动员每次深蹲跳之后的瞬时速度反馈（峰值速度），结果表明，在针对具体运动项目的测试中，运动员的运动表现得到了提升，这就说明使用基于速度的训练反馈产生了更好的适应性和训练效果（如使用基于速度的训练能够提升 0.9%～4.6% 的运动表现，而未使用基于速度的训练只能提高 0.3%～2.8% 的运动表现）。通过在训练期间设置基于速度的目标和阈值，这些研究人员提出，行动反馈在各项运动中产生有利变化的概率为：垂直跳跃 45%，10 米短跑 65%，20 米短跑 49%，跳远 83%，30 米冲刺 99%。这些研究结果表明，基于速度的指标可能会影响运动员后续特定运动项目运动表现标准的潜力。

高阶爆发力训练策略

激活特定生理和体能适应的能力，在一定程度上可以通过改变训练需求，并在适当的时机诱发新刺激的能力进行预测[97]。爆发力的产生是由高效的神经肌肉过程导致的结果，因此，爆发力训练的有效性主要与每次重复训练动作的质量有关，或者与影响收缩特性有关的疲劳程度有关，抑或兼而有之。贝克和牛顿（Baker & Newton）[5] 指出，在试图实施最大爆发力输出时，不仅需要避免运动员出现肌肉疲劳，还应该以适当的休息间隔以及采用少量的重复次数来优化爆发力训练的效果。在设计优化肌肉爆发力产生的训练方法时，必须能够按照逻辑性和系统性引入合适的训练变化，以此来补充训练方法中某些重要的生理属性[44]。在实施周期化高阶爆发力训练方案时，可以从许多层面引入训练变化，包括控制和调节整体的训练负重、动作组数和每组重复次数、训练动作的数量、训练动作的顺序、训练模块的重点，以及组间休息间隔（见第三章）。因此，如果专业的体能训练人员想要通过训练对运动员的适应性过程产生显著影响，就必须正确考虑训练方案的计划和方案策略。

多组次数训练

为了促进肌肉的最大爆发力输出，训练动作的规定重复次数应该至少达到最大爆发力输出和速度的90%，此时，训练施加的刺激才被认为是有益的[33]。达到这样的高强度阈值是至关重要的，并且训练的方式也从根本上决定了训练方案的有效性。在传统意义上，一个训练组通常包括将一个训练动作连续进行3～20次。然而，在对这种传统训练组的设置进行研究时发现，很显然，杠铃的速度、峰值爆发力输出以及杠铃的位移在每个训练组内是随着次数逐渐降低的，而导致这种现象的主要原因就是肌肉疲劳的积累[38, 45]。为了保持每次训练动作达到竞技标准，运动员或者教练员必须加入替代备选方法。

在非疲劳状态下进行爆发力训练的能力，是使用多组次数训练的核心理念（参见第三章）。体能训练专业人员可以改变多组次数训练的结构，来强化特定的生理和体能特征。具体而言，在高阶爆发力训练方案中，多组次数训练为从业者提供了一种优化肌肉力量 - 速度能力发展的重要策略。

激活后增强作用

骨骼肌的运动特征本质上是短暂的，并且可能受到之前肌肉收缩的显著影响[88]。弗伦奇等人（French et al.）[35]报告称，在大负重训练之后，随着中枢神经系统的兴奋度增加，后续肌肉活动的力量和爆发力特征会在短时间内得到改善。这种神经兴奋的增强是一种短期生理调节的结果，并且被称为激活后增强作用（postactivation potentiation，PAP）[47, 99]。激活后增强作用在有关体能训练的文献中被广泛接受。出现激活后增强作用的先决条件是之前接受的大重量负重训练，能够最大化增强随后的爆发力活动。产生这种作用的机制是高度的神经刺激，以及伴随这种神经刺激的大量运动单元恢复和高频率电信号编码。应用这种先决条件在高阶训练方法中很常见。与改善收缩特性相关的潜在机制，归因于肌球蛋白调节轻链的磷酸化作用，这使肌纤维中肌动蛋白和肌球蛋白的收缩蛋白对钙离子更敏感。钙离子是神经活动的中枢调节器，这意味着在运动单元内发送的每个神经信号都会直接影响肌肉的收缩能力[47, 79]。也有人提出，快速收缩肌纤维运动单元的增加，也是增强力量产生的一个潜在决定性因素[99]。如果使用得当，激活后增强作用可以在爆发力训练方案中加以实施，以此来增强其他爆发性训练动作的训练刺激的强度[24, 87]。事实上，研究表明，激活后增强作用是后续肌肉活动的正偏移[43]，其表现偏移的幅度和衰减特征，与任何调节预收缩的强度和持续时间密切相关[90]。

体能训练之前的准备训练，在强化激活后增强作用的同时也会导致骨骼肌疲劳[14, 99]。因此，在激活后增强作用、疲劳度及其对肌肉后续爆发性收缩产生的影响之间寻求平衡是非常关键，也是非常困难的。影响训练表现水平的最佳窗口取决于激活后增强作用和疲劳的程度，以及衰减速率。激活后增强作用的峰值在准备训练之后立刻出现，尽管训练表现水平的峰值明显不会在这个时间出现，因为在这个时间，疲劳度也达到了最高水平。类似地，准备训练与随后的肌肉活动之间的时间间隔越长，肌肉就越能够从疲劳中恢复过来，但同时激活后增强作用的衰减程度也就越大[51]。

肌肉需要一个最佳的恢复时间才能产生激活后增强作用，并且降低疲劳度。古利希和施密特布莱歇尔（Gullich & Schmidtbleicher）[43]以及吉尔伯特等人（Gilbert et al.）[40]的研究发现，在运动员肌肉控制性收缩之后立刻进行测试，等长力量产生速率并没有发生变化；然而，在运动员充分休息4.5～12.5分钟，最多15分钟之后，等长收缩力量产生速率提高了10%～24%。通过类似的方式，基尔杜夫等人（Kilduff et al.）[56]证实了运动员在出现控制性收缩8～12分钟之后，其反向跳跃运动的峰值爆发力提高了7%～8%；查佐普洛斯等人（Chatzopoulos et al.）[13]在训练5分钟之后，测得运动员在30米冲刺跑中的表现提高了2%～3%。这些结果与弗伦奇等人（French et al.）[35]的研究结果不同，他们的研究没有包含恢复期。但是，在运动员接受3组3秒等长最大自主收缩训练之后，其跳深接跳高的高度和加速膝关节伸展的峰值扭矩均出现了大幅增加。在其他方面，基乌等人（Chiu et al.）[15]在1RM的40%的负重状态下，无法检测到3次反向跳跃运动或者3次负重深蹲跳的峰值爆发力有明显提高，即使运动员以1RM的90%负重进行颈后深蹲，然后分别设置5分钟、6分钟和7分钟的恢复期，随后再测量，依然没有测得任何显著改变。

高阶爆发力训练技术的一个重要考量方面就是单次激活后增强作用反应的幅度，以及它们如何受运动员个人特征（包括肌肉力量、纤维类型分布、训练历史和爆发力-力量比）的影响。基尔杜夫等人（Kilduff et al.）研究报道[56]：对已经具有较高肌肉力量并接受长期训练的优秀橄榄球运动员，进行3RM深蹲 12 分钟后的跳蹲测试，结果表明，运动员的肌肉力量大小（绝对和相对力量）与峰值输出爆发力之间成正相关。古尔古利斯等人[42]认为，当尝试将激活后增强作用最大化时，个体的力量水平非常重要。他们的研究表明能够完成大于 160 千克深蹲的强壮运动员，在反向跳跃运动中表现出 4% 的增长，而那些完成小于 160 千克深蹲的运动员在反向跳跃运动中的增长仅为 0.4%。这种基于力量的比较得到了细胞层面特征的支持，与具有大量慢肌纤维（Ⅰ型）的人相比，具有更多快肌纤维（Ⅱ型）的运动员能够引起更强的激活后增强反应[46]。然而，Ⅱ型纤维占主导地位的人在控制性收缩之后，也引发了最大的疲劳反应[46]，因此对激活后增强作用进行控制也是非常重要的。运动员的训练史也是激活后增强作用表现的重要考虑因素。在对为参加国家或国际水平体育竞赛而接受训练的运动员，和进行一般性抗阻训练的运动员进行比较时，基乌等人（Chiu et al.）[15]发现，激活后增强作用 - 疲劳关系的性质存在显著差异。在以 1RM 的 90% 负重进行 5 组（每组一次）颈后深蹲，以及 5～7 分钟的休息之后，高阶训练组的运动员在反向跳跃运动和深蹲跳中表现出 1%～3% 的提高；而一般性抗阻训练组运动员的表现下降了 1%～4%。

对于想要增强与爆发力训练模式相关的力学爆发力刺激的教练员和运动员来说，使用与激活后增强作用有关的训练方式很受青睐。但是，由于影响因素众多，有效利用激活后增强作用[89]的有效性可能具有挑战性。研究结果的不一致进一步对这种训练方法应该如何实施提出了质疑。如前文所述，对于经过高水平训练并拥有较强肌肉力量和更多快肌纤维分布，但是爆发力 - 力量比值较低的高阶运动员来说，在训练方案中加入激活后增强作用技术将会为他们带来诸多好处。教练和运动员不仅可以在训练中使用激活后增强作用方式训练（参见本章后面的复合训练和对比训练），而且还可以在比赛前或者需要表现高水平肌肉爆发力的运动技能之前（如在跳跃或推动雪橇启动之前）实施激活后增强作用（参见第九章和第十章）。结果显示，激活后增强作用策略能够将竞技水平提高 2%～10%，这些方法的价值必然得到高水平运动员的认可和青睐。为了促进激活后增强作用的表现，我们给出了以下建议。

▶ 想要有效应用激活后增强作用，则需要在比赛或者大负重训练阶段之前确定每位运动员的最佳训练负荷。

▶ 最大收缩和大重量外部负重似乎提供了诱发激活后增强作用的最佳机会，虽然没有限定的最佳负重，但所采用的负重应该能够直接补充Ⅱ

型肌纤维，因此需要大于或者等于 1RM 的 90% 的负重。

▶ 最佳休息时间因运动员而异，取决于增强作用和疲劳之间的相互作用。从业者和运动员应确定每位运动员进行适应性调整后适当的恢复率。

▶ 只有接受过大量训练且经验丰富的运动员才可以使用激活后增强作用策略，进行赛前准备或作为训练刺激。

▶ 如果训练阶段的主要目的是提高肌肉爆发力的表现水平，在训练方案内明确提供力量 - 爆发力增强式复合体的对比负荷，可能是使用激活后增强作用策略的有效方式。

复合训练

教练员和运动员可以在以增强神经肌肉刺激为目的的训练环境中，利用神经肌肉的激活后增强作用。复合训练或力量 - 爆发力增强复合训练的使用是一种高阶训练方案的编排策略，该策略交替使用生物力学机制相似的大负重训练和快速伸缩复合训练[83]，首先完成所有的大负重训练组，然后进行低爆发力和快速伸缩复合训练。复合训练最早由维尔霍尚斯基和塔季扬（Verkhoshansky and Tatyan）[101]提出，他们假设抗阻训练能够通过提高爆发力输出和伸长 - 缩短循环的效率，在快速伸缩复合训练中强化竞技水平（即增强作用）。埃本和沃茨（Ebben & Watts）描述了力量训练和快速伸缩复合训练相结合的有效性，并提出了在同一个训练课程中包含这两种不同力量特征的策略[27]。例如，一项复合训练方案可能包括负重为 1RM 的 87.5% 的 3×5（3 组，每组 5 次）大负重颈后深蹲，随后是 3×6（3 组，每组 6 次）自重深蹲跳。

复合训练的作用体现在：神经系统在预处理肌肉收缩后，肌肉系统能增强爆发力的效果。事实上，一些研究已经证明，与传统的负重训练相结合时，快速伸缩复合训练期间的运动竞技水平会出现提升[1, 31, 64]。梅约·阿尔维斯等人（Maio Alves et al.）[66]对优秀的青年足球运动员进行了 6 周的复合训练，得到了以下结果：5 米和 15 米短跑成绩，以及深蹲跳的成绩都出现了提高。与所有旨在增强激活后增强作用反应的训练计划一样，复合训练的计划设计必须始终考虑一些重要的变量，如训练项目选择、负重和训练动作组之间的间歇时间[25]。

复合训练并不是一种新的爆发力训练方法。早期关于力量 - 爆发力增强复合训练的研究报告就称，这些方法在上肢训练[29]和下肢训练[82]中非常有效，并且对男性的训练效果要优于女性[82]。在复合训练的抗阻训练部分中所需的力量和负重强度，是在随后的快速伸缩复合训练活动中引发复合训练效果的重要调节因素[107]。尽管我们仍然需要更多的研究，但一些研究报告称，与基础力量训练计划相比，儿童和女性运动员对复合训练的反应并不明显[30, 110, 82]。这两种方法之间没有表现出显著的差异，可能反映了一个事实，即缺乏基础力量水平的特定人群，可能从复合训练效果（即激活后增强作用）中获益有限[15, 27]。相比之下，对于在美国大学生体育协会第一分区（National Collegiate Athletic Association, NCAA Division Ⅰ），已经系统接受了 1～5 年周期性抗阻训练的足球运动员，与传统的训练方法相比，复合训练方法更能显著提高他们的垂直跳跃高度[11]。其他文献中也报道了复合训练刺激对跳跃能力的相似效果[66, 107]。

对比训练

与复合训练相似，对比训练也是一种能够增强与激活后增强作用相关的神经肌肉功能的选择。与复合训练不同的是，对比训练使用了一系列生物力学机制相似，但负重差异很大的训练动作，可以使收缩速度产生明显且目的明确的差异。复合训练先进行多组大负重抗阻训练，随后进行多组快速伸缩复合训练；对比轻重负重交替的训练，是在每组大负荷力量训练后进行一组小负荷肌肉快速伸缩复合的训练。例如，使用 1RM 的 87% 的负重进行 1×5 颈后深蹲，然后以 1RM 的 30% 的负重进行 1×6 的深蹲跳，循环 3 次。与复合训练一样，对比训练采用更大的阻力进行训练，原因在于抗阻训练能够带来更大的激活程度，并为接下来的爆发性肌肉动作提供最大力量[87, 99, 107]。

虽然在复合训练和对比训练方案中，优化激活后增强作用最有效的方法仍然有待确定，但是研究人员和从业者普遍认为，大负重抗阻训练与低负重高速动作的结合，能够产生最大的爆发力输出。在比较这两种方法各自的优点时，拉贾莫汉等人（Rajamohan et al.）[83]的研究发现，与接受 12 周复合训练的运动员相比，接受 12 周对比训练的运动员，力量和爆发力参数变化更大。爆发力的变化可解释为垂直和水平跳跃表现水平的提高，与复合训练方法相比，对比训练将运动员的跳跃表现水平分别提高了 3.17% 和 5.9%。

传统训练手段采用大负重训练后用相对轻的重量或自重进行训练，但蒂罗波罗斯等人（Sotiropoulos et al.）[93]近期的调查研究表明，通过设定最大爆发力的 70% 和 130% 的负荷进行抗阻跳蹲训练，更有利于最大爆发力的输出。研究报告称，进行深蹲跳时，与较大或较小的负重相比，达到外部机械功率（爆发力）输出最大化的负重，对提升后续跳跃水平的作用并不明显。这些数据进一步证实，为了强化激活后增强作用的神经肌肉特性，任何预调节性训练活动中采用负重的强度，是决定训练效果是否有益的关键因素。在对这些数据进行研究时，很显然，科学尚不能完全阐明对比训练方法支持激活后增强作用的确切机制。在研究人员继续就这一复杂问题进行深入研究的同时，从业者也将继续从高阶训练策略中观察实际增加的益处，从而理解其训练效应。

实施高阶训练方法

正如本章和前面章节所讨论的内容，产生最大肌肉爆发力的能力是多方面的，影响爆发力表现水平的因素有很多[19]。教练和运动员向神经肌肉系统施加超负荷训练的方式，对运动员肌肉爆发力的发展有调节作用。虽然爆发力训练策略已被证明能够有效提高部分人群的肌肉爆发力，但是在另一些人群中却没有效果[18, 19]。因此，以符合运动员具体需求的方式对高阶训练方法进行调节至关重要。

在爆发力训练的早期阶段，力 - 速度关系的变化可能是基本肌肉力量增大的结果。然而，随着训练年限的增加，运动员可以利用神经肌肉的同步适应性和增强的Ⅱa型纤维，并通过利用这些生理属性的训练方法来进一步提升爆发力表现水平。大负重力量训练可提高未受过训练或身体较弱的人的最大爆发力输出[1, 104, 105]，但对身体更强壮、更有经验的运动员则收效甚微[76, 104]。相反，具有更高基本力量水平，并且身体更加强壮的运动员，通常需要增加训练刺激的复杂性，尤其是增加基于速度的训练，才能使持续性肌肉爆发力的表现水平达到最优[3]。实际上，在持续保持高水平最大力量的同时，高水平运动员应该采用能够促进肌肉最大缩短特性（即最大速度）的训练动作，以此来改变神经肌肉系统的特征。相反，这将改变力 - 速度曲线的特点，并影响肌肉爆发力的产生。将高阶爆发力训练原则加入专业运动员的训练计划，能够促进其最大爆发力输出的持续增长。

结论

　　本章我们介绍了可用于发展肌肉爆发力的高阶训练方案中所用的工具、技术和策略。通过理解人体力量曲线，从业者可以引入高阶爆发力训练方法，从而在某种程度上影响运动员通过特定训练动作而产生肌肉力量的能力。从业人员对训练设备的选择，会显著影响神经肌肉系统表现肌肉爆发力的方式。除此之外，通过理解整个运动范围内加速度对爆发力输出的重要性，弹震式训练对高水平运动员提出了特殊的要求。在这个过程中，如果训练目的是为了提升瞬时峰值爆发力的表现水平，而不是关注运动员的最大爆发力输出，就需要谨慎地纳入多种负荷训练方案。在这样做时，不断变化的阻力和速度将更好地反映体育竞赛中爆发力的表现特征。通过改变训练组次数（如多组次数训练和复合训练）而调整训练计划，可以调控疲劳或提高机体代谢（即机体激活后的增强效应），或者两者兼而有之，从而起到提高爆发力输出的作用。至少，方案策略能够理清爆发力训练方法的组织架构，这将有助于运动员了解神经肌肉系统相对于发展肌肉爆发力的最佳阈值。第九章和第十章展示了这些策略的示例。

第三部分

特定体育运动的
爆发力发展训练

9

团体运动项目的爆发力训练

迈克·R. 麦奎根（Mike R. McGuigan），博士

本章介绍并讨论特定团体运动项目的爆发力训练课程和训练方案范例，这些训练方案的范例强调了评估和训练之间的联系。教练员和运动员可以使用本章介绍的范例，对训练方案和个人训练课程的设计进行规划。读者应该回顾并研究第二章、第三章以及第四章介绍的案例研究和范例。

这些训练方案的范例主要针对爆发力的训练，大多数情况并没有对训练计划中的其他方面过多赘述。在设计整体训练方案时，从业者除了考虑爆发力训练之外，还必须考虑到可能影响肌肉爆发力的产生和强化的其他因素。在设计爆发力评估和训练方案时，从业者需要参考本书第三章中讨论的有关长期计划的内容。

要想设计针对专项运动中每个特定位置来提升爆发力的具体训练方案，就必须了解对应运动的特殊需求。不同位置上爆发力需求之间可能存在根本差异。例如，在英式橄榄球中，边锋与前锋对力量和爆发力的需求差异非常大。在美式橄榄球运动中，前锋和外接手具有完全不同的体能要求。英式足球运动中的守门员与中场球员的训练方法差异很大。根据不同位置的需求设计训练方案和训练动作，能够帮助运动员提升比赛中特定位置所需的力量和爆发力，并且能够帮助运动员达到最佳的竞技水平。在选择合适的体能测试时（第二章），所进行的需求分析还应该包括对运动员在比赛中的竞技水平的分析。这样教练就可以设计个性化的训练方案，来满足该项运动的特定需求。

为团体运动项目设计训练方案时所考虑的另一个因素就是赛季的复杂性。

大量的比赛和时间较长的赛季会使训练方案的设计变得更加困难。教练员还必须考虑到其他因素：训练年限、涉及的训练动作、优势和劣势（通过体能测试来确定）、伤病史，以及近期训练负荷的变动。从训练和涉及动作的角度来看，所有这些因素都会影响运动员的训练方案（如训练内容和训练负重）和训练动作。

在参考训练模板和范例时，重要的是在每个训练项目中加入适度的热身活动。本书第四章介绍了训练课程中热身活动的示例。

英式橄榄球

爆发力是对抗性团体运动（如英式橄榄球）中展示竞技水平的一个重要方面。增强运动员力量和爆发力的一种方法，就是采用注重力量和爆发力增强的训练模式。然而，在使用训练方案的模式时，一定要确认采用的是适合该项运动和该名运动员特点的训练。表 9.1 展示了一个为期 6 周，针对中等水平英式橄榄球运动员的训练方案，该方案在整个训练过程中使用了线性渐进模式。可以通过对动作组数、重复次数以及最大重量百分比进行恰当组合，在训练方案中加入或者替换某些训练动作。例如第一天的颈后深蹲可以替换为颈前深蹲。对于那些在赛季中一周一次定期比赛的运动员来说，采用大力量组合训练是在赛季期间短时间训练中快速提升竞技水平的有效方式[1]，这些组合训练通常包含一个大负重训练日和一个轻负重训练日。

爆发力强化训练通常在比赛日当天或者比赛日前一天进行，目的是提高运动员在比赛日的竞技水平[3]。根据运动员在比赛中的需要而设计力量和爆发力的训练项目，通常在比赛前的 5～24 小时内进行，持续时间只有短短的10～30 分钟。表 9.2 展示了一位英式橄榄球运动员，在距离比赛开始 6 小时前，进行的爆发力强化训练的范例，该训练主要是为了提高运动员的力量和速度。在该训练课程中，前两个训练动作是复合动作（几组大负重抗阻训练，之后进行几组快速伸缩复合训练）。表 3.3 展示了力量 - 爆发力增强式复合训练的另一些例子；表 8.1 给出了其他相符的训练动作示例。

表 9.1　中等水平英式橄榄球运动员，每周两天，为期 6 周的训练方案

第一日：力量训练						
训练动作	第一周	第二周	第三周	第四周	第五周	第六周
卧推	3×6(65%)	3×6(75%)	3×6(80%)	3×5(85%)	3×3(87.5%)	3×3(90%)
俯卧划船	3×6(65%)	3×6(75%)	3×6(80%)	3×5(85%)	3×3(87.5%)	3×3(90%)
颈后深蹲	3×6(65%)	3×6(75%)	3×6(80%)	3×5(85%)	3×3(87.5%)	3×3(90%)
杠铃借力推举	3×6(65%)	3×5(75%)	3×5(77.5%)	3×5(80%)	3×5(85%)	3×5(87.5%)
第二日：爆发力训练						
训练动作	第一周	第二周	第三周	第四周	第五周	第六周
跳蹲	3×5(30%)	3×5(35%)	3×3(40%)	3×5(BW)	6×3(BW)	10×2(BW)
颈前深蹲	3×6(70%)	3×5(75%)	3×5(80%)	3×3(82.5%)	3×3(87.5%)	3×3(90%)
卧推抛	3×6(30%)	3×5(32.5%)	3×5(35%)	3×5(37.5%)	3×3(40%)	3×2(42.5%)
杠铃高翻	3×6(65%)	3×5(70%)	3×5(75%)	3×3(80%)	3×3(82.5%)	3×3(85%)

BW= 自身体重。
百分数指 1RM 的百分比。

表 9.2　英式橄榄球运动员的爆发力强化训练示例

训练动作	组数 × 次数	强度
颈后深蹲	3×3	1RM 的 85%
深蹲跳 *	3×3	BW
弹力带俯卧撑	3×5	最大速度

* 颈后深蹲和深蹲跳可以作为组合训练，两个训练动作交替进行，每组动作之间休息 2 分钟。
BW= 自身体重。

篮球

　　在为团体运动项目设计训练方案时，从业者通常会面临巨大的挑战。除了爆发力之外，包括篮球在内的团体运动项目还需要运动员具备多种身体素质。表 9.3 列出了篮球运动员所有位置上的爆发力训练课程范例。在该训练课程中，训练动作较少，且每组的重复次数也比较少，这样设计的目的是让运动员能够通过整组的训练使爆发力和速度实现最大化。从业者还可以在训练课程中加入使用更大负重（大于或等于 1RM 的 85%）的训练动作，来增强运动员的力量。这是一个很有效的组合训练方法（第三章）的范例，事实证明，该方法也是一种能够提高运动员爆发力的有效方式[4]。

　　图 9.1 展示了一名篮球运动员的爆发力分布。根据其 1RM 深蹲和高翻的测试结果可以发现，该名运动员的力量水平不错，但是其垂直跳跃的爆发力（测量其跳跃高度）低于平均值尤其是单腿跳跃高度成绩不佳，该名运动员的

表 9.3　篮球运动员的爆发力训练示例

训练动作	组数 × 次数	强度
深蹲跳	3 × 5	1RM 的 20%
悬垂高翻	5 × 3	1RM 的 85%
卧推	4 × 3	1RM 的 50%
杠铃借力推举	3 × 5	1RM 的 70%

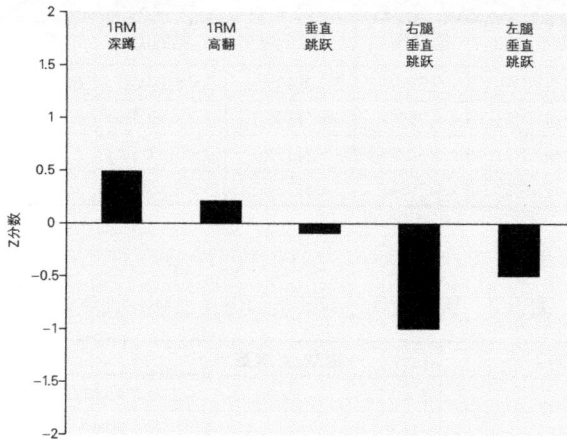

图 9.1　使用标准化 Z 分数对比运动员优劣势的爆发力分布

表现较差。测试结果为训练者指明了应该重点关注的方面，因此，训练者可以决定增加更多的单腿训练动作，并增加该名运动员的右腿力量的训练量，来解决测试中显现出来的左、右腿力量不平衡问题。

英式足球

许多运动的赛季变得越来越长。这对从业者设计爆发力训练方案，以及如何在整个赛季期间使运动员保持最佳竞技水平提出了挑战。如同本书第一章和第三章讨论过的内容，保持肌肉产生力量的能力是至关重要的，原因在于力量是爆发力产生的基础。抗阻训练应该被作为团体运动项目运动员的常规性训练，这是由于爆发力与冲刺和跳跃的表现水平之间具有紧密的联系（第一章和第二章）。表 9.4 展示的是一位专业英式足球运动员在赛季内为维持其爆发力输出水平而进行的一项训练方案的范例。该训练方案采用了一种波浪式的方法，其中一周通过减少训练量来提高训练动作的多样性（第三章）。

表 9.4　足球运动员赛季内的爆发力训练方案

第一日：爆发力训练							
训练动作	第一周	第二周	第三周	第四周	第五周	第六周	第七周	第八周
跳蹲	3×5 (25%)	3×5 (30%～35%)	3×3 (35%～40%)	4×3 (BW)	3×5 (25%～30%)	5×3 (30%～35%)	6×2 (35%～40%)	6×2 (BW)
颈后深蹲	3×6 (65%)	3×6 (70%)	3×5 (75%)	3×3 (80%)	3×6 (70%)	3×5 (75%)	3×3 (80%)	3×2 (85%)
快速窄拉	4×5 (60%)	4×5 (65%)	4×5 (70%)		3×3 (70%)	3×3 (75%)	3×2 (80%)	
哑铃高翻到挺举	3×5 (20千克)	3×3 (30千克)	3×3 (35千克)	3×2 (40千克)	3×5 (25千克)	3×3 (30千克)	3×3 (35千克)	3×2 (35、40、45千克)

第二日：力量训练							
训练动作	第一周	第二周	第三周	第四周	第五周	第六周	第七周	第八周
颈前深蹲	3×6 (70%)	3×6 (70%～80%)	3×5 (80%～85%)	3×3～5 (85%～90%)	3×6 (72.5%)	3×6 (70%～80%)	3×5 (80%～87.5%)	3×2-3 (90%～92.5%)
跳蹲*	3×3 (BW)	3×3 (BW)	3×3 (BW)		3×3 (BW)	3×3 (BW)	3×3 (BW)	3×3 (BW)
仰卧推举	3×6 (70)	3×6 (70%～80%)	3×5 (80%～85%)	3×3～5 (85%～90%)	3×6 (72.5%)	3×6 (70%～80%)	3×5 (80%～87.5%)	3×2～3 (90%～92.5%)
伐木	3×5 (5千克)	3×3 (7千克)	3×2 (10千克)		3×5 (5千克)	3×3 (7千克)	3×2 (10千克)	

* 与颈前蹲进行复合训练。
BW= 自身体重。百分数指 1RM 的百分比。

美式橄榄球

　　本案例研究对基于爆发力分布图（图 9.2）的初始训练方案及其调整进行了分析和讨论，该训练是针对美式橄榄球技术位置运动员而设计的。该名运动员是一位外接手（年龄 =19 周岁，身高 =1.85 米，体重 =81.6 千克）；教练发现该名运动员在一对一的情况下会丧失突破对方防守队员的能力。与赛季初相比，他的速度和变向能力下降了很多。他在 8 月参加训练营结束时测试得出的爆发力分布表明他的力量水平正常（1RM 深蹲 =190 千克），但是他在进行负重 50 千克深蹲跳训练时的爆发力输出比较低（40.5 瓦／千克）。除此之外，该名运动员的有反向跳跃爆发力（63 瓦／千克）以及冲刺能力（40 米冲刺跑用时 =2.75 秒）都要低于预期值，通过测试测得其相对力量为 1.75。在 8 月的测

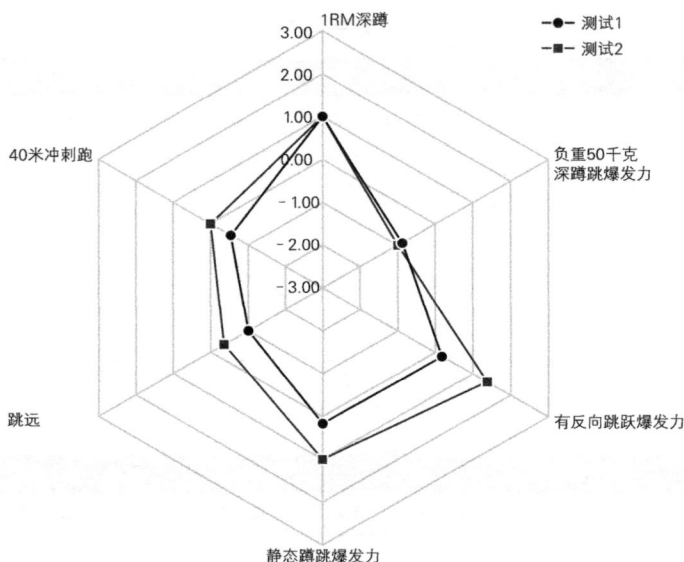

图 9.2 使用标准化 Z 分数对比运动员优劣势的爆发力分布图

试开始前 4 周内，该名运动员每周进行 3 次抗阻训练课，其中一次训练课包括大重量窄拉、深蹲（4 组，每组 3 次）、北欧挺（3 组，每组 8 次）、箭步蹲（3 组，每组 8 次）以及上肢训练动作，这些训练动作都在每周一进行。周四是爆发力训练日，训练动作包括悬垂式抓举、60 千克跳蹲以及高翻（各 4 组，每组 3 次），最后在每周末会进行全身的增强训练。

根据教练给出的信息以及体能测试的结果，对该名运动员每周的训练方案做了以下调整。每周的第一次训练课程是力量 - 爆发力增强的复合训练，其中的训练动作包括大负重颈后深蹲加跳深（50 厘米）、大重量窄拉加连续跳远（持续进行，3 组，每组 4 次，随后跳远 3～5 次）、上肢训练动作（卧推、卧拉），以及其他的配套训练动作（腹部训练）。第二个训练课程与之前相差不大，但是加入了跳箱、辅助跳（借力跳）以及抗阻跳（3 组，每组 3 次），随后是训练敏捷性的绳梯训练和变向训练（10 次）。

该名运动员按照该训练方案进行了为期 3 个月的训练。他的自重有反向跳爆发力（70 瓦 / 千克）和冲刺水平（40 米冲刺跑用时 =2.45 秒）都得到了提高，同时还成功地将最大力量和负重有反向跳爆发力保持在了最佳状态。通过调整训练方案提高了该名运动员的爆发力输出水平。原训练方案中最后的全身强化训练被取消，因此他可以更加专注地提高自身的力量和爆发力。特别是力量 - 爆发力增强复合训练的加入，提高了该名运动员的下肢爆发力的输出能力，同时加入跳跃与敏捷性训练动作，使他的速度也得到了提升。

排球

在排球运动的训练和比赛中，运动员通常需要完成大量的爆发力动作，如起跳。因此，教练在为排球运动员设计训练方案时必须认识到这一点。如果运动员在专项训练中需要完成数百次快速伸缩复合训练动作，那么就没有必要在训练课程中加入大量的快速伸缩复合训练动作。通过使用额外负重进行深蹲跳，是一种提高运动员跳跃能力的有效方法（第六章）。在下面的示例中，为一名体重 75 千克的专业排球运动员进行了一项为期 6 周的训练方案，来增强其跳跃能力。在表 9.5 的示例中，运动员首先使用适度的杠铃负重（运动员自身体重的 25%～75%）进行跳蹲训练，然后将负重减少（小于运动员自身体重的 25%），继续进行跳蹲训练。这种负重跳蹲训练能够显著提高运动员的跳跃水平。如果有条件可以使用专业测试设备，如测力台或触垫，可以测量运动员的爆发力（力 × 时间）。

表 9.5　专业排球运动员为期 6 周的下肢力量和爆发力训练方案

训练动作	第一周	第二周	第三周	第四周	第五周	第六周
训练课程一						
跳蹲	4×5 (20 千克)	4×3 (30 千克)	4×2 (40 千克)	5×3 (20 千克)	6×3 (15 千克)	6×2 (10 千克)
高翻	5×3 (40 千克)	6×3 (45 千克)	6×2 (50 千克)	5×2 (45 千克)	6×3 (55 千克)	6×2 (60 千克)
颈前深蹲	4×5 (45 千克)	5×5 (50 千克)	5×3 (55 千克)		5×3 (55 千克)	5×2 (60 千克)
训练课程二						
跳蹲	4×4 (25 千克)	5×3 (35 千克)	6×2 (45 千克)	6×3 (0 千克)	5×3 (0 千克)	6×2 (0 千克)
高抓	5×3 (30 千克)	6×3 (35 千克)	6×2 (40 千克)	5×2 (35 千克)	6×3 (40 千克)	6×2 (45 千克)
颈后深蹲	5×3 (55 千克)	6×3 (65 千克)	6×2 (70 千克)		6×3 (70 千克)	6×3 (80 千克)

棒球

棒球是另一种对运动员的体能需求取决于运动员的位置和角色的运动项目，从业者在设计爆发力训练方案和训练课程的时候需要谨记这一点。表 9.6 列出了投手的爆发力训练课程。如果没有完全符合的训练课程，还可以使用逐渐增加或者逐渐减少的方式作为替代性爆发力训练课程，参见表 3.4 和表 3.5。教练在设计这些训练方案时应该考虑到投手在整个训练过程和实际比赛中的总投掷数[2]。

表 9.6 棒球投手的上肢爆发力训练课程

训练动作	组数 × 次数	强度
弹力带俯卧撑	4 ×（3～5）	在每组动作中使用弹力带增加强度
弹力带划船	3 × 6	在每组动作中使用弹力带增加强度
侧抛	3 × 6	3、4、5 千克
单臂哑铃抓举	4 × 5	15、20、25、30 千克
砸球	4 × 3	3、5、7 千克

结论

从业者在为团体运动项目设计训练方案时面临很多特殊的挑战。从业者需要在设计过程中考虑到多种因素，如场上位置的需求、赛季结构、受训年限、参加比赛的次数、运动员的优势和劣势（通过体能测试确定）、伤病史以及近期训练负荷的变动。最重要的是从业者必须了解如何将爆发力训练计划融入运动员的综合体能训练中，以及如何评估爆发力并以此设计训练方案。

个人运动项目的爆发力训练

迈克·R. 麦奎根（Mike R.
McGuigan），博士

本章提供了多种个人运动项目的爆发力训练方案示例，包括田径、游泳、摔跤、高尔夫、赛艇以及冬季运动项目。与之前的章节一样，本章中的训练方案也会强调对爆发力的评估，以及根据评估结果设计训练方案。

第九章的开始部分讨论的原则同样适用于个人运动项目。从业者需要了解这些运动中的多种训练项目和比赛项目，在将个人训练课程与训练方案进行组合来增强爆发力的同时，还需要考虑到运动员及其比赛、训练以及运动项目的特殊需求。从业者还需要考虑如何使爆发力训练内容更适合整个训练计划，并开展运动项目和比赛的需求分析，以此来确定需要加以增强的身体素质。除了增强爆发力，从业者还应该关注运动员在竞争激烈的赛季期间如何保持一定的爆发力水平。

田径

本案例研究主要讨论了初级铅球运动员的训练方案（年龄 =18 周岁，身高 =1.8 米，体重 =85 千克）。技术教练和体能训练专家认为拥有更强的爆发力能够帮助该名运动员投掷得更远。该名运动员在 11 月进行的爆发力测试表明她非常强壮（颈后深蹲 1RM=130 千克），在负重 40 千克的深蹲跳（相对峰值爆发力 =24 瓦 / 千克）、自重深蹲跳（相对峰值爆发力 =35 瓦 / 千克）以及跳深（相对力量 =1.5）期间表现出来的爆发力刚刚达到或者低于平均值。在进行 11 月测试之前的 4 周内，该名运动员每周的星期一都会进行负重力量训练，其训练项目包括颈后深蹲、硬拉以及从垫木上宽拉（在这 4 周内每组的重复次数分别为 6 次、5 次、3 次和 3 次），星期一之后的某天（如星期四）为爆发力训练日，主要的训练项目有完整抓举、颈前深蹲以及高翻（4 组，每组重复 3 次）。除此之外，该名运动员还进行了中等负重的上身力量训练。

根据测试的结果，教练们对她的下肢举重训练方案做了一些调整。调整之后，该名运动员每周开始时会先做一些负重颈后深蹲、宽拉和借力推举的训练（5 组，每组重复 3 次）。第二阶段的训练与之前基本是相同的，但是加入了一项负重 30～50 千克的有反向跳（4 组，每组重复 3 次）。该名运动员按照这一方案训练了 3 个月，图 10.1 展示了她在 3 个月训练之后进行测试的结果。该名运动员在 40 千克负重深蹲跳（30 瓦 / 千克）期间继续提高了自己的力量（1RM 深蹲 =140 千克）和爆发力输出能力，并在深蹲、有反向跳以及跳深（反应力量）训练中保持自己以往的体能水平。最重要的是，该名运动员在训练中的投掷距离平均提高了 2%～3%。对训练方案的调整提高了她的力量和负重爆发力表现水平，同时还保持了其轻负重条件下的速度和爆发力，力量和爆发力的增强反映为竞技水平的提升。对于从业者来说，把关注点放在体能训练如何提升运动员的竞技水平是重中之重。

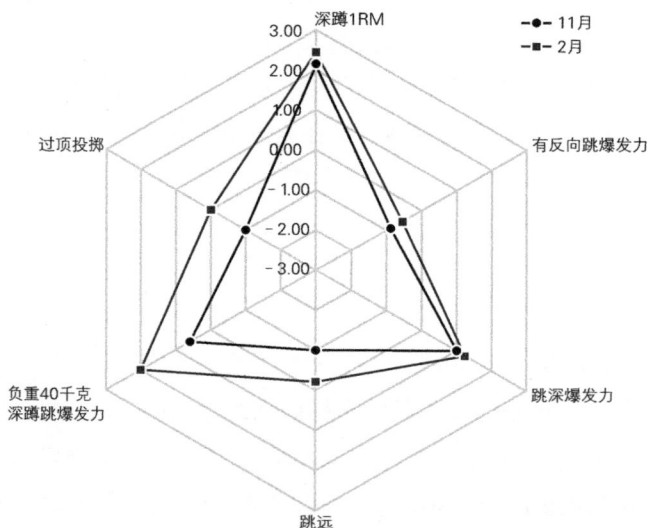

图 10.1 使用标准化的 Z 分数，对比运动员优势和劣势的爆发力分布图

　　表 10.1 列出了一项针对女子七项全能运动员的训练方案。多种比赛和因素都对教练员们提出了非常大的挑战。教练员们在设计和安排训练期间的多种项目时，必须考虑不同比赛的技术技能要求。在表中的训练方案范例中，在一周开始的时候，运动员首先会进行一些专门训练爆发力的项目。将爆发力训练安排在一周的开始是因为这个时候运动员的身体相对来说比较轻松。接下来的训练项目同样是针对运动员的爆发力训练，但是同时还会关注力量训练。测试之后，结果表明运动员单腿跳远的水平距离要低于预期，所以教练员将单腿跳远加入了训练方案。

表 10.1　女子七项全能运动员为期 8 周的赛季前爆发力训练方案

第一日：爆发力训练								
训练动作	第一周	第二周	第三周	第四周	第五周	第六周	第七周	第八周
深蹲跳	3 × 5 (25%)	3 × 5 (30%~35%)	3 × 3 (35%~40%)	4 × 3 (0%)	3 × 5 (25%~30%)	5 × 3 (30%~35%)	6 × 2 (35%~40%)	6 × 2 (0%)
颈后深蹲	3 × 6 (65%)	3 × 6 (70%)	3 × 5 (75%)	3 × 3 (80%)	3 × 6 (70%)	3 × 5 (75%)	3 × 3 (80%)	3 × 2 (85%)
垫块快速宽拉	4 × 5 (60%)	4 × 5 (65%)	4 × 5 (70%)		3 × 3 (70%)	3 × 3 (75%)	3 × 2 (80%)	
哑铃高翻到挺举	3 × 5 (20千克)	3 × 3 (30千克)	3 × 3 (35千克)	3 × 2 (40千克)	3 × 5 (25千克)	3 × 3 (30千克)	3 × 3 (35千克)	3 × 2 (35、40、45千克)
过顶投掷 *	3 × 5 (4千克)	3 × 3 (5千克)	3 × 3 (6千克)	3 × 2 (4千克)	3 × 5 (4千克)	3 × 3 (3千克)	3 × 3 (5千克)	3 × 2 (4千克)
第二日：力量和爆发力训练								
训练动作	第一周	第二周	第三周	第四周	第五周	第六周	第七周	第八周
颈前深蹲	3 × 6 (70%)	3 × 6 (70%~80%)	3 × 5 (80%~85%)	3 × (3~5) (85%~90%)	3 × 6 (72.5%)	3 × 6 (70%~80%)	3 × 5 (80%~87.5%)	3 × (2~3) (90%~92.5%)
深蹲跳 **	3 × 3 (BW)	3 × 3 (BW)	3 × 3 (BW)		3 × 3 (BW)	3 × 3 (BW)	3 × 3 (BW)	3 × 3 (BW)
弹力带仰卧推举	3 × 6 (70)	3 × 6 (70%~80%)	3 × 5 (80%~85%)	3 × (3~5) (85%~90%)	3 × 6 (72.5%)	3 × 6 (70%~80%)	3 × 5 (80%~87.5%)	3 × (2~3) (90%~92.5%)
砸球	3 × 5 (5千克)	3 × 3 (7千克)	3 × 2 (10千克)		3 × 5 (5千克)	3 × 3 (7千克)	3 × 2 (10千克)	

* 哑铃高翻到挺举的复合动作。

** 颈前深蹲复合动作。

BW= 自身体重。

百分数指 1RM 的百分比。

游泳

正如第九章讨论过的内容，爆发力的初级训练课程能够在运动员参加比赛（或者重要的训练课程）之前，产生快速的神经肌肉和激素效应。除此之外，针对爆发力的初级训练课程还可以为没有经验的初级运动员施加简短并高强度的额外训练刺激，以提高其力量和爆发力[4]。表 10.2 列出了短距离游泳运动员在比赛之前 24 小时进行的爆发力初级训练方案。在提出该方案之前，教练员已经在周期训练方案的设计阶段通过试错法确定了应该包含的训练动作和项目，在不太重要的比赛以及训练课程之前，对不同类型的训练课程进行了测试。

表 10.2　短距离游泳运动员爆发力训练方案示例

训练动作	组数 × 重复次数	强度
深蹲跳	4 × 3	BW
跳深	3 × 3	45 厘米跳箱
辅助跳	3 × 3	使用弹力带
弹力带辅助俯卧撑	4 × 3	使用弹力带

BW= 自身体重。

摔跤

在许多运动项目中，运动员具备持续产生爆发力的能力是非常重要的（第二章），而这一理论也让人们认为重复次数多、休息时间短的循环训练能够提高运动员的爆发力，并在赛事期间保持其产生爆发力的能力。然而，并没有多少研究能够支持这种理论。在大多数情况下，这种训练并不符合运动员某项运动专项能力的提升。表 10.3 展示了一个摔跤运动员在多个训练动作中循环，并保持爆发力输出和训练效果的循环训练方案。在诸如摔跤之类的运动中，运动员应该通过针对该运动项目的特定训练课程获得充足的代谢调节。

表 10.3 摔跤运动员的爆发力循环训练示例

训练动作	组数 × 重复次数	强度或者时间
跳蹲	4 × 6	BW
弹力带俯卧撑	4 × 6	低强度弹力带
单臂哑铃抓举	4 × 5	20~30 千克
铲抛球	4 × 5	4 千克
深蹲跳	4 × 6	BW
推起俯卧撑	4 × 5	尽量快
哑铃高翻到借力推	4 × 5	25~35 千克
过顶投掷	4 × 5	4 千克
腹部扭转	4 × 6	3 千克

BW= 自身体重。
运动员在每组训练动作之间至少休息 30 秒。

高尔夫

　　在高尔夫运动中爆发力非常重要[6]。将弹性势能存储在肌肉中，并在合适的时候释放的能力，是高尔夫有效挥杆动作中一个至关重要的部分。表 10.4 列出了一项能够用来提高高尔夫球手爆发力输出的训练项目。旋转性以及上肢训练的其他方法可以在本书的第五章查看。

表 10.4 高尔夫球手训练项目示例

训练动作	组数 × 次数	强度或者时间
跳蹲	4 × 5	BW
负重跳蹲	4 × 3	1RM 的 20%、25%、30%
卧推抛	4 × 5	1RM 的 30%、35%、40%
借力推举	3 × 3	1RM 的 50%、55%、60%
伐木	3 × 5	4 千克
腹部扭转	3 × 6	3 千克

BW= 自身体重。

赛艇

　　抗阻训练能够增强运动员在耐力运动中的竞技水平已经是一个不争的事实[1, 2]。赛艇运动需要肌肉力量、耐力以及爆发力。对于耐力运动，如赛艇运动来说，低负重多次重复的训练对爆发力的提高效果甚微[5]。因此，在之前章节中讨论过的爆发力训练原则可以应用在这里。表 10.5 展示了一项为期 6 周的训练方案，适用于专业赛艇运动员。桨手还可以采用多组次数训练。图 3.21 和表 3.2 展示了设置多组次数训练的示例。

在下面的案例研究中，对一名桨手进行了 1RM 卧推、卧拉和高翻测试，以及负重 40 千克条件下的卧推和卧拉的峰值速度测试。测试结果表明，该名桨手拉和推的力量之间存在差异，而且速度均低于平均值。这表明之后为该名桨手设计的训练方案应该重视并加入更多的拉动动作，如划船和提拉，应更加关注于采用较轻的负重，以及更快的移动速度。

表 10.5 桨手为期 6 周的训练方案，每周训练两天

第一日：力量训练					
训练动作	第一周	第二周	第三周	第四周	第五周	第六周
卧推	3×6(65%)	3×6(75%)	3×6(80%)	3×5(85%)	3×3(87.5%)	3×3(90%)
俯卧划船	3×6(70%)	3×6(75%)	3×6(80%)	3×5(85%)	3×3(87.5%)	3×3(90%)
颈后深蹲	3×6(70%)	3×6(75%)	3×6(80%)	3×5(85%)	3×3(87.5%)	3×3(90%)
杠铃借力推举	3×6(65%)	3×5(70%)	3×5(75%)	3×3(80%)	3×3(82.5%)	3×3(85%)
第二日：爆发力训练					
训练动作	第一周	第二周	第三周	第四周	第五周	第六周
深蹲跳	3×5(30%)	3×5(35%)	3×3(40%)	3×5(BW)	6×3(BW)	8×2(BW)
颈前深蹲	3×6(55%)	3×6(60%)	3×6(62.5%)	3×5(65%)	3×4(70%)	3×3(75%)
仰卧掷球	3×5(30%)	3×5(32.5%)	3×5(35%)	3×3(37.5%)	3×3(40%)	3×2(42.5%)
推起俯卧撑	3×3	3×4	3×5	4×4	4×5	5×5

BW= 自身体重。

冬季运动项目

在各种各样的冬季运动中，爆发力对于许多运动员来说都很重要[3, 7]。表 10.6 展示了一名身体瘦弱的参赛者的训练方案。体能教练使用 3RM 的颈后深蹲和垂直跳跃来评估运动员的力量和爆发力。最新一轮的测试发现，该名运动员的最大力量高于平均水平，但跳跃高度低于平均水平，这意味着他的爆发力的确存在问题并需要提升。体能教练实施的训练方案之一就是复合训练，既能够维持运动员的肌肉力量，又可以提高其爆发力输出能力。从业者还可以考虑在这些类型的训练方案中应用力量 - 爆发力增强的复合训练。表 3.3 展示了一些示例。

表 10.6　身体瘦弱运动员的爆发力训练方案示例

训练动作	组数 × 次数	强度或者时间
颈后深蹲	4 × 3	1RM 的 90%
深蹲跳 *	4 × 3	BM
地面大重量宽拉	3 × 3	1RM 的 85%
跳远 **	3 × 3	BW
杠铃借力推	3 × 5	1RM 的 80%～90%
深度跳	3 × 3	40、45、50 厘米的举重箱

* 颈后深蹲的复合动作（每组动作之间休息 3 分钟）。
** 大重量宽拉的复合动作（每组动作之间休息 3 分钟）。
BW= 自身体重。

监测爆发力训练

　　在竞技体育中，越来越多的人开始应用各类先进技术设备，来监测运动员在训练过程中的爆发力输出以及其他体能变量，这些技术设备包括线性位移传感器、测力台以及加速计等。如同我们在第八章讨论过的内容，基于速度的训练方法被越来越广泛地应用于体能训练，这些方法能够通过反馈机制为从业者提供一些有创造性的方式，来确定最佳抗阻训练负重。

　　从业者还可以使用这些技术提供的信息，作为衡量运动员神经肌肉疲劳度，以及运动员对训练的准备程度的度量指标。然而，只有很少的研究为这类信息在现实中的应用提供了实证性建议（见第八章）。以下是速降滑雪运动员如何使用这种方法的示例。在每次爆发力训练课程开始之前，运动员进行数组深蹲跳，每组 3 次。使用传感器测量该名运动员深蹲跳时的平均爆发力输出。训练周期早期开展的爆发力测试确定了该名运动员的爆发力基线（2000 瓦），爆发力测试确定了其最小的爆发力变化（140 瓦）。因此，如果监测结果低于这一极值（1860 瓦），就说明该名运动员出现了疲劳感。从业者会在其他监测信息（如健康问卷的结果或者询问运动员感觉如何）的背景下考虑上述信息。从业者需要做出决定：按照原定训练方案进行爆发力训练，还是对训练方案进行调整。例如从业者可以决定减少训练项目、动作组数或者每组重复次数，以此来保持训练的效果。如果技术可用，上述操作可能需要对每组每次重复动作的爆发力进行监测。爆发力监测所提供的此类客观信息，能够帮助从业者对训练方案有更深入的理解，并且可以随着训练的进程对方案进行调整。从业者面对的一大挑战就是不能在使用这种信息时忘记了训练的主要目的，即使用这些信息来提高运动员的竞技水平。

结论

从业者可以使用多种测试来评估运动员的爆发力。目前有多种增强运动员爆发力输出的训练技术。测试与训练方案之间的关系，即测试结果如何影响训练方案的设计，是非常重要的。从业者还需要注意爆发力的提升只是体能训练要解决的一个问题，并且应该放在整体训练方案中去理解。对运动员或者某个运动项目的评估方法、训练方法以及周期训练计划的深入理解，有助于从业者优化他们的训练方案。

参考文献

第一章

[1] Aagaard P, Andersen JL, Dyhre-Poulsen P, Leffers AM, Wagner A, Magnusson SP, Halkjaer-Kristensen J, and Simonsen EB. A mechanism for increased contractile strength of human pennate muscle in response to strength training: changes in muscle architecture. *J Physiol* 534: 613-623, 2001.

[2] Ackland DC, Lin YC, and Pandy MG. Sensitivity of model predictions of muscle function to changes in moment arms and muscle-tendon properties: a Monte-Carlo analysis. *J Biomech* 45: 1463-1471, 2012.

[3] Arnold EM, Hamner SR, Seth A, Millard M, and Delp SL. How muscle fiber lengths and velocities affect muscle force generation as humans walk and run at different speeds. *J Exp Biol* 216: 2150-2160, 2013.

[4] Askew GN and Marsh RL. Optimal shortening velocity (V/Vmax) of skeletal muscle during cyclical contractions: length-force effects and velocity-dependent activation and deactivation. *J Exp Biol* 201: 1527-1540, 1998.

[5] Avogadro P, Chaux C, Bourdin M, Dalleau G, and Belli A. The use of treadmill ergometers for extensive calculation of external work and leg stiffness during running. *Eur J Appl Physiol* 92: 182-185, 2004.

[6] Azizi E, Brainerd EL, and Roberts TJ. Variable gearing in pennate muscles. *Proc Natl Acad Sci U S A* 105: 1745-1750, 2008.

[7] Barclay CJ, Woledge RC, and Curtin NA. Inferring crossbridge properties from skeletal muscle energetics. *Prog Biophys Mol Biol* 102: 53-71, 2010.

[8] Baxter JR and Piazza SJ. Plantar flexor moment arm and muscle volume predict torque-generating capacity in young men. *J Appl Physiol* 116: 538-544, 2014.

[9] Belli A, Kyrolainen H, and Komi PV. Moment and power of lower limb joints in running. *Int J Sports Med* 23: 136-141, 2002.

[10] Biewener AA. Locomotion as an emergent property of muscle contractile dynamics. *J Exp Biol* 219: 285-294, 2016.

[11] Bloemink MJ, Melkani GC, Bernstein SI, and Geeves MA. The relay/converter interface influences hydrolysis of ATP by skeletal muscle myosin II. *J Biol Chem* 291: 1763-1773, 2016.

[12] Bottinelli R, Pellegrino MA, Canepari M, Rossi R, and Reggiani C. Specific contributions of various muscle fibre types to human muscle performance: an in vitro study. *J Electromyogr Kinesiol* 9: 87-95, 1999.

[13] Brainerd EL and Azizi E. Muscle fiber angle, segment bulging and architectural gear ratio in segmented musculature. *J Exp Biol* 208: 3249-3261, 2005.

[14] Burghardt TP, Hu JY, and Ajtai K. Myosin dynamics on the millisecond time scale. *Biophys Chem* 131: 15-28, 2007.

[15] Cannon DT, Bimson WE, Hampson SA, Bowen TS, Murgatroyd SR, Marwood S, Kemp GJ, and Rossiter HB. Skeletal muscle ATP turnover by 31P magnetic resonance spectroscopy during moderate and heavy bilateral knee extension. *J Physiol* 592: 5287-5300, 2014.

[16] Cavagna GA, Legramandi MA, and La Torre A. Running backwards: soft landing-hard takeoff, a less efficient rebound. *Proc Biol Sci* 278: 339-346, 2011.

[17] Cavagna GA, Legramandi MA, and Peyre-Tartaruga LA. Old men running: mechanical work and elastic bounce. *Proc Biol Sci* 275: 411-418, 2008.

[18] Cavagna GA, Zamboni A, Faraggiana T, and Margaria R. Jumping on the moon: power output at different gravity values. *Aerosp Med* 43: 408-414, 1972.

[19] Coggan AR. Use of stable isotopes to study carbohydrate and fat metabolism at the whole-body level. *Proc Nutr Soc* 58: 953-961, 1999.

[20] Cormie P, McBride JM, and McCaulley GO. Power-time, force-time, and velocity-time curve analysis during the jump squat: impact of load. *J Appl Biomech* 24: 112-120, 2008.

[21] Cormie P, McCaulley GO, and McBride JM. Power versus strength-power jump squat training: influence on the load-power relationship. *Med Sci Sports Exerc* 39: 996-1003, 2007.

[22] Cormie P, McCaulley GO, Triplett NT, and McBride JM. Optimal loading for maximal power output during lower-body resistance exercises. *Med Sci Sports Exerc* 39: 340-349, 2007.

[23] Cornachione AS, Leite F, Bagni MA, and Rassier DE. The increase in non-cross-bridge forces after stretch of activated striated muscle is related to titin isoforms. *Am J Physiol Cell Physiol* 310:C19-26, 2016.

[24] Croce R, Miller J, Chamberlin K, Filipovic D, and Smith W. Wavelet analysis of quadriceps power spectra and amplitude under varying levels of contraction intensity and velocity. *Muscle Nerve* 50: 844-853, 2014.

[25] Davies CT and Young K. Effects of external loading on short term power output in children and young male adults. *Eur J Appl Physiol Occup Physiol* 52: 351-354, 1984.

[26] Deschenes MR, Judelson DA, Kraemer WJ, Meskaitis VJ, Volek JS, Nindl BC, Harman FS, and Deaver DR. Effects of resistance training on neuromuscular junction morphology. *Muscle Nerve* 23: 1576-1581, 2000.

[27] Desmedt JE and Godaux E. Ballistic contractions in man: characteristic recruitment pattern of single motor units of the tibialis anterior muscle. *J Physiol* 264: 673-693, 1977.

[28] di Prampero PE and Ferretti G. The energetics of anaerobic muscle metabolism: a reappraisal of older and recent concepts. *Respir Physiol* 118: 103-115, 1999.

[29] Diederichs F. From cycling between coupled reactions to the cross-bridge cycle: mechanical power output as an integral part of energy metabolism. *Metabolites* 2: 667-700, 2012.

[30] Domire ZJ and Challis JH. Maximum height and minimum time vertical jumping. *J Biomech* 48: 2865-2870, 2015.

[31] Findley T, Chaudhry H, and Dhar S. Transmission of muscle force to fascia during exercise. *J Bodyw Mov Ther* 19: 119-123, 2015.

[32] Finni T, Ikegawa S, Lepola V, and Komi PV. Comparison of force-velocity relationships of vastus lateralis muscle in isokinetic and in stretch-shortening cycle exercises. *Acta Physiol Scand* 177: 483-491, 2003.

[33] Fischer G, Storniolo JL, and Eyre-Tartaruga LA. Effects of fatigue on running mechanics: spring-mass behavior in recreational runners after 60 seconds of countermovement jumps. *J Appl Biomech* 31: 445-451, 2015.

[34] Fitts RH, McDonald KS, and Schluter JM. The determinants of skeletal muscle force and power: their adaptability with changes in activity pattern. *J Biomech* 24 Suppl 1: 111-122, 1991.

[35] Fitts RH and Widrick JJ. Muscle mechanics: adaptations with exercise-training. *Exerc Sport Sci Rev* 24: 427-473, 1996.

[36] Gastin PB. Energy system interaction and relative contribution during maximal exercise. *Sports Med* 31: 725-741, 2001.

[37] Giroux C, Rabita G, Chollet D, and Guilhem G. Optimal balance between force and velocity differs among world-class athletes. *J Appl Biomech* 32: 59-68, 2016.

[38] Glancy B, Barstow T, and Willis WT. Linear relation between time constant of oxygen uptake kinetics, total creatine, and mitochondrial content in vitro. *Am J Physiol Cell Physiol* 294: C79-87, 2008.

[39] Grahammer J. A review of power output studies of Olympic and powerlifting: methodology, performance prediction, and evaluation tests. *J Strength Cond Res* 7: 76-89, 1993.

[40] Hamner SR and Delp SL. Muscle contributions to fore-aft and vertical body mass center accelerations over a range of running speeds. *J Biomech* 46: 780-787, 2013.

[41] Harridge SD, Bottinelli R, Canepari M, Pellegrino M, Reggiani C, Esbjornsson M, Balsom PD, and Saltin B. Sprint training, in vitro and in vivo muscle function, and myosin heavy chain expression. *J Appl Physiol* 84: 442-449, 1998.

[42] Harridge SD, Bottinelli R, Canepari M, Pellegrino MA, Reggiani C, Esbjornsson M, and Saltin B. Whole-muscle and single-fibre contractile properties and myosin heavy chain isoforms in humans. *Pflugers Arch* 432: 913-920, 1996.

[43] Hashizume S, Iwanuma S, Akagi R, Kanehisa H, Kawakami Y, and Yanai T. The contraction-induced increase in Achilles tendon moment arm: a three-dimensional study. *J Biomech* 47: 3226-3231, 2014.

[44] Hawley JA and Leckey JJ. Carbohydrate dependence during prolonged, intense endurance exercise. *Sports Med* 45 Suppl 1: 5-12, 2015.

[45] Heise GD, Smith JD, and Martin PE. Lower extremity mechanical work during stance phase of running partially explains interindividual variability of metabolic power. *Eur J Appl Physiol* 111: 1777-1785, 2011.

[46] Herbert RD, Moseley AM, Butler JE, and Gandevia SC. Change in length of relaxed muscle fascicles and tendons with knee and ankle movement in humans. *J Physiol* 539: 637-645, 2002.

[47] Hintzy F, Mourot L, Perrey S, and Tordi N. Effect of endurance training on different mechanical efficiency indices during submaximal cycling in subjects unaccustomed to cycling. *Can J Appl Physiol* 30: 520-528, 2005.

[48] Hori N, Newton RU, Andrews WA, Kawamori N, McGuigan MR, and Nosaka K. Comparison of four different methods to measure power output during the hang power clean and the weighted jump squat. *J Strength Cond Res* 21: 314-320, 2007.

[49] Hunter SK, Thompson MW, Ruell PA, Harmer AR, Thom JM, Gwinn TH, and Adams RD. Human skeletal sarcoplasmic reticulum Ca2+ uptake and muscle function with aging and strength training. *J Appl Physiol* 86: 1858-1865, 1999.

[50] Jimenez-Reyes P, Samozino P, Cuadrado-Penafiel V, Conceicao F, Gonzalez-Badillo JJ, and Morin JB. Effect of countermovement on power-force-velocity profile. *Eur J Appl Physiol* 114: 2281-2288, 2014.

[51] Karatzaferi C, Chinn MK, and Cooke R. The force exerted by a muscle cross-bridge depends directly on the strength of the actomyosin bond. *Biophys J* 87: 2532-2544, 2004.

[52] Kipp K, Harris C, and Sabick MB. Correlations between internal and external power outputs during weightlifting exercise. *J Strength Cond Res* 27: 1025-1030, 2013.

[53] Kitamura K, Tokunaga M, Iwane AH, and Yanagida T. A single myosin head moves along an actin filament with regular steps of 5.3 nanometres. *Nature* 397: 129-134, 1999.

[54] Krylow AM and Sandercock TG. Dynamic force responses of muscle involving eccentric contraction. *J Biomech* 30: 27-33, 1997.

[55] Kyrolainen H and Komi PV. Differences in mechanical efficiency between power- and endurance-trained athletes while jumping. *Eur J Appl Physiol Occup Physiol* 70: 36-44, 1995.

[56] Kyrolainen H, Komi PV, and Belli A. Mechanical efficiency in athletes during running. *Scand J Med Sci Sports* 5: 200-208, 1995.

[57] Loturco I, Kobal R, Maldonado T, Piazzi AF, Bottino A, Kitamura K, Abad CC, Pereira LA, and Nakamura FY. Jump squat is more related to sprinting and jumping abilities than Olympic push press. *Int J Sports Med* 2015. [e-pub ahead of print].

[58] Loturco I, Nakamura FY, Artioli GG, Kobal R, Kitamura K, Cal Abad CC, Cruz IF, Romano F, Pereira LA, and Franchini E. Strength and power qualities are highly associated with punching impact in elite amateur boxers. *J Strength Cond Res* 30: 109-116, 2016.

[59] Luhtanen P and Komi PV. Mechanical energy states during running. *Eur J Appl Physiol Occup Physiol* 38: 41-48, 1978.

[60] Luhtanen P and Komi PV. Force-, power-, and elasticity-velocity relationships in walking, running, and jumping. *Eur J Appl Physiol Occup Physiol* 44: 279-289, 1980.

[61] Mansson A, Rassier D, and Tsiavaliaris G. Poorly understood aspects of striated muscle contraction. *Biomed Res Int* 2015: 245154, 2015.

[62] Markovic G and Jaric S. Positive and negative loading and mechanical output in maximum vertical jumping. *Med Sci Sports Exerc* 39: 1757-1764, 2007.

[63] Martin PE, Heise GD, and Morgan DW. Interrelationships between mechanical power, energy transfers, and walking and running economy. *Med Sci Sports Exerc* 25: 508-515, 1993.

［64］ McBride JM, Haines TL, and Kirby TJ. Effect of loading on peak power of the bar, body, and system during power cleans, squats, and jump squats. *J Sports Sci* 29: 1215-1221, 2011.

［65］ McBride JM and Snyder JG. Mechanical efficiency and force-time curve variation during repetitive jumping in trained and untrained jumpers. *Eur J Appl Physiol* 112: 3469-3477, 2012.

［66］ Methenitis SK, Zaras ND, Spengos KM, Stasinaki AN, Karampatsos GP, Georgiadis GV, and Terzis GD. Role of muscle morphology in jumping, sprinting, and throwing performance in participants with different power training duration experience. *J Strength Cond Res* 30: 807-817, 2016.

［67］ Miller MS, Bedrin NG, Ades PA, Palmer BM, and Toth MJ. Molecular determinants of force production in human skeletal muscle fibers: effects of myosin isoform expression and cross-sectional area. *Am J Physiol Cell Physiol* 308: C473-484, 2015.

［68］ Miller MS, Bedrin NG, Callahan DM, Previs MJ, Jennings ME 2nd, Ades PA, Maughan DW, Palmer BM, and Toth MJ. Age-related slowing of myosin actin cross-bridge kinetics is sex specific and predicts decrements in whole skeletal muscle performance in humans. *J Appl Physiol* 115: 1004-1014, 2013.

［69］ Morel B, Rouffet DM, Saboul D, Rota S, Clemencon M, and Hautier CA. Peak torque and rate of torque development influence on repeated maximal exercise performance: contractile and neural contributions. *PloS one* 10:e0119710, 2015.

［70］ Nardello F, Ardigo LP, and Minetti AE. Measured and predicted mechanical internal work in human locomotion. *Hum Mov Sci* 30: 90-104, 2011.

［71］ Nuzzo JL, McBride JM, Dayne AM, Israetel MA, Dumke CL, and Triplett NT. Testing of the maximal dynamic output hypothesis in trained and untrained subjects. *J Strength Cond Res* 24: 1269-1276, 2010.

［72］ O'Brien TD, Reeves ND, Baltzopoulos V, Jones DA, and Maganaris CN. Strong relationships exist between muscle volume, joint power and whole-body external mechanical power in adults and children. *Exp Physiol* 94: 731-738, 2009.

［73］ Plas RL, Degens H, Meijer JP, de Wit GM, Philippens IH, Bobbert MF, and Jaspers RT. Muscle contractile properties as an explanation of the higher mean power output in marmosets than humans during jumping. *J Exp Biol* 218: 2166-2173, 2015.

［74］ Proske U and Allen TJ. Damage to skeletal muscle from eccentric exercise. *Exerc Sport Sci Rev* 33: 98-104, 2005.

［75］ Rassier DE, MacIntosh BR, and Herzog W. Length dependence of active force production in skeletal muscle. *J Appl Physiol* 86: 1445-1457, 1999.

［76］ Rubenson J, Lloyd DG, Heliams DB, Besier TF, and Fournier PA. Adaptations for economical bipedal running: the effect of limb structure on three-dimensional joint mechanics. *J R Soc Interface* 8: 740-755, 2011.

［77］ Sasaki K, Neptune RR, and Kautz SA. The relationships between muscle, external, internal and joint mechanical work during normal walking. *J Exp Biol* 212: 738-744, 2009.

［78］ Schache AG, Brown NA, and Pandy MG. Modulation of work and power by the human lower-limb joints with increasing steady-state locomotion speed. *J Exp Biol* 218: 2472-2481, 2015.

［79］ Scott CB. Contribution of blood lactate to the energy expenditure of weight training. *J Strength Cond Res* 20: 404-411, 2006.

［80］ Seebacher F, Tallis JA, and James RS. The cost of muscle power production: muscle oxygen consumption per unit work increases at low temperatures in Xenopus laevis. *J Exp Biol* 217: 1940-1945, 2014.

［81］ Shen ZH and Seipel JE. A fundamental mechanism of legged locomotion with hip torque and leg damping. *Bioinspir Biomim* 7:046010, 2012.

［82］ Smith DA. A new mechanokinetic model for muscle contraction, where force and movement are triggered by phosphate release. *J Muscle Res Cell Motil* 35: 295-306, 2014.

［83］ Snow DH, Harris RC, and Gash SP. Metabolic response of equine muscle to intermittent maximal exercise. *J Appl Physiol* 58: 1689-1697, 1985.

［84］ Sogaard K, Gandevia SC, Todd G, Petersen NT, and Taylor JL. The effect of sustained low-intensity contractions on supraspinal fatigue in human elbow flexor muscles. *J Physiol* 573: 511-523, 2006.

［85］ Soriano MA, Jimenez-Reyes P, Rhea MR, and Marin PJ. The optimal load for maximal power production during lower-body resistance exercises: a meta-analysis. *Sports Med* 45: 1191-1205, 2015.

[86] Suzuki M, Fujita H, and Ishiwata S. A new muscle contractile system composed of a thick filament lattice and a single actin filament. *Biophys J* 89: 321-328, 2005.

[87] Taboga P, Lazzer S, Fessehatsion R, Agosti F, Sartorio A, and di Prampero PE. Energetics and mechanics of running men: the influence of body mass. *Eur J Appl Physiol* 112: 4027-4033, 2012.

[88] Toji H and Kaneko M. Effect of multiple-load training on the force-velocity relationship. *J Strength Cond Res* 18: 792-795, 2004.

[89] Toji H, Suei K, and Kaneko M. Effects of combined training loads on relations among force, velocity, and power development. *Can J Appl Physiol* 22: 328-336, 1997.

[90] Trappe S, Godard M, Gallagher P, Carroll C, Rowden G, and Porter D. Resistance training improves single muscle fiber contractile function in older women. *Am J Physiol Cell Physiol* 281: C398-406, 2001.

[91] Van Cutsem M, Duchateau J, and Hainaut K. Changes in single motor unit behaviour contribute to the increase in contraction speed after dynamic training in humans. *J Physiol* 513 (Pt 1): 295-305, 1998.

[92] Waterman-Storer CM. The cytoskeleton of skeletal muscle: is it affected by exercise? A brief review. *Med Sci Sports Exerc* 23: 1240-1249, 1991.

[93] Willems PA, Cavagna GA, and Heglund NC. External, internal and total work in human locomotion. *J Exp Biol* 198: 379-393, 1995.

[94] Williams PE and Goldspink G. Longitudinal growth of striated muscle fibres. *J Cell Sci* 9: 751-767, 1971.

[95] Willis WT, Jackman MR, Messer JI, Kuzmiak-Glancy S, and Glancy B. A simple hydraulic analog model of oxidative phosphorylation. *Med Sci Sports Exerc* 48: 990-1000, 2016.

第二章

[1] Baker D and Newton RU. Methods to increase the effectiveness of maximal power training for the upper body. *Strength Cond J* 27: 24-32, 2005.

[2] Bosco C, Luhtanen P, and Komi PV. A simple method for measurement of mechanical power in jumping. *Eur J Appl Physiol* 50: 273-282, 1983.

[3] Chia M and Aziz AR. Modelling maximal oxygen uptake in athletes: allometric scaling versus ratio-scaling in relation to body mass. *Ann Acad Med Singapore* 37: 300-306, 2008.

[4] Cormack SJ, Newton RU, McGuigan MR, and Doyle TLA. Reliability of measures obtained during single and repeated countermovement jumps. *Int J Sports Physiol Perform* 3: 131-144, 2008.

[5] Cormie P, McBride JM, and McCaulley GO. Validation of power measurement technique in dynamic lower body resistance exercises. *J Appl Biomech* 23: 103-118, 2007.

[6] Cormie P, McBride JM, and McCaulley GO. Power-time, force-time, and velocity-time curve analysis of the countermovement jump: impact of training. *J Strength Cond Res* 23: 177, 2009.

[7] Cormie P, McCaulley GO, Triplett NT, and McBride JM. Optimal loading for maximal power output during lower-body resistance exercises. *Med Sci Sports Exerc* 39: 340-349, 2007.

[8] Crewther BT, Kilduff LP, Cunningham DJ, Cook C, Owen N, and Yang GZ. Validating two systems for estimating force and power. *Int J Sports Med* 32: 254-258, 2011.

[9] Crewther BT, McGuigan MR, and Gill ND. The ratio and allometric scaling of speed, power, and strength in elite male rugby union players. *J Strength Cond Res* 25: 1968-1975, 2011.

[10] Cronin J and Sleivert G. Challenges in understanding the influence of maximal power training on improving athletic performance. *Sports Med* 35: 213-234, 2005.

[11] Dugan EL, Doyle TL, Humphries B, Hasson CJ, and Newton RU. Determining the optimal load for jump squats: a review of methods and calculations. *J Strength Cond Res* 18: 668-674, 2004.

[12] Fox, EL and Mathews, DK. *Interval Training: Conditioning for Sports and General Fitness*. Philadelphia, PA: Saunders, 1974. pp. 257-258.

[13] Garhammer J. A review of power output studies of Olympic and powerlifting: methodology, performance prediction, and evaluation tests. *J Strength Cond Res* 7: 76-89, 1993.

[14] Haff GG and Nimphius S. Training principles for power. *Strength Cond J* 34: 2-12, 2012.

[15] Harman E, Rosenstein MT, Frykman PN, Rosenstein RM, and Kraemer WJ. Estimation of human power output from vertical jump. *J Appl Sport Sci Res* 5: 116-120, 1991.

［16］ Hopkins WG. How to interpret changes in an athletic performance test. *Sportscience* 8: 1-7, 2004.

［17］ Hopkins WG, Schabort EJ, and Hawley JA. Reliability of power in physical performance tests. *Sports Med* 31: 211-234, 2001.

［18］ Hori N, Newton RU, Andrews WA, Kawamori N, McGuigan MR, and Nosaka K. Comparison of four different methods to measure power output during the hang power clean and the weighted jump squat. *J Strength Cond Res* 21: 314-320, 2007.

［19］ Hori N, Newton RU, Kawamori N, McGuigan MR, Kraemer WJ, and Nosaka K. Reliability of performance measurements derived from ground reaction force data during countermovement jump and the influence of sampling frequency. *J Strength Cond Res* 23: 874-882, 2009.

［20］ Hori N, Newton RU, Nosaka K, and McGuigan MR. Comparison of different methods of determining power output in weightlifting exercises. *Strength Cond J* 28: 34-40, 2006.

［21］ Jaric S. Role of body size in the relation between muscle strength and movement performance. *Exerc Sport Sci Rev* 31: 8-12, 2003.

［22］ Knudson DV. Correcting the use of the term "power" in the strength and conditioning literature. *J Strength Cond Res* 23: 1902-1908, 2009.

［23］ McLellan CP, Lovell DI, and Gass GC. The role of rate of force development on vertical jump performance. *J Strength Cond Res* 25: 379-385, 2011.

［24］ McMaster DT, Gill N, Cronin J, and McGuigan M. A brief review of strength and ballistic assessment methodologies in sport. *Sports Med* 44: 603-623, 2014.

［25］ Moir GL, Gollie JM, Davis SE, Guers JJ, and Witmer CA. The effects of load on system and lower-body joint kinetics during jump squats. *Sports Biomech* 11: 492-506, 2012.

［26］ Nevill AM, Stewart AD, Olds T, and Holder R. Are adult physiques geometrically similar? The dangers of allometric scaling using body mass power laws. *Am J Phys Anthropol* 124: 177-182, 2004.

［27］ Nimphius S, McGuigan MR, and Newton RU. Relationship between strength, power, speed, and change of direction performance of female softball players. *J Strength Cond Res* 24: 885-895, 2010.

［28］ Nimphius S, McGuigan MR, and Newton RU. Changes in muscle architecture and performance during a competitive season in female softball players. *J Strength Cond Res* 26: 2655-2666, 2012.

［29］ Nuzzo JL, McBride JM, Cormie P, and McCaulley GO. Relationship between countermovement jump performance and multijoint isometric and dynamic tests of strength. *J Strength Cond Res* 22: 699-707, 2008.

［30］ Sayers SP, Harackiewicz DV, Harman EA, Frykman PN, and Rosenstein MT. Cross-validation of three jump power equations. *Med Sci Sports Exerc* 31: 572-577, 1999.

［31］ Stone MH, Stone M, and Sands WA. Testing, Measurement, and Evaluation, in: *Principles and Practices of Resistance Training*. Champaign, IL: Human Kinetics, 2007, pp 157-179.

［32］ Suchomel TJ, Nimphius S, and Stone MH. The importance of muscular strength in athletic performance. *Sports Med* 46: 1419-1449, 2016.

［33］ Tessier JF, Basset FA, Simoneau M, and Teasdale N. Lower-limb power cannot be estimated accurately from vertical jump tests. *J Hum Kinet* 38: 5-13, 2013.

［34］ Vanderburgh PM, Sharp M, and Nindl B. Nonparallel slopes using analysis of covariance for body size adjustment may reflect inappropriate modeling. *Meas Phys Educ Exerc Sci* 2: 127-135, 1998.

［35］ Wilson GJ, Newton RU, Murphy AJ, and Humphries BJ. The optimal training load for the development of dynamic athletic performance. *Med Sci Sports Exerc* 25: 1279-1286, 1993.

［36］ Winter EM, Abt G, Brookes FB, Challis JH, Fowler NE, Knudson DV, Knuttgen HG, Kraemer WJ, Lane AM, van Mechelen W, Morton RH, Newton RU, Williams C, and Yeadon MR. Misuse of "power" and other mechanical terms in sport and exercise science research. *J Strength Cond Res* 30: 292-300, 2016.

［37］ Zoeller RF, Ryan ED, Gordish-Dressman H, Price TB, Seip RL, Angelopoulos TJ, Moyna NM, Gordon PM, Thompson PD, and Hoffman EP. Allometric scaling of isometric biceps strength in adult females and the effect of body mass index. *Eur J Appl Physiol* 104: 701-710, 2008.

第三章

［1］ Aagaard P, Simonsen EB, Andersen JL, Magnusson P, and Dyhre-Poulsen P. Increased rate of force development and neural drive of human skeletal muscle following resistance training. *J Appl Physiol* 93: 1318-1326, 2002.

［2］ Aagaard P, Simonsen EB, Andersen JL, Magnusson P, and Dyhre-Poulsen P. Neural adaptation to resistance training: changes in evoked V-wave and H-reflex responses. *J Appl Physiol* 92: 2309-2318, 2002.

［3］ Aagaard P, Simonsen EB, Trolle M, Bangsbo J, and Klausen K. Effects of different strength training regimes on moment and power generation during dynamic knee extensions. *Eur J Appl Physiol* 69: 382-386, 1994.

［4］ Baker D. Comparison of upper-body strength and power between professional and college-aged rugby league players. *J Strength Cond Res* 15: 30-35, 2001.

［5］ Baker D. A series of studies on the training of high-intensity muscle power in rugby league football players. *J Strength Cond Res* 15: 198-209, 2001.

［6］ Baker D, Wilson G, and Carlyon R. Periodization: the effect on strength of manipulating volume and intensity. *J Strength Cond Res* 8: 235-242, 1994.

［7］ Banister EW, Carter JB, and Zarkadas PC. Training theory and taper: validation in triathlon athletes. *Eur J Appl Physiol Occup Physiol* 79: 182-191, 1999.

［8］ Barker M, Wyatt TJ, Johnson RL, Stone MH, O'Bryant HS, Poe C, and Kent M. Performance factors, physiological assessment, physical characteristic, and football playing ability. *J Strength Cond Res* 7: 224-233, 1993.

［9］ Bartolomei S, Hoffman JR, Merni F, and Stout JR. A comparison of traditional and block periodized strength training programs in trained athletes. *J Strength Cond Res* 28: 990-997, 2014.

［10］ Bompa TO and Buzzichelli CA. Periodization as planning and programming of sport training, in: *Periodization Training for Sports*. Champaign, IL: Human Kinetics, 2015, pp 87-98.

［11］ Bompa TO and Haff GG. *Periodization: Theory and Methodology of Training*. Champaign, IL: Human Kinetics Publishers, 2009.

［12］ Bondarchuk A. *Transfer of Training in Sports*. Michigan, USA: Ultimate Athlete Concepts, 2007.

［13］ Bondarchuk AP. Track and field training. *Legkaya Atletika* 12: 8-9, 1986.

［14］ Bondarchuk AP. Constructing a Training System. *Track Tech* 102: 254-269, 1988.

［15］ Bondarchuk AP. The role and sequence of using different training-load intensities. *Fit Sports Rev Inter* 29: 202-204, 1994.

［16］ Bosquet L, Montpetit J, Arvisais D, and Mujika I. Effects of tapering on performance: a meta-analysis. *Med Sci Sports Exerc* 39: 1358-1365, 2007.

［17］ Bruin G, Kuipers H, Keizer HA, and Vander Vusse GJ. Adaptation and overtraining in horses subjected to increasing training loads. *J Appl Physiol* 76: 1908-1913, 1994.

［18］ Chiu LZF and Barnes JL. The fitness-fatigue model revistited: implications for planning short- and long-term training. *NSCA J* 25: 42-51, 2003.

［19］ Cormie P, McGuigan MR, and Newton RU. Adaptations in athletic performance following ballistic power vs strength training. *Med Sci Sports Exerc* 42: 1582-1598, 2010.

［20］ Cormie P, McGuigan MR, and Newton RU. Influence of strength on magnitude and mechanisms of adaptation to power training. *Med Sci Sports Exerc* 42: 1566-1581, 2010.

［21］ Cormie P, McGuigan MR, and Newton RU. Developing maximal neuromuscular power. Part II: training considerations for improving maximal power production. *Sports Med* 41: 125-146, 2011.

［22］ Counsilman JE and Counsilman BE. *The New Science of Swimming*. Englewood Cliffs, NJ: Prentice Hall, 1994.

［23］ Edington DW and Edgerton VR. *The Biology of Physical Activity*. Boston, MA: Houghton Mifflin, 1976.

［24］ Fleck S and Kraemer WJ. *Designing Resistance Training Programs*. Champaign, IL: Human Kinetics, 2004.

［25］ Fleck SJ and Kraemer WJ. *The Ultimate Training System: Periodization Breakthrough*. New York, NY: Advanced Research Press, 1996.

［26］ Foster C. Monitoring training in athletes with reference to overtraining syndrome. *Med Sci Sports Exerc* 30: 1164-1168, 1998.

［27］ Francis C. *Structure of Training for Speed*. 2008, p 270.

［28］ Fry AC. The role of training intensity in resistance exercise overtraining and overreaching, in: *Overtraining in Sport*. RB Kreider, AC Fry, ML O'Toole, eds. Champaign, IL: Human Kinetics Publishers, 1998, pp 107-127.

［29］ Garcia-Pallares J, Garcia-Fernandez M, Sanchez-Medina L, and Izquierdo M. Performance changes in world-class kayakers following two different training periodization models. *Eur J Appl Physiol* 110: 99-107, 2010.

［30］ Gorostiaga EM, Navarro-Amezqueta I, Calbet JA, Hellsten Y, Cusso R, Guerrero M, Granados C, Gonzalez-Izal M, Ibanez J, and Izquierdo M. Energy metabolism during repeated sets of leg press exercise leading to failure or not. *PLoS One* 7: e40621, 2012.

［31］ Gourgoulis V, Aggeloussis N, Kasimatis P, Mavromatis G, and Garas A. Effect of a submaximal half-squats warm-up program on vertical jumping ability. *J Strength Cond Res* 17: 342-344, 2003.

［32］ Haff GG. Periodization of training. In *Conditioning for Strength and Human Performance*. LE Brown, J Chandler, eds. Philadelphia, PA: Wolters Kluwer, Lippincott, Williams & Wilkins, 2012, pp 326-345.

［33］ Haff GG. Peaking for competition in individual sports, in: *High-Performance Training for Sports*. D Joyce, D Lewindon, eds., Champaign, IL: Human Kinetics, 2014, pp 524-540.

［34］ Haff GG. Periodization strategies for youth development, in: *Strength and Conditioning for Young Athletes: Science and Application*. RS Lloyd, JL Oliver, eds. London: Routledge, Taylor & Francis Group, 2014, pp 149-168.

［35］ Haff GG, Burgess S, and Stone MH. Cluster training: theoretical and practical applications for the strength and conditioning professional. *Prof Strength and Cond* 12: 12-17, 2008.

［36］ Haff GG, Carlock JM, Hartman MJ, Kilgore JL, Kawamori N, Jackson JR, Morris RT, Sands WA, and Stone MH. Force-time curve characteristics of dynamic and isometric muscle actions of elite women Olympic weightlifters. *J Strength Cond Res* 19: 741-748, 2005.

［37］ Haff GG and Haff EE. Resistance training program design, in: *Essentials of Periodization*. MH Malek, JW Coburn, eds. Champaign, IL: Human Kinetics, 2012, pp 359-401.

［38］ Haff GG and Haff EE. Training integration and periodization. In *Strength and Conditioning Program Design*. J Hoffman, ed. Champaign, IL: Human Kinetics, 2012, pp 209-254.

［39］ Haff GG, Hobbs RT, Haff EE, Sands WA, Pierce KC, and Stone MH. Cluster training: a novel method for introducing training program variation. *Strength Cond J* 30: 67-76, 2008.

［40］ Haff GG and Nimphius S. Training principles for power. *Strength Cond J* 34: 2-12, 2012.

［41］ Haff GG, Ruben RP, Lider J, Twine C, and Cormie P. A comparison of methods for determining the rate of force development during isometric midthigh clean pulls. *J Strength Cond Res* 29: 386-395, 2015.

［42］ Haff GG, Stone MH, O'Bryant HS, Harman E, Dinan CN, Johnson R, and Han KH. Force-time dependent characteristics of dynamic and isometric muscle actions. *J Strength Cond Res* 11: 269-272, 1997.

［43］ Haff GG, Whitley A, and Potteiger JA. A brief review: explosive exercises and sports performance. *Natl Strength Cond Assoc* 23: 13-20, 2001.

［44］ Hardee JP, Travis Triplett N, Utter AC, Zwetsloot KA, and McBride JM. Effect of interrepetition rest on power output in the power clean. *J Strength Cond Res* 26: 883-889, 2012.

［45］ Harre D. *Principles of Sports Training*. Berlin, Germany: Democratic Republic: Sportverlag, 1982.

［46］ Harris GR, Stone MH, O'Bryant HS, Proulx CM, and Johnson RL. Short-term performance effects of high power, high force, or combined weight-training methods. *J Strength Cond Res* 14: 14-20, 2000.

［47］ Harris NK, Cronin JB, Hopkins WG, and Hansen KT. Squat jump training at maximal power loads vs. heavy loads: effect on sprint ability. *J Strength Cond Res* 22: 1742-1749, 2008.

［48］ Issurin V. Block periodization versus traditional training theory: a review. *J Sports Med Phys Fitness* 48: 65-75, 2008.

［49］ Issurin V. *Block Periodization: Breakthrough in Sports Training*. Michigan, USA: Ultimate Athlete Concepts, 2008.

［50］ Issurin VB. New horizons for the methodology and physiology of training periodization. *Sports Med* 40: 189-206, 2010.

［51］ Izquierdo M, Ibanez J, Gonzalez-Badillo JJ, Ratamess NA, Kraemer WJ, Häkkinen K, Bonnabau H, Granados C, French DN, and Gorostiaga EM. Detraining and tapering effects on hormonal responses and strength performance. *J Strength Cond Res* 21: 768-775, 2007.

［52］ Jeffreys I. Quadrennial planning for the high school athlete. *Strength Cond J* 30: 74-83, 2008.

[53] Jovanović M. Planning the strength training. *Complementary Training*. Contemporary Training, 2009. Accessed February 9, 2017.

[54] Kaneko M, Fuchimoto T, Toji H, and Suei K. Training effect of different loads on the force-velocity relationship and mechanical power output in human muscle. *Scand J Sports Sci* 5: 50-55, 1983.

[55] Kawamori N and Haff GG. The optimal training load for the development of muscular power. *J Strength Cond Res* 18: 675-684, 2004.

[56] Keiner M, Sander A, Wirth K, Caruso O, Immesberger P, and Zawieja M. Strength performance in youth: trainability of adolescents and children in the back and front squats. *J Strength Cond Res* 27: 357-362, 2013.

[57] Kirby TJ, Erickson T, and McBride JM. Model for progression of strength, power, and speed training. *Strength Cond J* 32: 86-90 2010.

[58] Knudson DV. Correcting the use of the term "power" in the strength and conditioning literature. *J Strength Cond Res* 23: 1902-1908, 2009.

[59] Kraemer WJ and Fleck SJ. *Optimizing Strength Training: Designing Nonlinear Periodization Workouts*. Champaign, IL: Human Kinetics, 2007.

[60] Kraemer WJ, Hatfield DL, and Fleck SJ. Types of muscle training, in: *Strength Training*. LE Brown, ed. Champaign, IL: Human Kinetics, 2007, pp 45-72.

[61] Kurz T. *Science of Sports Training*. Island Pond, VT: Stadion Publishing Co., Inc., 2001.

[62] Lovell DI, Cuneo R, and Gass GC. The effect of strength training and short-term detraining on maximum force and the rate of force development of older men. *Eur J Appl Physiol Occup Physiol* 109: 429-435, 2010.

[63] Matveyev L. *Periodization of Sports Training*. Moskow, Russia: Fizkultura i Sport, 1965.

[64] Matveyev LP. *Periodisterung Des Sportlichen Trainings*. Moscow: Fizkultura i Sport, 1972.

[65] Matveyev LP. *Fundamentals of Sports Training*. Moscow: Fizkultua i Sport, 1977.

[66] McBride JM, Nimphius S, and Erickson TM. The acute effects of heavy-load squats and loaded countermovement jumps on sprint performance. *J Strength Cond Res* 19: 893-897, 2005.

[67] McBride JM, Triplett-McBride T, Davie A, and Newton RU. A comparison of strength and power characteristics between power lifters, Olympic lifters, and sprinters. *J Strength Cond Res* 13: 58-66, 1999.

[68] McBride JM, Triplett-McBride T, Davie A, and Newton RU. The effect of heavy- vs. light-load jump squats on the development of strength, power, and speed. *J Strength Cond Res* 16: 75-82, 2002.

[69] Minetti AE. On the mechanical power of joint extensions as affected by the change in muscle force (or cross-sectional area), ceteris paribus. *Eur J Appl Physiol* 86: 363-369, 2002.

[70] Moss BM, Refsnes PE, Abildgaard A, Nicolaysen K, and Jensen J. Effects of maximal effort strength training with different loads on dynamic strength, cross-sectional area, load-power and load-velocity relationships. *Eur J Appl Physiol* 75: 193-199, 1997.

[71] Mujika I and Padilla S. Detraining: loss of training-induced physiological and performance adaptations. Part I: short term insufficient training stimulus. *Sports Med* 30: 79-87, 2000.

[72] Mujika I and Padilla S. Detraining: loss of training-induced physiological and performance adaptations. Part II: long term insufficient training stimulus. *Sports Med* 30: 145-154, 2000.

[73] Mujika I and Padilla S. Scientific bases for precompetition tapering strategies. *Med Sci Sports Exerc* 35: 1182-1187, 2003.

[74] Nádori L and Granek I. *Theoretical and Methodological Basis of Training Planning With Special Considerations Within a Microcycle*. Lincoln, NE: NSCA, 1989.

[75] Newton RU and Kraemer WJ. Developing explosive muscular power: implications for a mixed methods training strategy. *Strength Cond J* 16: 20-31, 1994.

[76] Olbrect J. *The Science of Winning: Planning, Periodizing, and Optimizing Swim Training*. Luton, England: Swimshop, 2000.

[77] Painter KB, Haff GG, Ramsey MW, McBride J, Triplett T, Sands WA, Lamont HS, Stone ME, and Stone MH. Strength gains: block versus daily undulating periodization weight-training among track and field athletes. *Int J Sports Physiol Perform* 7: 161-169, 2012.

[78] Plisk SS and Stone MH. Periodization strategies. *Strength and Cond* 25: 19-37, 2003.

[79] Rhea MR, Ball SD, Phillips WT, and Burkett LN. A comparison of linear and daily undulating periodized programs with equated volume and intensity for strength. *Strength Cond J* 16: 250-255, 2002.

[80] Roll F and Omer J. Football: Tulane football winter program. *Strength Cond J* 9: 34-38, 1987.

[81] Rowbottom DG. Periodization of training, in: *Exercise and Sport Science*. WE Garrett, DT Kirkendall, eds. Philadelphia, PA: Lippicott Williams and Wilkins, 2000, pp 499-512.

[82] Ruben RM, Molinari MA, Bibbee CA, Childress MA, Harman MS, Reed KP, and Haff GG. The acute effects of an ascending squat protocol on performance during horizontal plyometric jumps. *J Strength Cond Res* 24: 358-369, 2010.

[83] Schmolinsky G. *Track and Field: The East German Textbook of Athletics*. Toronto, Canada: Sports Book Publisher, 2004.

[84] Seitz L, Saez de Villarreal E, and Haff GG. The temporal profile of postactivation potentiation is related to strength level. *J Strength Cond Res* 28: 706-715, 2014.

[85] Seitz LB and Haff GG. Application of methods of inducing postactivation potentiation during the preparation of rugby players. *Strength Cond J* 37: 40-49, 2015.

[86] Seitz LB, Riviere M, de Villarreal ES, and Haff GG. The athletic performance of elite rugby league players is improved after an 8-week small-sided game training intervention. *J Strength Cond Res* 28: 971-975, 2014.

[87] Seitz LB, Trajano GS, Dal Maso F, Haff GG, and Blazevich AJ. Postactivation potentiation during voluntary contractions after continued knee extensor task-specific practice. *Appl Physiol Nutr Metab* 40: 230-237, 2015.

[88] Seitz LB, Trajano GS, and Haff GG. The back squat and the power clean elicit different degrees of potentiation. *Int J Sports Physiol Perform* 9: 643-649, 2014.

[89] Selye H. *The Stress of Life*. New York, NY: McGraw-Hill, 1956.

[90] Siff MC. *Supertraining*. Denver, CO: Supertraining Institute, 2003.

[91] Smith DJ. A framework for understanding the training process leading to elite performance. *Sports Med* 33: 1103-1126, 2003.

[92] Stone MH, Moir G, Glaister M, and Sanders R. How much strength is necessary? *Phys Ther Sport* 3: 88-96, 2002.

[93] Stone MH, O'Bryant H, and Garhammer J. A hypothetical model for strength training. *J Sports Med* 21: 342-351, 1981.

[94] Stone MH, Stone ME, and Sands WA. *Principles and Practice of Resistance Training*. Champaign, IL: Human Kinetics Publishers, 2007.

[95] Sukop J and Nelson R. Effect of isometric training on the force-time characteristics of muscle contraction, in: *Biomechanics IV*. RC Nelson, CA Morehouse, eds. Baltimore, MD: University Park Press, 1974, pp 440-447.

[96] Thibaudeau C. *Theory and Application of Modern Strength and Power Methods*. North Charleston, SC: Createspace Publishing, 2006.

[97] Thorstensson A, Grimby G, and Karlsson J. Force-velocity relations and fiber composition in human knee extensor muscles. *J Appl Physiol* 40: 12-16, 1976.

[98] Tillin NA and Bishop D. Factors modulating post-activation potentiation and its effect on performance of subsequent explosive activities. *Sports Med* 39: 147-166, 2009.

[99] Toji H and Kaneko M. Effect of multiple-load training on the force-velocity relationship. *J Strength Cond Res* 18: 792-795, 2004.

[100] Toji H, Suei K, and Kaneko M. Effects of combined training programs on force-velocity relation and power output in human muscle. *Jpn J Phys Fitness Sports Med* 44: 439-445, 1995.

[101] Verkhoshansky Y and Siff MC. Application of special strength training means. In *Supertraining: Expanded Edition*. Rome, Italy: Verkoshansky, 2009, pp 287-294.

[102] Verkhoshansky YU. How to set up a training program. *Sov Sports Rev* 16: 123-136, 1981.

[103] Verkhoshansky YU. *Programming and Organization of Training*. Moscow: Fizkultura i Sport, 1985.

[104] Verkhoshansky YU. *Fundamentals of Special Strength Training in Sport*. Livonia, MI: Sportivy Press, 1986.

［105］ Verkhoshansky YU. *Special Strength Training: A Practical Manual for Coaches*. Muskegon Heights, MI: Ultimate Athlete Concepts, 2006.

［106］ Verkhoshansky YU. Theory and methodology of sport preparation: block training system for top-level athletes. *Teoria i Practica Physicheskoj Culturi* 4: 2-14, 2007.

［107］ Verkoshansky Y and Siff MC. Programming and organisation of training. In *Supertraining: Expanded Editions*. Rome Italy: Verkoshansky, 2009, pp 313-392.

［108］ Viitasalo JT. Rate of force development, muscle structure and fatigue, in: *Biomechanics VII-A: Proceedings of the 7th International Congress of Biomechanics*. A Morecki, F Kazimirz, K Kedzior, A Wit, eds. Baltimore, MD: University Park Press, 1981, pp 136-141.

［109］ Wilson GJ, Newton RU, Murphy AJ, and Humphries BJ. The optimal training load for the development of dynamic athletic performance. *Med Sci Sports Exerc* 25: 1279-1286, 1993.

［110］ Yakovlev, N.N. *Sports Biochemistry*. Leipzig, Germany: Deutsche HochschuleKorperkulture (German Institute for Physical Culture), 1967.

［111］ Yetter M and Moir GL. The acute effects of heavy back and front squats on speed during forty-meter sprint trials. *J Strength Cond Res* 22: 159-165, 2008.

［112］ Zamparo P, Minetti AE, and di Prampero PE. Interplay among the changes of muscle strength, cross-sectional area and maximal explosive power: theory and facts. *Eur J Appl Physiol* 88: 193-202, 2002.

［113］ Zatsiorsky VM. Basic concepts of training theory. In *Science and Practice of Strength Training*. Champaign, IL: Human Kinetics, 1995, pp 3-19.

［114］ Zatsiorsky VM. Timing in strength training. In *Science and Practice of Strength Training*. Champaign, IL: Human Kinetics Publishers, 1995, pp 108-135.

［115］ Zatsiorsky VM and Kraemer WJ. *Science and Practice of Strength Training*, 2nd ed. Champaign, IL: Human Kinetics, 2006.

［116］ Zatsiorsky VM and Kraemer WJ. Timing in strength training. In *Science and Practice of Strength Training*, 2nd ed. Champaign, IL: Human Kinetics Publishes, 2006, pp 89-108.

第四章

［1］ Arampatzis A, Degens H, Baltzopoulos V, and Rittweger J. Why do older sprinters reach the finish line later? *Exerc Sport Sci Rev* 39: 18-22, 2011.

［2］ Armstrong N, Welsman JR, and Chia MY. Short term power output in relation to growth and maturation. *Br J Sports Med* 35: 118-124, 2001.

［3］ Bean JF, Kiely DK, Herman S, Leveille SG, Mizer K, Frontera WR, and Fielding RA. The relationship between leg power and physical performance in mobility-limited older people. *J Am Geriatr Soc* 50: 461-467, 2002.

［4］ Behm DG and Sale DG. Intended rather than actual movement velocity determines velocity-specific training response. *J Appl Physiol* 74: 359-368, 1993.

［5］ Behringer M, Vom Heede A, Matthews M, and Mester J. Effects of strength training on motor performance skills in children and adolescents: a meta-analysis. *Pediatr Exerc Sci* 23: 186-206, 2011.

［6］ Beunen G and Malina RM. Growth and physical performance relative to the timing of the adolescent spurt. *Exerc Sport Sci Rev* 16: 503-540, 1988.

［7］ Beunen G, Ostyn M, Simons J, Renson R, Claessens AL, Vanden Eynde B, Lefevre J, Vanreusel B, Malina RM, and van't Hof MA. Development and tracking in fitness components: Leuven longitudinal study on lifestyle, fitness and health. *Int J Sports Med* 18 Suppl 3: S171-178, 1997.

［8］ Bonnefoy M, Kostka T, Arsac LM, Berthouze SE, and Lacour JR. Peak anaerobic power in elderly men. *Eur J Appl Physiol Occup Physiol* 77: 182-188, 1998.

［9］ Branta C, Haubenstricker J, and Seefeldt V. Age changes in motor skills during childhood and adolescence. *Exerc Sport Sci Rev* 12: 467-520, 1984.

［10］ Caserotti P, Aagaard P, Simonsen EB, and Puggaard L. Contraction-specific differences in maximal muscle power during stretch-shortening cycle movements in elderly males and females. *Eur J Appl Physiol* 84: 206-212, 2001.

[11] Chaouachi A, Hammami R, Kaabi S, Chamari K, Drinkwater EJ, and Behm DG. Olympic weight-lifting and plyometric training with children provides similar or greater performance improvements than traditional resistance training. *J Strength Cond Res* 28: 1483-1496, 2014.

[12] Cohen DD, Voss C, Taylor MJ, Delextrat A, Ogunleye AA, and Sandercock GR. Ten-year secular changes in muscular fitness in English children. *Acta Paediatr* 100: e175-177, 2011.

[13] Cormie P, McGuigan MR, and Newton RU. Developing maximal neuromuscular power. Part II: training considerations for improving maximal power production. *Sports Med* 41: 125-146, 2011.

[14] Cuoco A, Callahan DM, Sayers S, Frontera WR, Bean J, and Fielding RA. Impact of muscle power and force on gait speed in disabled older men and women. *J Gerontol A Biol Sci Med Sci* 59: 1200-1206, 2004.

[15] Dayne AM, McBride JM, Nuzzo JL, Triplett NT, Skinner J, and Burr A. Power output in the jump squat in adolescent male athletes. *J Strength Cond Res* 25: 585-589, 2011.

[16] de Vos NJ, Singh NA, Ross DA, Stavrinos TM, Orr R, and Fiatarone Singh MA. Optimal load for increasing muscle power during explosive resistance training in older adults. *J Gerontol A Biol Sci Med Sci* 60: 638-647, 2005.

[17] de Vos NJ, Singh NA, Ross DA, Stavrinos TM, Orr R, and Fiatarone Singh MA. Effect of power-training intensity on the contribution of force and velocity to peak power in older adults. *J Aging Phys Act* 16: 393-407, 2008.

[18] Dotan R, Mitchell C, Cohen R, Klentrou P, Gabriel D, and Falk B. Child-adult differences in muscle activation—a review. *Pediatr Exerc Sci* 24: 2-21, 2012.

[19] Drey M, Sieber CC, Degens H, McPhee J, Korhonen MT, Muller K, Ganse B, and Rittweger J. Relation between muscle mass, motor units and type of training in master athletes. *Clin Physiol Funct Imaging* 36: 70-76, 2016.

[20] Earles DR, Judge JO, and Gunnarsson OT. Velocity training induces power-specific adaptations in highly functioning older adults. *Arch Phys Med Rehabil* 82: 872-878, 2001.

[21] Faigenbaum AD, Farrell A, Fabiano M, Radler T, Naclerio F, Ratamess NA, Kang J, and Myer GD. Effects of integrative neuromuscular training on fitness performance in children. *Pediatr Exerc Sci* 23: 573-584, 2011.

[22] Faigenbaum AD, Farrell AC, Fabiano M, Radler TA, Naclerio F, Ratamess NA, Kang J, and Myer GD. Effects of detraining on fitness performance in 7-year-old children. *J Strength Cond Res* 27: 323-330, 2013.

[23] Faigenbaum AD, Lloyd RS, and Myer GD. Youth resistance training: past practices, new perspectives, and future directions. *Pediatr Exerc Sci* 25: 591-604, 2013.

[24] Fielding RA, LeBrasseur NK, Cuoco A, Bean J, Mizer K, and Fiatarone Singh MA. High-velocity resistance training increases skeletal muscle peak power in older women. *J Am Geriatr Soc* 50: 655-662, 2002.

[25] Flanagan SD, Dunn-Lewis C, Hatfield DL, Distefano LJ, Fragala MS, Shoap M, Gotwald M, Trail J, Gomez AL, Volek JS, Cortis C, Comstock BA, Hooper DR, Szivak TK, Looney DP, DuPont WH, McDermott DM, Gaudiose MC, and Kraemer WJ. Developmental differences between boys and girls result in sex-specific physical fitness changes from fourth to fifth grade. *J Strength Cond Res* 29: 175-180, 2015.

[26] Foldvari M, Clark M, Laviolette LC, Bernstein MA, Kaliton D, Castaneda C, Pu CT, Hausdorff JM, Fielding RA, and Singh MA. Association of muscle power with functional status in community-dwelling elderly women. *J Gerontol A Biol Sci Med Sci* 55: M192-199, 2000.

[27] Ford KR, Myer GD, Brent JL, and Hewett TE. Hip and knee extensor moments predict vertical jump height in adolescent girls. *J Strength Cond Res* 23: 1327-1331, 2009.

[28] Gorostiaga EM, Izquierdo M, Ruesta M, Iribarren J, Gonzalez-Badillo JJ, and Ibanez J. Strength training effects on physical performance and serum hormones in young soccer players. *Eur J Appl Physiol* 91: 698-707, 2004.

[29] Hakkinen K, Kraemer WJ, Newton RU, and Alen M. Changes in electromyographic activity, muscle fibre and force production characteristics during heavy resistance/power strength training in middle-aged and older men and women. *Acta Physiol Scand* 171: 51-62, 2001.

[30] Harries SK, Lubans DR, and Callister R. Resistance training to improve power and sports performance in adolescent athletes: a systematic review and meta-analysis. *J Sci Med Sport* 15: 532-540, 2012.

[31] Harrison AJ and Gaffney S. Motor development and gender effects on stretch-shortening cycle performance. *J Sci Med Sport* 4: 406-415, 2001.

[32] Hazell T, Kenno K, and Jakobi J. Functional benefit of power training for older adults. *J Aging Phys Act* 15: 349-359, 2007.

[33] Hinman JD, Peters A, Cabral H, Rosene DL, Hollander W, Rasband MN, and Abraham CR. Age-related molecular reorganization at the node of Ranvier. *J Comp Neurol* 495: 351-362, 2006.

[34] Jankelowitz SK, McNulty PA, and Burke D. Changes in measures of motor axon excitability with age. *Clin Neurophysiol* 118: 1397-1404, 2007.

[35] Keiner M, Sander A, Wirth K, Caruso O, Immesberger P, and Zawieja M. Strength performance in youth: trainability of adolescents and children in the back and front squats. *J Strength Cond Res* 27: 357-362, 2013.

[36] Komi PV. Stretch-shortening cycle: a powerful model to study normal and fatigued muscle. *J Biomech* 33: 1197-1206, 2000.

[37] Leard JS, Cirillo MA, Katsnelson E, Kimiatek DA, Miller TW, Trebincevic K, and Garbalosa JC. Validity of two alternative systems for measuring vertical jump height. *J Strength Cond Res* 21: 1296-1299, 2007.

[38] Lexell J. Ageing and human muscle: observations from Sweden. *Can J Appl Physiol* 18: 2-18, 1993.

[39] Lloyd RS, Cronin JB, Faigenbaum AD, Haff GG, Howard R, Kraemer WJ, Micheli LJ, Myer GD, and Oliver JL. The National Strength and Conditioning Association position statement on long-term athletic development. *J Strength Cond Res* 30: 1491-1509, 2016.

[40] Lloyd RS, Faigenbaum AD, Stone MH, Oliver JL, Jeffreys I, Moody JA, Brewer C, Pierce KC, McCambridge TM, Howard R, Herrington L, Hainline B, Micheli LJ, Jaques R, Kraemer WJ, McBride MG, Best TM, Chu DA, Alvar BA, and Myer GD. Position statement on youth resistance training: the 2014 International Consensus. *Br J Sports Med* 48: 498-505, 2014.

[41] Lloyd RS and Oliver JL. The youth physical development model: a new approach to long-term athletic development. *Strength Cond J* 34: 61-72, 2012.

[42] Lloyd RS, Oliver JL, Faigenbaum AD, Myer GD, and De Ste Croix MB. Chronological age vs. biological maturation: implications for exercise programming in youth. *J Strength Cond Res* 28: 1454-1464, 2014.

[43] Lloyd RS, Oliver JL, Hughes MG, and Williams CA. Reliability and validity of field-based measures of leg stiffness and reactive strength index in youths. *J Sports Sci* 27: 1565-1573, 2009.

[44] Lloyd RS, Oliver JL, Hughes MG, and Williams CA. The influence of chronological age on periods of accelerated adaptation of stretch-shortening cycle performance in pre and postpubescent boys. *J Strength Cond Res* 25: 1889-1897, 2011.

[45] Lloyd RS, Oliver JL, Hughes MG, and Williams CA. Specificity of test selection for the appropriate assessment of different measures of stretch-shortening cycle function in children. *J Sports Med Phys Fitness* 51: 595-602, 2011.

[46] Lloyd RS, Oliver JL, Hughes MG, and Williams CA. Age-related differences in the neural regulation of stretch-shortening cycle activities in male youths during maximal and sub-maximal hopping. *J Electromyogr Kinesiol* 22: 37-43, 2012.

[47] Lloyd RS, Oliver JL, Hughes MG, and Williams CA. The effects of 4-weeks of plyometric training on reactive strength index and leg stiffness in male youths. *J Strength Cond Res* 26: 2812-2819, 2012.

[48] Malina RM, Eisenmann JC, Cumming SP, Ribeiro B, and Aroso J. Maturity-associated variation in the growth and functional capacities of youth football (soccer) players 13-15 years. *Eur J Appl Physiol* 91: 555-562, 2004.

[49] Marsh AP, Miller ME, Rejeski WJ, Hutton SL, and Kritchevsky SB. Lower extremity muscle function after strength or power training in older adults. *J Aging Phys Act* 17: 416-443, 2009.

[50] Matos N and Winsley RJ. Trainability of young athletes and overtraining. *J Sports Sci Med* 6: 353-367, 2007.

[51] McMaster DT, Gill N, Cronin J, and McGuigan M. A brief review of strength and ballistic assess-ment methodologies in sport. *Sports Med* 44: 603-623, 2014.

[52] Meylan CM, Cronin JB, Oliver JL, Hopkins WG, and Contreras B. The effect of maturation on adaptations to strength training and detraining in 11-15-year-olds. *Scand J Med Sci Sports* 24: e156-164, 2014.

[53] Meylan CMP, Cronin JB, Oliver JL, Hughes MG, and Manson S. An evidence-based model of power development in youth soccer. *J Sports Sci Coaching* 9: 1241-1264, 2014.

[54] Miszko TA, Cress ME, Slade JM, Covey CJ, Agrawal SK, and Doerr CE. Effect of strength and power training on physical function in community-dwelling older adults. *J Gerontol A Biol Sci Med Sci* 58: 171-175, 2003.

[55] Myer GD, Lloyd RS, Brent JL, and Faigenbaum AD. How young is "too young" to start training? *ACSMs Health Fit J* 17: 14-23, 2013.

[56] Newton RU, Hakkinen K, Hakkinen A, McCormick M, Volek J, and Kraemer WJ. Mixed-methods resistance training increases power and strength of young and older men. *Med Sci Sports Exerc* 34: 1367-1375, 2002.

[57] Newton RU and Kraemer WJ. Developing explosive power: implications for a mixed method training strategy. *Strength Cond J* 16: 20-31, 1994.

[58] Nogueira W, Gentil P, Mello SN, Oliveira RJ, Bezerra AJ, and Bottaro M. Effects of power training on muscle thickness of older men. *Int J Sports Med* 30: 200-204, 2009.

[59] Pereira A, Izquierdo M, Silva AJ, Costa AM, Bastos E, Gonzalez-Badillo JJ, and Marques MC. Effects of high-speed power training on functional capacity and muscle performance in older women. *Exp Gerontol* 47: 250-255, 2012.

[60] Pescatello LS, Arena R, Riebe D, and Thompson PD. *ACSM's Guidelines for Exercise Testing and Prescription*. Philadelphia, PA: Lippincott, Willliams, and Wilkins, 2014.

[61] Petrella JK, Kim JS, Tuggle SC, and Bamman MM. Contributions of force and velocity to improved power with progressive resistance training in young and older adults. *Eur J Appl Physiol* 99: 343-351, 2007.

[62] Piirainen JM, Cronin NJ, Avela J, and Linnamo V. Effects of plyometric and pneumatic explosive strength training on neuromuscular function and dynamic balance control in 60-70 year old males. *J Electromyogr Kinesiol* 24: 246-252, 2014.

[63] Porter MM. Power training for older adults. *Appl Physiol Nutr Metab* 31: 87-94, 2006.

[64] Porter MM, Vandervoort AA, and Lexell J. Aging of human muscle: structure, function and adaptability. *Scand J Med Sci Sports* 5: 129-142, 1995.

[65] Quatman CE, Ford KR, Myer GD, and Hewett TE. Maturation leads to gender differences in landing force and vertical jump performance: a longitudinal study. *Am J Sports Med* 34: 806-813, 2006.

[66] Regterschot GR, Zhang W, Baldus H, Stevens M, and Zijlstra W. Sensor-based monitoring of sit-to-stand performance is indicative of objective and self-reported aspects of functional status in older adults. *Gait Posture* 41: 935-940, 2015.

[67] Reid KF and Fielding RA. Skeletal muscle power: a critical determinant of physical functioning in older adults. *Exerc Sport Sci Rev* 40: 4-12, 2012.

[68] Reid KF, Martin KI, Doros G, Clark DJ, Hau C, Patten C, Phillips EM, Frontera WR, and Field-ing RA. Comparative effects of light or heavy resistance power training for improving lower extremity power and physical performance in mobility-limited older adults. *J Gerontol A Biol Sci Med Sci* 70: 374-380, 2015.

[69] Reilly T, Williams AM, Nevill A, and Franks A. A multidisciplinary approach to talent identifica-tion in soccer. *J Sports Sci* 18: 695-702, 2000.

[70] Runhaar J, Collard DC, Singh AS, Kemper HC, van Mechelen W, and Chinapaw M. Motor fitness in Dutch youth: differences over a 26-year period (1980-2006). *J Sci Med Sport* 13: 323-328, 2010.

[71] Sander A, Keiner M, Wirth K, and Schmidtbleicher D. Influence of a 2-year strength training programme on power performance in elite youth soccer players. *Eur J Sport Sci* 13: 445-451, 2013.

[72] Sayers SP, Bean J, Cuoco A, LeBrasseur NK, Jette A, and Fielding RA. Changes in function and disability after resistance training: does velocity matter? a pilot study. *Am J Phys Med Rehabil* 82: 605-613, 2003.

［73］ Sayers SP and Gibson K. A comparison of high-speed power training and traditional slow-speed resistance training in older men and women. *J Strength Cond Res* 24: 3369-3380, 2010.

［74］ Shaibi GQ, Cruz ML, Ball GD, Weigensberg MJ, Salem GJ, Crespo NC, and Goran MI. Effects of resistance training on insulin sensitivity in overweight Latino adolescent males. *Med Sci Sports Exerc* 38: 1208-1215, 2006.

［75］ Skelton DA, Greig CA, Davies JM, and Young A. Strength, power and related functional ability of healthy people aged 65-89 years. *Age Ageing* 23: 371-377, 1994.

［76］ Skelton DA, Kennedy J, and Rutherford OM. Explosive power and asymmetry in leg muscle function in frequent fallers and non-fallers aged over 65. *Age Ageing* 31: 119-125, 2002.

［77］ Stone MH, O'Bryant HS, McCoy L, Coglianese R, Lehmkuhl M, and Schilling B. Power and maximum strength relationships during performance of dynamic and static weighted jumps. *J Strength Cond Res* 17: 140-147, 2003.

［78］ Tonson A, Ratel S, Le Fur Y, Cozzone P, and Bendahan D. Effect of maturation on the relationship between muscle size and force production. *Med Sci Sports Exerc* 40: 918-925, 2008.

［79］ Tremblay MS, Gray CE, Akinroye K, Harrington DM, Katzmarzyk PT, Lambert EV, Liukkonen J, Maddison R, Ocansey RT, Onywera VO, Prista A, Reilly JJ, Rodriguez Martinez MP, Sarmiento Duenas OL, Standage M, and Tomkinson G. Physical activity of children: a global matrix of grades comparing 15 countries. *J Phys Act Health* 11 Suppl 1: S113-125, 2014.

［80］ Tschopp M, Sattelmayer MK, and Hilfiker R. Is power training or conventional resistance training better for function in elderly persons? A meta-analysis. *Age Ageing* 40: 549-556, 2011.

［81］ Tudorascu I, Sfredel V, Riza AL, Danciulescu Miulescu R, Ianosi SL, and Danoiu S. Motor unit changes in normal aging: a brief review. *Rom J Morphol Embryol* 55: 1295-1301, 2014.

［82］ Ward RE, Boudreau RM, Caserotti P, Harris TB, Zivkovic S, Goodpaster BH, Satterfield S, Kritchevsky S, Schwartz AV, Vinik AI, Cauley JA, Newman AB, Strotmeyer ES, and Health ABC Study. Sensory and motor peripheral nerve function and longitudinal changes in quadriceps strength. *J Gerontol A Biol Sci Med Sci* 70: 464-470, 2015.

［83］ Wong PL, Chamari K, and Wisloff U. Effects of 12-week on-field combined strength and power training on physical performance among U-14 young soccer players. *J Strength Cond Res* 24: 644-652, 2010.

第五章

［1］ Argus CK, Gill ND, Keogh JW, and Hopkins WG. Assessing the variation in the load that produces maximal upper-body power. *J Strength Cond Res* 28: 240-244, 2014.

［2］ Baker D. A series of studies on the training of high-intensity muscle power in rugby league football players. *J Strength Cond Res* 15: 198-209, 2001.

［3］ Baker D, Nance S, and Moore M. The load that maximizes the average mechanical power output during explosive bench press throws in highly trained athletes. *J Strength Cond Res* 15: 20-24, 2001.

［4］ Bartolomei S, Hoffman JR, Merni F, and Stout JR. A comparison of traditional and block periodized strength training programs in trained athletes. *J Strength Cond Res* 28: 990-997, 2014.

［5］ Bellar DM, Muller MD, Barkley JE, Kim CH, Ida K, Ryan EJ, Bliss MV, and Glickman EL. The effects of combined elastic- and free-weight tension vs. free-weight tension on one-repetition maximum strength in the bench press. *J Strength Cond Res* 25: 459-463, 2011.

［6］ Bevan HR, Bunce PJ, Owen NJ, Bennett MA, Cook CJ, Cunningham DJ, Newton RU, and Kilduff LP. Optimal loading for the development of peak power output in professional rugby players. *J Strength Cond Res* 24: 43-47, 2010.

［7］ Bouhlel E, Chelly MS, Tabka Z, and Shephard R. Relationships between maximal anaerobic power of the arms and legs and javelin performance. *J Sports Med Phys Fitness* 47: 141-146, 2007.

［8］ Calatayud J, Borreani S, Colado JC, Martin F, Tella V, and Andersen LL. Bench press and push-up at comparable levels of muscle activity results in similar strength gains. *J Strength Cond Res* 29: 246-253, 2015.

［9］ Chelly MS, Hermassi S, Aouadi R, and Shephard RJ. Effects of 8-week in-season plyometric training on upper and lower limb performance of elite adolescent handball players. *J Strength Cond Res* 28: 1401-1410, 2014.

[10] Chelly MS, Hermassi S, and Shephard RJ. Relationships between power and strength of the upper and lower limb muscles and throwing velocity in male handball players. *J Strength Cond Res* 24: 1480-1487, 2010.

[11] Comstock BA, Solomon-Hill G, Flanagan SD, Earp JE, Luk HY, Dobbins KA, Dunn-Lewis C, Fragala MS, Ho JY, Hatfield DL, Vingren JL, Denegar CR, Volek JS, Kupchak BR, Maresh CM, and Kraemer WJ. Validity of the Myotest in measuring force and power production in the squat and bench press. *J Strength Cond Res* 25: 2293-2297, 2011.

[12] Dines JS, Bedi A, Williams PN, Dodson CC, Ellenbecker TS, Altchek DW, Windler G, and Dines DM. Tennis injuries: epidemiology, pathophysiology, and treatment. *J Am Acad Orthop Surg* 23: 181-189, 2015.

[13] Dunn-Lewis C, Luk HY, Comstock BA, Szivak TK, Hooper DR, Kupchak BR, Watts AM, Putney BJ, Hydren JR, Volek JS, Denegar CR, and Kraemer WJ. The effects of a customized over-the-counter mouth guard on neuromuscular force and power production in trained men and women. *J Strength Cond Res* 26: 1085-1093, 2012.

[14] Durall CJ, Udermann BE, Johansen DR, Gibson B, Reineke DM, and Reuteman P. The effects of preseason trunk muscle training on low-back pain occurrence in women collegiate gymnasts. *J Strength Cond Res* 23: 86-92, 2009.

[15] Earp JE and Kraemer WJ. Medicine ball training implications for rotational power sports. *Strength Cond J* 32: 20-25, 2010.

[16] Falvo MJ, Schilling BK, and Weiss LW. Techniques and considerations for determining isoinertial upper-body power. *Sports Biomech* 5: 293-311, 2015.

[17] Ghigiarelli JJ, Nagle EF, Gross FL, Robertson RJ, Irrgang JJ, and Myslinski T. The effects of a 7-week heavy elastic band and weight chain program on upper-body strength and upper-body power in a sample of division 1-AA football players. *J Strength Cond Res* 23: 756-764, 2009.

[18] Goto K and Morishima T. Compression garment promotes muscular strength recovery after resistance exercise. *Med Sci Sports Exerc* 46: 2265-2270, 2014.

[19] Hooper DR, Dulkis LL, Secola PJ, Holtzum G, Harper SP, Kalkowski RJ, Comstock BA, Szivak TK, Flanagan SD, Looney DP, DuPont WH, Maresh CM, Volek JS, Culley KP, and Kraemer WJ. The roles of an upper body compression garment on athletic performances. *J Strength Cond Res*, 29: 2655-2660, 2015.

[20] Jancosko JJ and Kazanjian JE. Shoulder injuries in the throwing athlete. *Phys Sportsmed* 40: 84-90, 2012.

[21] Jones MT. Effect of compensatory acceleration training in combination with accommodating resistance on upper body strength in collegiate athletes. *Open Access J Sports Med* 5: 183-189, 2014.

[22] Joy JM, Lowery RP, Oliveira de Souza E, and Wilson JM. Elastic bands as a component of periodized resistance training. *J Strength Cond Res*, 30: 2100-2106, 2016.

[23] Kennedy DJ, Visco CJ, and Press J. Current concepts for shoulder training in the overhead athlete. *Curr Sports Med Rep* 8: 154-160, 2009.

[24] Kibler WB, Press J, and Sciascia A. The role of core stability in athletic function. *Sports Med* 36: 189-198, 2006.

[25] Kraemer WJ, Flanagan SD, Comstock BA, Fragala MS, Earp JE, Dunn-Lewis C, Ho JY, Thomas GA, Solomon-Hill G, Penwell ZR, Powell MD, Wolf MR, Volek JS, Denegar CR, and Maresh CM. Effects of a whole body compression garment on markers of recovery after a heavy resistance workout in men and women. *J Strength Cond Res* 24: 804-814, 2010.

[26] Mayhew JL, Johns RA, and Ware JS. Changes in absolute upper body power following resistance training in college males. *J Appl Sport Science Res*: 187, 1992.

[27] McGill SM. Low back stability: from formal description to issues for performance and rehabilitation. *Exerc Sport Sci Rev* 29: 26-31, 2001.

[28] McGill SM, Childs A, and Liebenson C. Endurance times for low back stabilization exercises: clinical targets for testing and training from a normal database. *Arch Phys Med Rehabil* 80: 941-944, 1999.

[29] Newton RU, Murphy AJ, Humphries BJ, Wilson GJ, Kraemer WJ, and Hakkinen K. Influence of load and stretch shortening cycle on the kinematics, kinetics and muscle activation that occurs during explosive upper-body movements. *Eur J Appl Physiol Occup Physiol* 75: 333-342, 1997.

[30] Rucci JA and Tomporowski PD. Three types of kinematic feedback and the execution of the hang power clean. *J Strength Cond Res* 24: 771-778, 2010.

[31] Shinkle J, Nesser TW, Demchak TJ, and McMannus DM. Effect of core strength on the measure of power in the extremities. *J Strength Cond Res* 26: 373-380, 2012.

[32] Shoepe TC, Ramirez DA, Rovetti RJ, Kohler DR, and Almstedt HC. The effects of 24 weeks of resistance training with simultaneous elastic and free weight loading on muscular performance of novice lifters. *J Hum Kinet* 29: 93-106, 2011.

第七章

[1] Baker D and Nance S. The relation between running speed and measures of strength and power in professional rugby league players. *J Strength Cond Res* 13: 230-235, 1999.

[2] Canavan PK, Garrett GE, and Armstrong LE. Kinematic and kinetic relationships between an Olympic-style lift and the vertical jump. *J Strength Cond Res* 10: 127-130, 1996.

[3] Carlock JM, Smith SL, Hartman MJ, Morris RT, Ciroslan DA, Pierce KC, Newton RU, Harman EA, Sands WA, and Stone MH. The relationship between vertical jump power estimates and weightlifting ability: a field-test approach. *J Strength Cond Res* 18: 534-539, 2004.

[4] Channell BT and Barfield JP. Effect of Olympic and traditional resistance training on vertical jump improvement in high school boys. *J Strength Cond Res* 22: 1522–1527, 2008.

[5] Cormie P, McCaulley G, Triplett N, and McBride J. Optimal loading for maximal power output during lower-body resistance exercises. *Med Sci Sports Exerc* 39: 340-349, 2007.

[6] Cormie P, McGuigan MR, and Newton RU. Developing maximal neuromuscular power. Part I: biological basis of maximal power production. *Sports Med* 41: 17-38, 2011a.

[7] Cormie P, McGuigan MR, and Newton RU. Developing maximal neuromuscular power. Part II: training considerations for improving maximal power production. *Sports Med* 41: 125-146, 2011b.

[8] Garhammer J. Power production by Olympic weightlifters. *Med Sci Sports Exerc* 12: 54-60, 1980.

[9] Garhammer J. Energy flow during Olympic weightlifting. *Med Sci Sports Exerc* 14: 353-360, 1982.

[10] Garhammer J. A comparison of maximal power outputs between elite male and female weight-lifters in competition. *Int J Sport Biomech* 7: 3-11, 1991.

[11] Garhammer J. A review of power output studies of Olympic and powerlifting: methodology, performance prediction, and evaluation tests. *J Strength Cond Res* 7: 76-89, 1993.

[12] Garhammer J and Gregor R. Propulsion forces as a function of intensity for weightlifting and vertical jumping. *J Appl Sports Sci Res* 6: 129–134, 1992.

[13] Hori N, Newton RU, Andrews WA, Kawamori N, McGuigan MR, and Nosaka K. Does performance of hang power clean differentiate performance of jumping, sprinting, and changing of direction? *J Strength Cond Res* 22: 412-418, 2008.

[14] Kawamori N, Crum AJ, Blumert PA, Kulik JR, Childers JT, Wood JA, Stone MH, and Haff GG. Influence of different relative intensities on power output during the hang power clean: identification of the optimal load. *J Strength Cond Res* 19: 698-708, 2005.

[15] Kilduff L, Bevan H, Owen N, Kingsley M, Bunce P, Bennett M, and Cunningham D. Optimal loading for peak power output during the hang power clean in professional rugby players. *Int J Sports Physiol Perform* 2: 260-269, 2007.

[16] Storey A and Smith H. Unique aspects of competitive weightlifting: performance, training and physiology. *Sports Med* 42: 769-790, 2012.

[17] Tricoli V, Lamas L, Carnevale R, and Ugrinowitsch C. Short-term effects on lower-body functional power development: weightlifting vs. vertical jump training programs. *J Strength Cond Res* 19: 433-437, 2005.

第八章

[1] Adams K, O'Shea J, O'Shea K, and Climstein M. The effects of six weeks of squat, plyometric and squat-plyometric training on power production. *J Appl Sport Sci Res* 6: 36-41, 1992.

[2] Anderson C, Sforzo G, and Sigg J. The effects of combining elastic and free weight resistance on strength and power in athletes. *J Strength Cond Res* 22: 567-574, 2008.

［3］ Baker D. A series of studies on the training of high intensity muscle power in rugby league football players. *J Strength Cond Res* 15: 198-209, 2001.

［4］ Baker D and Nance S. The relationship between strength and power in professional rugby league players. *J Strength Cond Res* 13: 224-229, 1999.

［5］ Baker D and Newton R. Methods to increase the effectiveness of maximal power training for the upper body. *J Strength Cond Res* 27: 24-32, 2005.

［6］ Baker D and Newton R. Effect of kinetically altering a repetition via the use of chain resistance on velocity during the bench press. *J Strength Cond Res* 23: 1941-1946, 2009.

［7］ Bellar D, Muller M, Barkley J, Kim C, Ida K, Ryan E, Bliss M, and Glickman E. The effects of combined elastic- and free-weight tension vs. free-weight tension on one-repetition maximum strength in the bench press. *J Strength Cond Res* 25: 459-463, 2011.

［8］ Berning J, Coker C, and Adams K. Using chains for strength and conditioning. *Strength and Cond J* 26: 80-84, 2004.

［9］ Blazevich A, Gill N, Bronks R, and Newton R. Training-specific muscle architecture adaptation after 5-wk training in athletes. *Med Sci Sports Exerc* 35: 2013-2022, 2003.

［10］ Brandon R, Howatson G, Strachan F, and Hunter A. Neuromuscular response differences to power vs strength back squat exercise in elite athletes. *Scand J Med Sci Sport* 25: 630-639, 2015.

［11］ Burger T, Boyer-Kendrick T, and Dolny D. Complex training compared to a combined weight training and plyometric training program. *J Strength Cond Res* 14: 360, 2000.

［12］ Carlock J, Smith S, Hartman M, Morris R, Ciroslan D, Pierce K, Newton R, Hartman E, Sands W, and Stone M. The relationship between vertical jump power estimates and weightlifting ability: a field-test approach. *J Strength Cond Res* 18: 534-539, 2004.

［13］ Chatzopoulos D, Michailidis C, Giannakos A, Alexiou K, Patikas D, Antonopoulos C, and Kotza-manidis C. Postactivation potentiation effects after heavy resistance exercise on running speed. *J Strength Cond Res* 21: 1278-1281, 2007.

［14］ Chiu L, Fry A, Schilling B, Johnson E, and Weiss L. Neuromuscular fatigue and potentiation following two successive high intensity resistance exercise sessions. *Eur J Appl Physiol Occup Physiol* 92: 385-392, 2004.

［15］ Chiu L, Fry A, Weiss L, Schilling B, Brown L, and Smith S. Postactivation potentiation response in athletic and recreationally trained individuals. *J Strength Cond Res* 17: 671-677, 2003.

［16］ Clark R, Bryant A, and Humphries B. A comparison of force curve profiles between the bench press and ballistic bench throws. *J Strength Cond Res* 22: 1755-1759, 2008.

［17］ Cormie P, McGuigan M, and Newton R. Influence of strength on magnitude and mechanisms of adaptation to power training. *Med Sci Sports Exerc* 42: 1566-1581, 2010.

［18］ Cormie P, McGuigan M, and Newton R. Developing maximal neuromuscular power. Part II: training considerations for improved maximal power production. *Sports Med* 41: 125-146, 2011.

［19］ Cormie P, McGuigan M, and Newton R. Developing neuromuscular power. Part I: biological basis of maximal power production. *Sports Med* 41: 17-38, 2011.

［20］ Cronin J, McNair P, and Marshall R. The effects of bungee weight training on muscle function and functional performance. *J Sport Sci* 21: 59-71, 2003.

［21］ Cronin J, McNair P, and Marshall R. Force–velocity analysis of strength-training techniques and load: implications for training strategy and research. *J Strength Cond Res* 17: 148-155, 2003.

［22］ Dapena J. The high jump, in: *Biomechanics in Sport: Performance Enhancement and Injury Prevention.* Zatsiorsky V, ed. Oxford, UK: Blackwell Science, 2000, pp 284-311.

［23］ de Villarreal E, Izquierdo M, and Gonzalez-Badillo J. Enhancing jumping performance after combined vs. maximal power, heavy-resistance, and plyometric training alone. *J Strength Cond Res* 25: 3274-3281, 2011.

［24］ Docherty D and Hodgson M. The application of postactivation potentiation to elite sport. *Int J Sports Physiol Perf* 2: 439-444, 2007.

［25］ Ebben W. Complex training: a brief review. *J Sport Sci Med* 1: 42-46, 2002.

［26］ Ebben W and Jensen R. Electromyographic and kinematic analysis of traditional, chain, and elastic band squats. *J Strength Cond Res* 16: 547-550, 2002.

[27] Ebben W and Watts P. A review of combined weight training and plyometric training modes: complex training. *Strength and Cond J* 20: 18-27, 1998.

[28] Elliot B, Wilson G, and Kerr G. A biomechanical analysis of the sticking region in the bench press. *Med Sci Sports Exerc* 21: 450-462, 1989.

[29] Evans A, Hodgkins T, Durham M, Berning J, and Adams K. The acute effects of 5RM bench press on power output. *Med Sci Sports Exerc* 32: S311, 2000.

[30] Faigenbaum A, O'Connell J, La Rosa R, and Westcott W. Effects of strength training and complex training on upper-body strength and endurance development in children. *J Strength Cond Res* 13: 424, 1999.

[31] Fatourous I, Jamurtas A, Leontsini D, Taxildaris K, Aggelousis N, Kostopoulos N, and Buckenmeyer P. Evaluation of plyometric exercise training, weight training, and their combination on vertical jump and leg strength. *J Strength Cond Res* 14: 470-476, 2000.

[32] Flanagan E and Comyns T. The use of contact time and the reactive strength index to optimize fast stretch-shortening cycle training. *Strength and Cond J* 30: 33-38, 2008.

[33] Fleck S and Kraemer W. *Designing Resistance Training Programs*. Champaign, IL: Human Kinetics, 2004.

[34] Folland J and Williams A. The adaptations to strength training: morphological and neurological contributions to increased strength. *Sports Med* 37: 145-168, 2007.

[35] French D, Kraemer W, and Cooke C. Changes in dynamic exercise performance following a sequence of preconditioning isometric muscle actions. *J Strength Cond Res* 17: 678-685, 2003.

[36] Friedmann-Bette B, Bauer T, Kinscherf R, Vorwald S, Klute K, Bischoff D, Müller H, Weber M, Metz J, Kauczor H, Bärtsch P, and Billeter R. Effects of strength training with eccentric overload on muscle adaptation in male athletes. *Sports Med* 108: 821-836, 2010.

[37] Frost D, Cronin J, and Newton R. A biomechanical evaluation of resistance: fundamental concepts for training and sports performance. *Sports Med* 40: 303-326, 2010.

[38] García-Ramos A, Padial P, Haff G, Argüelles-Cienfuegos J, García-Ramos M, Conde-Pipó J, and Feriche B. Effect of different interrepetition rest periods on barbell velocity loss during the ballistic bench press exercise. *J Strength Cond Res* 29: 2388-2396, 2015.

[39] Garhammer J. A review of power output studies of Olympic and powerlifting: methodology, performance prediction, and evaluation tests. *J Strength Cond Res* 7: 76-89, 1993.

[40] Gilbert G, Lees A, and Graham-Smith P. Temporal profile of post-tetanic potentiation of muscle force characteristics after repeated maximal exercise. *J Sport Sci* 19: 6, 2001.

[41] Gonzalez-Badillo J and Sanchez-Medina L. Movement velocity as a measure of loading intensity in resistance training. *Int J Sports Med* 31: 347-352, 2010.

[42] Gourgoulis V, Aggeloussis N, Kasimatis P, Mavromatis G, and Garas A. Effect of a submaximal half-squats warm-up program on vertical jumping ability. *J Strength Cond Res* 17: 342-344, 2003.

[43] Gullich A and Schmidtbleicher D. MVC-induced short-term potentiation of explosive force. *N Stud Athlet* 11: 67-81, 1996.

[44] Haff G, Burgess S, and Stone M. Cluster training: theoretical and practical applications for the strength and conditioning professional. *Prof Strength Cond* 12: 12-16, 2008.

[45] Haff G, Whitley A, McCoy L, O'Bryant H, Kilgore J, Haff E, Pierce K, and Stone M. Effects of different set configurations on barbell velocity and displacement during clean pull. *J Strength Cond Res* 17: 95-103, 2003.

[46] Hamada T, Sale D, MacDougall J, and Tarnopolsky MA. Interaction of fibre type, potentiation and fatigue in human knee extensor muscles. *Acta Physiol Scand* 178: 165-173, 2003.

[47] Hodgson M, Docherty D, and Robbins D. Post-activation potentiation: underlying physiology and implications for motor performance. *Sports Med* 35: 585-595, 2005.

[48] Hori N, Newton R, Nosaka K, and Stone M. Weightlifting exercises enhance athletic performance that requires high-load speed strength. *Strength and Cond J* 27: 50-55, 2005.

[49] Israetel M, McBride J, Nuzzo J, Skinner J, and Dayne A. Kinetic and kinematic differences between squats performed with and without elastic bands. *J Strength Cond Res* 24: 190-194, 2010.

[50] Jandacka D and Beremlijski P. Determination of strength exercise intensities based on the load-power-velocity relationship. *J Hum Kinetics* 28: 33-44, 2011.

［51］ Jeffreys I. A review of post activation potentiation and its application in strength and conditioning. *Prof Strength Cond* 12: 17-25, 2008.

［52］ Jidovtseff B, Quievre J, Hanon C, and Crielaard J. Inertial muscular profiles allow a more accurate training load definition. *Sci and Sports* 24: 91-96, 2009.

［53］ Joy J, Lowery P, Oliveira De Souza E, and Wilson J. Elastic bands as a component of periodized resistance training. *J Strength Cond Res* 30: 2100-2106, 2016. .

［54］ Kaneko M, Fuchimoto T, Toji H, and Suei K. Training effects of different loads on the force-velocity relationship and mechanical power output in human muscle. *Scand J Sport Sci* 5: 50-55, 1983.

［55］ Kawamori N and Haff G. The optimal training load for the development of muscular power. *J Strength Cond Res* 18: 675-684, 2004.

［56］ Kilduff L, Bevan H, Kingsley M, Owen N, Bennett M, Bunce P, Hore A, Maw J, and Cunningham D. Postactivation potentiation in professional rugby players: optimal recovery. *J Strength Cond Res* 21: 1134-1138, 2007.

［57］ Knudson D. Correcting the use of the term "power" in the strength and conditioning literature. *J Strength Cond Res* 23: 1902-1908, 2009.

［58］ Komi P and Virmavirta M. Determinants of successful ski-jumping performance, in: *Biomechanics in Sport: Performance Enhancement and Injury Prevention*. Zatsiorsky V, ed. Oxford, UK: Blackwell Science, 2000, pp 349-362.

［59］ Kraemer W and Looney D. Underlying mechanisms and physiology of muscular power. *Strength and Cond J* 34: 13-19, 2012.

［60］ Kulig K, Andrews J, and Hay J. Human strength curves. *Exerc Sport Sci Rev* 12: 417-466, 1984.

［61］ Kuntz C, Masi M, and Lorenz D. Augmenting the bench press with elastic resistance: scientific and practical applications. *Strength and Cond J* 36: 96-102, 2014.

［62］ Lake J, Lauder M, Smith N, and Shorter K. A comparison of ballistic and nonballistic lower-body resistance exercise and the methods used to identify their positive lifting phases. *J Appl Biomech* 28: 431-437, 2012.

［63］ Lanka J. Shot putting, in: *Biomechanics in Sport: Performance Enhancement and Injury Prevention*. Zatsiorsky V, ed. Oxford, UK: Blackwell Science, 2000, pp 435-457.

［64］ Lyttle A, Wilson G, and Ostrowski K. Enhancing performance: maximal power versus combined weights and plyometric training. *J Strength Cond Res* 10, 1996.

［65］ MacKenzie S, Lavers R, and Wallace B. A biomechanical comparison of the vertical jump, power clean, and jump squat. *J Sport Sci* 1632: 1576-1585, 2014.

［66］ Maio Alves J, Rebelo A, Abrantes C, and Sampaio J. Short-term effects of complex and contrast training in soccer players' vertical jump, sprint, and agility abilities. *J Strength Cond Res* 24: 936-941, 2010.

［67］ Markovic G and Jaric S. Positive and negative loading and mechanical output in maximum vertical jumping. *Med Sci Sports Exerc* 39: 1757-1764, 2007.

［68］ Markovic G, Vuk S, and Jaric S. Effects of jump training with negative versus positive loading on jumping mechanics. *Int J Sports Med* 32: 365-372, 2011.

［69］ McBride J, Triplett-McBride N, Davie A, and Newton M. The effect of heavy- vs. light-load jump squats on the development of strength, power, and speed. *J Strength Cond Res* 16: 72-82, 2002.

［70］ McMaster D, Cronin J, and McGuigan M. Forms of variable resistance training. *J Strength Cond Res* 31: 50-64, 2009.

［71］ McMaster D, Cronin J, and McGuigan M. Quantification of rubber and chain-based resistance modes. *J Strength Cond Res* 24: 2056-2064, 2010.

［72］ Mero A and Komi P. Force-, EMG-, and elasticity-velocity relationships at submaximal, maximal and supramaximal running speeds in sprinters. *Eur J Appl Physiol Occup Physiol* 55: 553-561, 1986.

［73］ Miller D. Springboard and platform diving, in: *Biomechanics in Sport: Performance Enhancement and Injury Prevention*. Zatsiorsky V, ed. Oxford, UK: Blackwell Science, 2000, pp 326-348.

［74］ Neelly K, Terry J, and Morris M. A mechanical comparison of linear and double-looped hung supplemental heavy chain resistance to the back squat: a case study. *J Strength Cond Res* 24: 278-281, 2010.

[75] Newton R and Kraemer W. Developing explosive muscular power: implications for a mixed methods training strategy. *Strength and Cond J* 16: 20-31, 1994.

[76] Newton R, Kraemer W, and Hakkinen K. Effects of ballistic training on preseason preparation of elite volleyball players. *Med Sci Sports Exerc* 31: 323-330, 1999.

[77] Newton R, Kraemer W, Hakkinen K, Humphries B, and Murphy A. Kinematics, kinetics, and muscle activation during explosive upper body movements. *J Appl Biomech* 12: 31-43, 1996.

[78] Newton R, Murphy A, Humphries B, Wilson G, Kraemer W, and Hakkinen K. Influence of load and stretch shortening cycle on the kinematics, kinetics and muscle activation that occurs during explosive bench press throws. *Eur J Appl Physiol Occup Physiol* 75: 333-342, 1997.

[79] Paasuke M, Ereline J, and Gapeyeyeva H. Twitch potentiation capacity of plantar-flexor muscles in endurance and power athletes. *Biol Sport* 15: 171-178, 1996.

[80] Pereria M and Gomes P. Movement velocity in resistance training. *Sports Med* 33: 427-438, 2003.

[81] Pipes T. Variable resistance versus constant resistance strength training in adult males. *Eur J Appl Physiol Occup Physiol* 39: 27-35, 1978.

[82] Radcliffe J and Radcliffe J. Effects of different warm-up protocols on peak power output during a single response jump task. *Med Sci Sports Exerc* 38: S189, 1999.

[83] Rajamohan G, Kanagasabai P, Krishnaswamy S, and Balakrishnan A. Effect of complex and contrast resistance and plyometric training on selected strength and power parameters. *J Exp Sciences* 1: 1-12, 2010.

[84] Ramírez J, Núñez V, Lancho C, Poblador M, and Lancho J. Velocity based training of lower limb to improve absolute and relative power outputs in concentric phase of half-squat in soccer players. *J Strength Cond Res*, 29: 3084-3088, 2015.

[85] Randell A, Cronin J, Keogh J, Gill N, and Pedersen M. Effect of instantaneous performance feedback during 6 weeks of velocity-based resistance training on sport-specific performance tests. *J Strength Cond Res* 25: 87-93, 2011.

[86] Rhea M, Kenn J, and Dermody B. Alterations in speed of squat movement and the use of accommodated resistance among college athletes training for power. *J Strength Cond Res* 23: 2645-2650, 2009.

[87] Robbins D. Postactivation potentiation and its practical applicability: a brief review. *J Strength Cond Res* 19: 453-458, 2005.

[88] Sale D. Postactivation potentiation: role in human performance. *Exerc Sport Sci Rev* 30: 138-143, 2002.

[89] Seitz L, Trajano G, Dal Maso F, Haff G, and Blazevich A. Postactivation potentiation during voluntary contractions after continued knee extensor task-specific practice. *Appl Physiol Nutr Metab* 40: 230-237, 2015.

[90] Shea C, Kohl R, Guadagnoli M, and Shebilske W. After-contraction phenomenon: influences on performance and learning. *J Mot Behav* 23: 51-62, 1991.

[91] Sheppard J, Dingley A, Janssen I, Spratford W, Chapman D, and Newton R. The effect of assisted jumping on vertical jump height in high-performance volleyball players. *J Sci Med Sport* 14: 85-89, 2011.

[92] Soria-Gila M, Chirosa I, Bautista I, Chirosa L, and Salvador B. Effects of variable resistance training on maximal strength: a meta-analysis. *J Strength Cond Res*, 29: 3260-3270, 2015.

[93] Sotiropoulos K, Smilios I, Douda H, Chritou M, and Tokmakidis S. Contrast loading: power output and rest interval effects on neuromuscular performance. *Int J Sports Physiol Perf* 9: 567-574, 2014.

[94] Stone M, O'Bryant H, McCoy L, Coglianese R, Lehmkuhl M, and Schilling B. Power and maximal strength relationships during performance of dynamic and static weighted jumps. *J Strength Cond Res* 17: 140-147, 2003.

[95] Stone M, Sanborn K, O'Bryant H, Hartman M, Stone M, Prouix C, Ward B, and Hruby J. Maximal strength-power-performance relationships in collegiate throwers. *J Strength Cond Res* 17: 739-745, 2003.

[96] Stone M, Sands W, Pierce K, Ramsey M, and Haff G. Power and power potentiation among strength power athletes: preliminary study. *Int J Sports Physiol Perf* 3: 55-67, 2008.

[97] Stone M, Stone M, and Sands W. *Principles and Practice of Resistance Training.* Champaign, IL: Human Kinetics, 2007.

[98] Thomas K, French D, and Hayes P. The effects of two plyometric training techniques on muscular power and agility in youth soccer players. *J Strength Cond Res* 23: 332-335, 2009.

[99] Tillin N and Bishop D. Factors modulating post-activation potentiation and its effect on performance of subsequent explosive activities. *Sports Med* 39: 147-166, 2009.

[100] Turner A. Training for power: principles and practice. *Prof Strength Cond* 14: 20-32, 2009.

[101] Verkhoshansky Y and Tatyan V. Speed-strength preparation for future champions. *Logkaya Atletika* 2: 2-13, 1973.

[102] Verkhoshansky Y and Verkhoshansky N. *Special strength training manual for coaches*. 2011.

[103] Wallace B, Winchester J, and McGuigan M. Effects of elastic bands on force and power characteristics during the back squat exercise. *J Strength Cond Res* 20: 268-272, 2006.

[104] Wilson G, Murphy A, and Walshe A. Performance benefits from weight and plyometric training: effects of initial strength level. *Coaching Sport Sci J* 2: 3-8, 1997.

[105] Wilson G, Newton R, Murphy A, and Humphries B. The optimal training load for the development of dynamic athletic performance. *Med Sci Sports Exerc* 23: 1279-1286, 1993.

[106] Wilson J and Kritz M. Practical guidelines and considerations for the use of elastic bands in strength and conditioning. *Strength and Cond J* 36: 1-9, 2014.

[107] Young W, Jenner A, and Griffiths K. Acute enhancement of power performance from heavy load squats. *J Strength Cond Res* 12: 82-84, 1998.

[108] Zatsiorsky V. Studies of motion and motor abilities of sportsmen, in: *Biomechanics IV*. Nelson R, Morehouse C, eds. Baltimore: University Park Press, 1974, pp 273-275.

[109] Zatsiorsky V and Kraemer W. *Science and Practice of Strength Training*. Champaign, IL: Human Kinetics, 1995.

[110] Zepeda P and Gonzalez J. Complex training: three weeks pre-season conditioning in Division I female basketball players. *J Strength Cond Res* 14: 372, 2000.

第九章

[1] Argus CK, Gill ND, Keogh JW, McGuigan MR, and Hopkins WG. Effects of two contrast training programs on jump performance in rugby union players during a competition phase. *Int J Sports Physiol Perform* 7: 68-75, 2012.

[2] Bradbury JC and Forman SL. The impact of pitch counts and days of rest on performance among major-league baseball pitchers. *J Strength Cond Res* 26: 1181-1187, 2012.

[3] Kilduff LP, Finn CV, Baker JS, Cook CJ, and West DJ. Preconditioning strategies to enhance physical performance on the day of competition. *Int J Sports Physiol Perform* 8: 677-681, 2013.

[4] Newton RU, Rogers RA, Volek JS, Hakkinen K, and Kraemer WJ. Four weeks of optimal load ballistic resistance training at the end of season attenuates declining jump performance of women volleyball players. *J Strength Cond Res* 20: 955-961, 2006.

第十章

[1] Aagaard P and Andersen JL. Effects of strength training on endurance capacity in top-level endurance athletes. *Scand J Med Sci Sports* 20 Suppl 2: 39-47, 2010.

[2] Beattie K, Kenny IC, Lyons M, and Carson BP. The effect of strength training on performance in endurance athletes. *Sports Med* 44: 845-865, 2014.

[3] Bullock N, Martin DT, Ross A, Rosemond D, Holland T, and Marino FE. Characteristics of the start in women's World Cup skeleton. *Sports Biomech* 7: 351-360, 2008.

[4] Kilduff LP, Finn CV, Baker JS, Cook CJ, and West DJ. Preconditioning strategies to enhance physical performance on the day of competition. *Int J Sports Physiol Perform* 8: 677-681, 2013.

[5] Lawton TW, Cronin JB, and McGuigan MR. Strength testing and training of rowers: a review. *Sports Med* 41: 413-432, 2011.

[6] Parchmann CJ and McBride JM. Relationship between functional movement screen and athletic performance. *J Strength Cond Res* 25: 3378-3384, 2011.

[7] Ronnestad BR, Kojedal O, Losnegard T, Kvamme B, and Raastad T. Effect of heavy strength training on muscle thickness, strength, jump performance, and endurance performance in well-trained Nordic Combined athletes. *Eur J Appl Physiol Occup Physiol* 112: 2341-2352, 2012.

关于美国国家体能协会

　　美国国家体能协会（The National Strength and Conditioning Association，NSCA）是全世界运动训练领域的领先机构。NSCA 汇集了众多知名专家，并拥有体能训练、运动科学、竞技水平研究、教育以及运动医学等领域的大量资源。NSCA 能为全球教练员和运动员提供可信赖的知识和训练指导方针，它也成为实验室与训练场地之间的纽带。

关于迈克·麦奎根

迈克·R. 麦奎根（Mike R. McGuigan）博士，CSCS，新西兰奥克兰理工大学（Auckland University of Technology，AUT）体能训练学教授。从 2009 年到 2012 年，麦奎根博士一直担任新西兰高水平运动协会（High Performance Sport New Zealand）的运动科学研究员。在此期间，他与许多优秀的专业运动员共同工作。在澳大利亚和美国的大学任职期间，麦奎根博士参与了多项学术项目。

照片由奥克兰理工大学提供

麦奎根博士是《澳大利亚体能训练期刊》（*Journal of Australian Strength and Conditioning*）、《体能训练研究期刊》（*Journal of Strength and Conditioning Research*）及《国际运动生理学和竞技水平期刊》（*International Journal of Sports Physiology and Performance*）的副主编。在 2009 年到 2015 年，麦奎根博士担任了新西兰无挡板篮球银蕨队（New Zealand Silver Ferns netball team）的研究和创意协调员。他的研究领域包括力量和爆发力训练，以及对运动员的监测。

麦奎根博士获得了 2016 年美国国家体能协会的威廉·J. 克雷默年度杰出运动科学家奖，获得了 2010 年《体能训练研究期刊》（*Journal of Strength and Conditioning Research*）的杰出编辑奖，并且获得了 2007 年美国国家体能协会颁发的杰出青年研究员奖。麦奎根博士居住于新西兰的奥克兰市。

关于本书的编著者

邓肯·N. 弗伦奇（Duncan N. French）博士，
CSCS，*D，是终极格斗锦标赛竞技水平研究所
（UFC Performance Institute）的竞技水平部副主任。
在此之前，弗伦奇博士曾任美国圣母大学（Notre
Dame University）竞技水平科学部主任，同时担任
奥林匹克运动体能训练部主任。弗伦奇博士还曾
担任英国体育学院（English Institute of Sport）体能
训练部的技术主管，是英国跆拳道和英国篮球奥林
匹克项目体能训练的全国引领者。他曾在多个运动
项目上执教过奥运会、世界锦标赛和英联邦运动会的奖牌获得者，他还是英国纽
卡斯尔联队足球俱乐部的体能训练负责人。他拥有美国康涅狄格大学（University
of Connecticut）运动生理学博士学位，并撰写或共同撰写了超过 55 篇同行评议的
科学手稿。弗伦奇博士是英国体能协会（United Kingdom Strength and Conditioning
Association，UKSCA）的前主席。

G. 格雷戈里·哈夫（G. Gregory Haff）博士，
CSCS，* D，FNSCA，是澳大利亚埃迪斯科文大
学（Edith Cowan University）运动科学系（体能
训练）副教授和课程协调员。他是美国国家体能
协会主席，并担任澳大利亚举重高水平项目小组
（Australian Weightlifting High Performance Program
Panel）的运动科学研究员。哈夫博士是澳大利
亚体能协会（Australian Strength and Conditioning
Association，ASCA）二级力量教练。2014 年，他
担任英国体能协会指定的年度教育和研究体能训练教练。此外，他还在 2011 年
获得了美国国家体能协会的威廉·J. 克雷默年度杰出运动科学家奖。哈夫博士
是澳大利亚举重协会（Australian Weightlifting Association）三级教练，并且是美
国国家体能协会认证的杰出体能训练专家。

迪萨·L.哈特菲尔德（Disa L. Hatfield）博士，CSCS，＊D，目前是美国罗德岛大学（University of Rhode Island）运动学系的副教授。哈特菲尔德博士是美国国家体能协会认证的体能训练专家，曾就职于美国国家体能协会的教育、研究和提名委员会（NSCA's Education, Research, and Nominating committees）。她是《体能训练期刊》（*Journal of Strength and Conditioning*）的高级副主编。哈特菲尔德博士在力量和爆发力、抗阻训练的激素反应以及儿童和运动训练方面已经发表了超过40篇研究文章。她还是三届 U.S.A.P.L. 力量举重冠军，I.O.C. 世界运动会运动员，以及两次美国仰卧推举纪录保持者。

罗德里·S.劳埃德（Rhodri S. Lloyd）博士，CSCS，＊D，是英国卡迪夫城市大学（Cardiff Metropolitan University）青年体育发展中心的体能训练高级讲师和主席。他还担任新西兰奥克兰理工大学（Auckland University of Technology，AUT）和怀卡托理工学院（Waikato Institute of Technology）的研究员。他的研究方向包括成长发育对长期运动发展的影响，以及青少年抗阻训练适应性的神经肌肉机制。他是《体能训练研究期刊》（*Journal of Strength and Conditioning Research*）和《体能训练期刊》（*Journal of Strength and Conditioning*）的副主编。2016年，他获得了英国体能协会颁发的年度研究和教育体能训练教练员奖。此前，他曾担任英国体能协会的董事。目前，他是美国国家体能协会青年培训特别兴趣小组的主任。

杰弗里·M. 麦克布赖德（Jeffrey M. McBride）博士，CSCS，是美国阿巴拉契亚州立大学（Appalachian State University）健康与运动科学系的教授，还是神经肌肉和生物力学实验室的主任。麦克布赖德博士是芬兰于韦斯屈莱大学（University of Jyvaskyla）的博士后研究员，并在澳大利亚南十字星大学（Southern Cross University）获得人体运动博士学位。他在美国宾夕法尼亚州立大学（Penn State）获得了运动生理学硕士学位，并在美国西弗吉尼亚大学（West Virginia University）取得了运动科学学士学位。麦克布赖德博士于 2006 年获得美国国家体能协会颁发的杰出青年研究者奖。他也是美国国家体能协会的成员。他在科学杂志上发表了 86 篇手稿，撰写过 128 篇会议摘要报告。

索菲娅·尼姆菲尤斯（Sophia Nimphius）博士，CSCS，*D，是澳大利亚埃迪斯科文大学（Edith Cowan University）医学与健康科学学院的副教授。她是澳大利亚赫尔利冲浪高水平中心（Hurley Surfing Australia High Performance Centre）的运动科学经理，并且为西澳大利亚垒球运动提供高竞技水平服务。尼姆菲尤斯博士是美国国家体能协会认证的体能训练专家，澳大利亚体能协会认证的精英级教练，以及澳大利亚训练和运动科学（Exercise and Sports Science Australia，ESSA）认证的二级运动科学家。

杰里米·M.谢泼德（Jeremy M. Sheppard）博士，CSCS，自1994年以来一直担任体能训练教练。目前，他是加拿大太平洋体育学院（Canadian Sport Institute in the Pacific）竞技水平服务系的主任，加拿大单板滑雪运动科学与医学研究领域的带头人。他曾与澳大利亚冲浪协会（Surfing Australia）、昆士兰体育学院（Queensland Academy of Sport）、澳大利亚体育学院（Australian Institute of Sport）、澳大利亚排球联合会（Australian Volleyball Federation）和加拿大体育中心（Canadian Sport Centre）合作或领导过多项竞技运动项目。他还为多个职业体育联盟提供过咨询服务，包括美国职业橄榄球联盟（National Football League，NFL）、澳大利亚橄榄球联盟（National Rugby League，NRL）和美国足球联盟（American Football League，AFL）。

亚当·斯托雷（Adam Storey）博士是新西兰奥克兰理工大学（Auckland University of Technology, AUT）体育竞技水平研究所的研究员，主要负责体能训练以及运动生理学的研究。从2008年到2016年，他还执教并管理了多支新西兰举重队，带队参加高水平比赛，包括2012年和2016年奥运会，以及2010年和2014年英联邦运动会。他执教的运动员曾打破了250项新西兰纪录。斯托雷博士在力量和爆发力训练方面的专业背景使他在新西兰高水平运动项目中担任田径项目的首席体能训练专家。斯托雷博士对橄榄球有着浓厚的兴趣，他目前是新西兰蓝调超级橄榄球队（Blues Super Rugby）的特许运动科学经理和助理教练。

N. 特拉维斯·特里普利特（N. Travis Triplett）博士，CSCS，*D，FNSCA，是美国阿巴拉契亚州立大学（Appalachian State University）运动科学专业的教授兼体能训练中心主任。她曾担任威斯康星大学拉克罗斯分校（University of Wisconsin-La Crosse）体能中心主任，美国科罗拉多斯普林斯奥林匹克训练中心运动生理学研究助理，并获得了澳大利亚南十字星大学（Southern Cross University）博士后研究奖学金。她还完成了芬兰于韦斯屈莱大学（University of Jyvaskyla）和西班牙瓦伦西亚大学（University of Valencia in Spain）的国际研究学课程。特里普利特博士目前是《体能训练研究期刊》（*Journal of Strength and Conditioning Research*）的高级副主编。她曾是《体能训练期刊》（*Journal of Strength and Conditioning*）的总编。她获得了 2010 年威廉·J. 克雷默杰出运动科学家奖，2000 年特里·J. 霍夫杰出青年调查员奖，以及 2016 年《体能训练研究期刊》（*Journal of Strength and Conditioning Research*）的优秀编辑奖。她曾加入过美国国家航空与航天局（National Aeronautics and Space Administration，NASA）的两个小组，其中一个负责为国际空间站（International Space Station）的微重力环境制订抗阻训练对策。除了美国国家体能协会的认证外，特里普利特博士还拥有美国举重协会的资格认证。

关于译者

曹洁

副研究员，华中科技大学硕士研究生，2016 年赴德国访问，2017 年赴美国留学；国家体育总局"优秀中青年专业技术人才百人计划"培养对象；担任湖北省体育科学研究所体能训练中心负责人和湖北省体育局水上项目中心科研团队负责人。主要研究方向：优秀运动员科研监控与体能训练评估。承担国家科技支撑项目子课题 1 项，国家体育总局科研项目 3 项，国家体育总局重点实验室科研项目 2 项，省局级科研项目 4 项，市局级科研项目 1 项。公开发表学术论文 22 篇，国内外会议收录 14 次，参与完成著作 3 部，手册 1 本。

曹兴龙

武汉体育学院体能训练方向硕士研究生；湖北省体育科学研究所体能训练中心教练员。曾任备战 2020 东京奥运会中国赛艇、皮划艇协会体能教练；曾服务于 2015 年国家雪橇、钢架雪车选拔集训队；曾参与指导武汉市消防支队特种人群体能训练实践；近年来为湖北省水上中心、篮排中心、乒羽中心等多支队伍提供体能训练指导。发表体能训练相关论文 2 篇，参与湖北省体育局科研项目 2 项。